设备管理

主　编　肖　璐
副主编　邹冰倩　王宏月　李明栩

重庆大学出版社

内容提要

本书共十章,内容包括设备管理概述、设备的前期管理、设备的日常管理、设备的运行与维护管理、设备资产管理、设备的润滑管理、设备备件的管理、设备故障与维修、设备更新与技术改造、现代设备管理方法等内容。

本书可作为高职高专机电设备维修与管理、机电一体化、机械设备与自动化、机械制造、数控等机电类专业的教材,也可作为从事设备管理与维修的工程技术人员的参考用书和企业设备管理与维修人员的培训教材。

图书在版编目(CIP)数据

设备管理 / 肖璐主编. -- 重庆:重庆大学出版社,
2020.10

ISBN 978-7-5689-2465-8

Ⅰ.①设… Ⅱ.①肖… Ⅲ.①设备管理—高等职业教
育—教材 Ⅳ.①F273.4

中国版本图书馆 CIP 数据核字(2020)第 192380 号

设备管理

主 编 肖 璐
副主编 邹冰倩 王宏月 李明栩
策划编辑:周 立

责任编辑:文 鹏 谢 芳 版式设计:周 立
责任校对:万清菊 责任印制:张 策

*

重庆大学出版社出版发行
出版人:饶帮华
社址:重庆市沙坪坝区大学城西路 21 号
邮编:401331
电话:(023) 88617190 88617185(中小学)
传真:(023) 88617186 88617166
网址:http://www.cqup.com.cn
邮箱:fxk@ cqup.com.cn(营销中心)
全国新华书店经销
重庆升光电力印务有限公司印刷

*

开本:787mm×1092mm 1/16 印张:14.25 字数:340千
2021 年 3 月第 1 版 2021 年 3 月第 1 次印刷
印数:1—3 000
ISBN 978-7-5689-2465-8 定价:39.50 元

前　言

　　设备是生产力的重要组成部分和基本要素之一,是企业从事生产经营的重要工具和手段,是企业生存与发展的重要物质财富,也是社会生产力发展水平的物质标志。"工欲善其事,必先利其器",没有现代化的机器设备,就没有现代化的大生产,也就没有现代化的企业。因此,设备在现代化工业企业的生产经营活动中居于极其重要的地位。

　　随着改革开放和科学技术的迅猛发展,设备的现代化水平空前提高,现代企业使用大型化、高速化、精密化、电子化、自动化的设备越来越多,使企业生产过程依赖设备和技术装备的程度日益加深,生产设备对产品的产量、质量、成本的影响程度也与日俱增。因此,科学地管好设备是企业管理工作中的基础工作,是企业提高经济效益的重要途径,是企业长远发展的重要条件,并直接关系到企业的成败与兴衰。

　　如何驾驭现代设备,使其充分发挥功效,其中,设备管理人才的培养是关键。为此,基于高职高专的教育特点和教改方向,我们编写了《设备管理》一书,本书可作为高职高专机电设备维修与管理、机电一体化、机械设备与自动化、机械制造、数控等机电类专业的教材,也可作为从事设备管理与维修的工程技术人员的参考用书和企业设备管理与维修人员的培训教材。

　　本书通过10章篇幅,系统地介绍了设备管理概述、设备的前期管理、设备的日常管理、设备的运行与维护管理、设备资产管理、设备的润滑管理、设备备件的管理、设备故障与维修、设备更新与技术改造、现代设备管理方法等内容。每章后面都附有复习思考题。本书的编写定位明确,内容完整、层次清楚,重点突出,读者通过对本书的学习,可以从中了解现代企业开展设备管理工作的基本思路和方法。

　　全书共分10章,由重庆电子工程职业学院肖璐主编并负责全书体系构建。具体编写分工如下:肖璐编写前言、第6章、第7章;邹冰倩编写第8章、第9章、第10章;李明栩编写

第 1 章、第 2 章、第 3 章;王宏月编写第 4 章、第 5 章。

本书在编写过程中参考并引用了大量文献资料,这些文献资料对本书的编写工作起到了举足轻重的作用,在此向所有被引用的参考文献的作者致以诚挚的敬意。本书涉及的内容较多,因编写人员知识水平、实践经验所限,书中难免存在不完善之处,热忱欢迎专家、读者予以批评指正。

编 者

2020 年 7 月

目录

第 1 章
设备管理概述

教学目标

1.掌握设备和设备管理的基本概念和相关定义；

2.了解设备管理的发展阶段和趋势；

3.了解设备管理的意义和目的；

4.了解设备管理的任务和基本内容；

5.了解设备管理的机构设置。

教学重点

1.设备和设备管理的基本概念；

2.设备管理的任务和基本内容；

3.设备管理的机构设置。

1.1 设 备

1.1.1 设备的概念

1)设备的定义

设备是人们惯用的术语,国内外还存在一定的差异。在西方发达国家,设备被定义为"有形固定资产的总称",即在物质资料的生产过程中,用来影响或改变劳动对象的劳动资料,被认为是包括固定资产在内的所有劳动材料的设备,如土地和房地产、工厂和建筑物、机械和附属设施。在中国,只有直接或间接参与改变劳动对象的形式和性质,并在长期使用中基本保持其原有的物理形态的物质材料才能被视为设备。一般情况下,设备一词既可指单台设备,也可指成套设备,即为完成某种功能而将机电装置及其他要素有机组合起来的集合体。如果将成套设备理解为"系统",则组成这一成套设备的单台设备即为"子系统",再继续分解则成为部件、零件和材料。因此,成套设备是设备的集合体,但不是简单的集合体,而是把多台设备有机地组合成为一个系统。

2）设备与固定资产

设备属于固定资产的范畴。2006 年 2 月，我国财政部颁布的《企业财务通则》中规定，固定资产是使用时间超过一个会计年度的有形资产。固定资产是指企业为生产产品、提供劳务、出租或者经营管理而持有的，使用时间超过 12 个月的，价值达到一定标准的非货币性资产，包括房屋、建筑物、机器、机械、运输工具以及其他与生产经营活动有关的设备、器具、工具等。固定资产的成本需要能够计量，随之带来一系列经济利益可能流入企业。而设备是可供企业长期使用的固定资产的组成部分，它在使用过程中保持原有的属性，成本的输出能量化且在企业生产经营中产生经济利益。企业中百分之六七十的固定资产为机械设备所占有，现代化的设备随着数量、质量、技术设计等购买成本的增加，企业的总固定资产经济利益增加，同样也会增加固定资产中机械设备的数量和比例。设备的价值体现在大大增加企业的总资本，对企业的兴衰具有重要意义。

3）设备与企业

设备在物质资源越来越丰富的当今世界中为现代化工业企业的生产经营活动奠定了关键基础，居于重要地位。机器设备是现代化生产不可或缺的依托，避免了传统手工业的弊端，并加速了科技电子以及智能现代化的发展，是现代化工业企业的重要物质财富。可以说没有现代化的劳动设备，就没有现代化事物的大生产，更没有现代化产业商业。

一方面，设备贯穿企业生产和经营活动的整个过程。首先，企业生产商品进行市场调研，要对企业的基本生产条件包括硬件软件、人力物力等进行充分考察，只有具备足够的必备设施，企业生产出来的商品才能满足市场需求，供求关系才能平衡。其次，产品的质量是商品经营交易的精髓，是企业生产运营的灵魂，质量不过关的产品在日益激烈的消费市场犹如昙花一现，而生产设备的好坏和检测仪器的有效性是批量生产产品的关键因素。机器设备的性能要求和技术控制直接影响产品产量、质量。产品的成本和盈利情况直接受设备的影响，生产过程中的原材料和能源的磨损和消耗也是对机电设备的考验。此外，设备还是影响生产安全、环境保护的主要因素，并对操作者的情绪有着不可忽视的影响。可见，设备是影响企业生产经营全局的重要因素。

另一方面，设备技术水平的高低是企业技术进步的重要标志。一个企业的生产能力、产品质量以及生产经营目标和成效是否达到理想值甚至超过预期，与生产设备的品种、数量、技术水平成正相关。现代经济高速发展，人才辈出，成果日新月异，设备的现代化水平迅速提高，现代设备正朝着大型化、高速化、精密化、电子化、自动化的方向发展，设备投资在企业总投资中占的比例越来越大，设备在企业经营中的作用和影响也越来越大。因此，企业必须高度重视提高机器设备的技术水平，把改善和提高企业技术装备的水平作为实现企业技术进步的主要内容。

1.1.2 设备的功能机构

机器是常见的设备，是具有代表性的设备装置，由零部件组成的机器通过运行转换能量，做有用功实现正常运转。一台完整的机器一般由五大部分组成，包括动力部分、传动部分、执行部分、控制部分和辅助部分。机器的功能结构如图 1.1 所示。

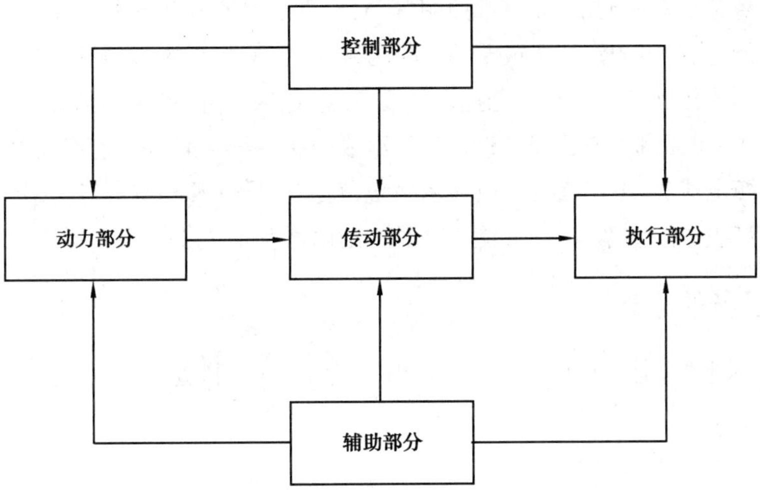

图 1.1　机器的功能结构

1) **动力部分**

动力部分也叫原动机,主要是为机器运行提供原动力,是驱动整个机器设备完成一系列操作的发动机源。动力部分把其他形式的能量转换为可以利用的机械能,例如汽轮机、内燃机、电动机的原理。一般来说,一部机器设备只有一个动力部分,但复杂的机器也可能有多个动力源。

2) **传动部分**

传动部分相当于一个运输的中间装置,它介于动力部分和执行部分之间,起桥梁运输并加工的作用。它的工作原理是把原动机的运动及动力传递给执行部分,达到运动速度和运动形式的相互切换。例如把旋转运动变为直线运动,把高转速变为低转速,把小转矩变为大转矩等。机器设备常见的传动类型有机械传动、流体运动、电力运动等,现实生活中的齿轮传动、蜗轮蜗杆传动、带传动、链式传动等属于机械传动,液压传动、气压传动、液力传动则属于流体传动。

3) **执行部分**

执行部分作为机器的组成部分,实行执行功能,机器预先设置的功能就是通过执行部分完成的,一部机器不一定只有一个执行部分,可以把机器分解成好几个执行部分。例如,压路机的压辊是压路机的执行部分;桥式起重机有 4 个执行部分,即卷筒、吊钩、小车行走部分、大车行走部分,其中卷筒和吊钩起上、下吊放重物的作用,小车行走部分执行横向运送重物,大车行走部分执行纵向运送重物。

4) **控制部分**

控制部分作为机器的力量,监督和控制机器的单元,是机器正常运行的必备工作部分,没有控制部分,机器就缺少指令。控制部分通过控制机器设备各部分的运动,确保机器的启动、暂停、停止等正常协调动作。

5)辅助部分

辅助部分包括机器的润滑、显示和照明等部分,也是保证机器正常运行不可缺少的部分。

以汽车为例,汽车中的汽油机或柴油机作为发动机,是汽车的原动机;离合器、变速箱、传动轴和差速器组成传动部分;车轮、悬挂系统及底盘(包括车身)是执行部分;转向盘和转向系统、排挡杆、刹车及其踏板、离合器踏板及油门组成控制系统;油量表、速度表、里程表、润滑油温度表及蓄电瓶电流表、电压表等组成显示系统;转向信号灯及车尾红灯等组成信号系统;前后灯及仪表盘灯组成照明系统;后视镜、车门锁、刮雨器及安全装置等为其他辅助装置。

1.1.3 设备的分类

企业的设备种类繁多,大小不一,功能各异。为了设计、制造、使用及管理的方便,必须对设备进行分类。

1)按资产属性和行业特点分类

国家技术监督局 1994 年 1 月批准发布了《固定资产分类与代码》国家标准(GB/T 14885—94)。该标准按资产属性分类,并兼顾了行业管理的需要,包括了十个门类,其中七类为设备。目前各产业部门对行业设备都有不同的分类方法。

①机械工业将机械设备分为 6 大类,动力设备分为 4 大类,共有 10 大类。其中包括:金属切削机床、锻压设备、起重运输设备、木工铸造设备、专业生产用设备、其他机械设备、动能发生设备、电器设备、工业炉窑和其他动力设备等。

②化学工业设备可分为反应设备、塔、化工炉、交换器、贮罐、过滤设备、干燥设备、机械泵、破碎机械、起重设备和运输设备等 20 类。

③纺织工业设备可分为棉纺织设备,棉印染设备,化纤设备,毛、麻、丝纺织设备,针织设备和纺织仪器,毛、丝、针织、纱线染整设备类等。

④冶金工业设备由于行业特点按联动机组加以分类,主要分为高炉、炼钢炉、焦炉、轧钢及锻压设备、烧结机和动力设备 6 大类。

2)按机器设备的适用范围分类

①通用机械。指企业生产经营中用途比较广泛的机器设备,如用于制造、维修机器的各种机床,用于搬运、装卸用的起重运输机械以及工业和生活中的泵、风机等均属于通用机械。

②专用机械。指企业或行业为完成某个特定的生产环节、生产特定的产品而专门设计、制造的机器,它只能在特定部门和生产环节中发挥作用,不具有普遍应用的能力和价值。

3)按设备用途分类

①动力机械。指用作动力源的机械。例如,机器中常用的电动机、内燃机、蒸汽机等。

②金属切削机械。指对机械零件的毛坯进行金属切削加工用的机器,可分为车床、铣床、拉床、镗床、磨床、齿轮加工机床、刨床和电加工机床等。

③金属成型机械。指除金属切削加工机床以外的金属加工机械,如锻压机械和铸造机械等。

④起重运输机械。指用于在一定距离内运移货物或人的提升和搬运机械,如各种起重

机、运输机、升降机和卷扬机等。

⑤工程机械。指在各种建设工程施工中,能够代替体力劳动的机械与机具,如挖掘机、铲运机和路面机等。

⑥轻工机械。指轻工业设备,其范围较广,如纺织机械、食品加工机械、印刷机械、制药机械和造纸机械等。

⑦农业机械。指用于农、林、牧、副、渔业等各种生产中的机械,如拖拉机、排灌机、林业机械、牧业机械和渔业机械等。

4)按使用性质分类

①生产用机械设备。指企业中直接参与生产活动的设备,以及在生产过程中直接为生产服务的辅助生产设备,例如动力设备、电气设备和其他生产用具等。

②非生产用机械设备。指企业中用于生活、医疗、行政、办公、文化、娱乐、基建、福利、教育部门和专设的科研机构等单位所使用的设备。通常情况下,企业设备管理部门主要对生产设备的运动情况进行控制和管理。

③租出机器设备。指按规定出租给外单位使用的机器设备。

④未使用机器设备。指未投入使用的新设备和存放在仓库准备安装投产或正在改造、尚未验收投产的设备。

⑤不需用设备。指已不适合本企业需要,已报上级等待处理的各种设备。

⑥租赁设备。指企业从其他单位租赁的设备。

5)按设备的技术特性分类

按设备本身的精度、价值和大型、重型、稀有等特点分类,可分为高精度设备、大型设备、重型稀有设备。所谓高精度设备是指具有极精密元件并能加工精密产品的设备;大型设备一般是指体积较大、较重的设备;重型、稀有设备是指单一的、重型的和国内稀有的大重型设备及购置价值高的生产关键设备。

根据国家统计局颁发的《主要生产设备统计目录》,对高精度、大型、重型、稀有设备的划分作出了规定,凡精、大、稀设备,都应按照国家统计局的规定进行划分。

6)按设备在企业中的重要性分类

按照设备发生故障后或停机修理时,对企业的生产、产品质量、成本、安全、交货期等方面的影响程度与造成损失的大小,将设备划分为三类:

①重点设备(也称 A 类设备),是重点管理和维修的对象,尽可能实施状态监测维修。

②主要设备(也称 B 类设备),应实施预防维修。

③一般设备(也称 C 类设备)为减少不必要的过剩修理,考虑到维修的经济性,可实施事后维修。

重点设备的划分,既考虑设备的固有因素,又考虑设备在运行过程中的客观作用,两者结合起来,使设备管理工作更切合实际。

1.1.4　现代设备的特征

现代设备不断应用在新的科学技术中,提高科学技术发展水平,工业化的要求也不断提

高。要想了解现代设备的操作模式,就要先弄清楚现代设备的主要特征。现代设备的特征主要体现在以下几个方面:

1)大型化

现代工业生产的大型化、集中化导致了设备的大型化。大型设备可以提高劳动生产率,节约材料和投资,降低生产成本,同时也有利于新技术的推广、应用。目前,设备的容量、重量、功率都明显地向大型化方向发展。如电力行业中的发电设备,1956年2月19日,我国第一台国产6 000 kW机组在安徽淮南市田家庵电厂投运,2006年11月28日,首台100万千瓦超临界机组在华能浙江玉环电厂投入运行。目前国外最大发电机组的功率可达130万千瓦。

2)机电一体化

现代科学技术的不断发展,极大地推动了不同学科的交叉与渗透,导致了工程领域的技术革命与改造。随着微电子技术、计算机科学技术、信息控制技术向机械工业的渗透,工业生产由"机械电气化"迈入了以"机电一体化"为特征的发展阶段,现代设备呈现出机电一体化的趋势。在现代企业中,数控机床、计算机集成制造系统、加工中心、机器人等高新技术设备的应用就是机电一体化的标志。机电一体化不是机械技术、微电子技术以及其他新技术的简单组合、拼凑,而是从系统的观点出发,综合运用机械技术、微电子技术、自动控制技术、计算机技术、信息技术、传感测控技术、电力电子技术、接口技术、信息变换技术以及软件编程技术等群体技术,根据系统功能目标和优化组织目标,合理配置与布局各功能单元,在多功能、高质量、高可靠性、低能耗的意义上实现特定功能价值,并使整个系统成为最优化的系统工程技术。由此而产生的功能系统则成为一个机电一体化系统或机电一体化产品。如数控机床、加工中心等机电一体化设备可以将车、铣、钻、镗、铰等制造过程中的不同工序集中于一台设备上,按编定的程序自动进行,适应了现代制造业多品种、小批量的市场需求。在加工精度上,上述设备主轴的回转精度可以达到$0.02 \sim 0.05 \ \mu m$,加工零件的圆度误差小于$0.1 \ \mu m$。

3)连续化和自动化

工业生产中,设备的连续化、自动化可以提高生产效率,减小劳动强度,达到高产、高效、低消耗的目的。例如,在煤炭生产中,综采设备将采煤、装载、支护、运输、采空区处理等不同工序连成一体,实现了连续、协调一致的综合机械化作业。

4)高速化

高速化是指生产速度、加工速度、化学反应速度、运算速度的提高。一般说来,在工业生产中总是用速度快的设备取代速度慢的设备。例如,世界上第一台内燃机的转速仅为156 r/min,而现代内燃机的转速高达10 000 r/min。为适应现代工业生产需要,一些主要生产设备都在向高速化的方向发展。目前先进国家的车削和铣削的切削速度已达到5 000 ~ 8 000 m/min,机床主轴转速在3 000 r/min(有的高达10万r/min)以上;纺织工业中的气流纺纱机的转速更是高达10×10^4 r/min以上;我国自行研制的"天河一号"超级计算机的运算速度已达到每秒1 000万亿次。

1.2　设备管理

1.2.1　设备管理的概念

设备管理是指以设备为研究对象,追求设备综合效率与寿命周期费用的经济性,应用一系列理论、方法,通过一系列技术、经济、组织措施,对设备的物质运动和价值运动进行全过程(从规划、设计、制造、选型、购置、安装、使用、维修、改造、报废直至更新)的科学管理。设备管理的主要目的是用技术上先进、经济上合理的装备,采取有效措施,保证设备高效率、长周期、安全、经济地运行,以保证企业获得最好的经济效益。

设备有两种形态:实物形态和价值形态。设备在整个寿命周期内都处于这两种形态的运动中。对应设备的这两种形态,设备管理也有两种方式,即设备的实物形态管理和设备的价值形态管理。

1)设备的实物形态管理

设备从规划设置直至报废的全过程即为设备实物形态运动过程。

设备从规划到实体设计、制造或选型、购置、安装调试合格,即具备了出厂要求的性能、精度等实物的技术状态。设备投入使用后,由于物理和化学的作用而产生磨损、磨蚀、老化,使设备实物的技术性能逐渐劣化,精度逐渐降低,因而需要修复、技术改造和更新。从设备投入使用到报废是设备实物的物质寿命。设备管理工作的重点之一就是保证设备具有良好的技术状态,延长设备的物质寿命。

设备的实物形态管理就是从设备实物形态运动过程出发,研究如何管理设备实物的可靠性、维修性、工艺性、安全性、环保性及使用中发生的磨损、性能劣化、检查、修复、技术改造等技术业务,其目的是使设备的性能和精度处于良好的技术状态,确保设备的输出效能最佳。

2)设备的价值形态管理

在整个设备寿命周期内包含的最初投资、使用费用、维修费用的支出,折旧、技术改造、更新资金的筹措与支出等,构成了设备价值形态运动过程。设备的价值形态管理就是从经济效益角度研究设备价值的活动,即新设备的研制、投资及设备运行中的投资回收,运行中的损耗补偿、维修、技术改造的经济性评价等经济业务,其目的就是使设备的寿命周期费用最经济。

传统的设备管理是使设备得到充分利用,并通过维修使其保持良好的技术状态。但是,设备的现代化产生了许多传统设备管理难以解决的问题,例如设备向大型化发展使设备投资增大,如何从技术、经济两方面合理选择就成为一个重要问题。此外,大型设备故障损失大,能源及原材料消耗大,对环境造成的污染问题严重;设备的高速化加剧了设备的磨损、腐蚀和劣化,加大了维修的难度及费用;设备自动化程度的提高又使得设备可靠性与维修成为较难解决的问题。现代设备管理就是以设备的一生为对象,对设备的实物运动形态和价值运动形态进行管理,前者是设备的技术管理,后者是设备的经济管理。把这两种运动形态管理统一起来,并注意不同管理层次的侧重点,从而实现在输出效能最大的条件下,设备的寿命周期费用最经济,即设备的综合效率最高。

1.2.2　设备管理的意义

设备管理是企业进行生产和再生产的物质基础,也是现代化生产的基础。它对保证企业增加生产、确保产品质量、发展品种、产品更新换代和降低成本等都有十分重要的意义。

1)设备管理是企业生产经营管理的基础工作

现代企业依靠机器和机器体系进行生产,生产中各个环节和工序要求严格地衔接、配合。生产过程的连续性和均衡性主要靠机器设备的正常运转来保证。如果不重视设备管理,设备状态时好时坏,甚至带病运转,其结果必然造成设备故障频繁,使生产处于混乱状态。因此,只有加强设备管理,正确地操作使用设备,精心地维护保养设备,实时地进行设备的状态监测,科学地维修与技术改造,使设备处于良好的技术状态,才能保证生产连续、稳定地运行。

2)设备管理是企业产品质量的保证

产品质量是企业的生命、竞争的支柱。产品是通过设备生产出来的,如果生产设备,特别是关键设备的技术状态不良,严重失修,必然会造成产品质量下降甚至废品成堆。加强企业质量管理,就必须同时加强设备管理,保证设备处于良好技术状态,才能为优质产品的生产提供物质上的必要条件。

3)设备管理是提高企业经济效益的重要途径

企业要想获得良好的经济效益,就必须适应市场需要,保证产品质优价廉。在现代工业生产中,产品的数量、质量,生产所消耗的能源、资源,产品成本的高低,在很大程度上受设备技术状态的影响。所以,设备管理既影响企业的产出(产量、质量),又影响企业的投入(产品成本),因而是影响企业经济效益的重要因素。加强设备管理是挖掘企业生产潜力、提高经济效益的重要途径。

4)设备管理是搞好安全生产和环境保护的前提

设备技术落后和管理不善是导致发生设备事故和人身伤害,造成环境污染的重要原因。消除事故,净化环境是人类生存、社会发展的长远利益所在。加速发展经济,必须重视设备管理,确保设备运转状态良好,为安全生产和环境保护创造良好的条件。

5)设备管理是企业长远发展的重要条件

科学技术进步是推动经济发展的主要动力。企业的科技进步主要体现在生产装备技术水平的提高、产品的开发、生产工艺的革新上。企业要在激烈的市场竞争中求得生存和发展,需要不断采用新技术、开发新产品。工业企业设备管理包括设备的技术改造和更新,通过设备的技术改造和更新提高生产装备的技术水平。这就要求企业加强设备管理,推动生产装备的技术进步,以先进的试验研究装置和检测设备来保证新产品的开发和生产,实现企业的长远发展目标。

1.2.3　设备管理的职能

在现代化的生产中,设备日趋复杂化、大型化、自动化、连续化、柔性化、智能化,使设备成为企业资产的主要成分。如何使企业设备正常运转,降低机械故障,减少事故停机,合理维修等,已成为企业提高生产效率、控制成本、加强市场竞争力的重要课题。因此,设备动力管理部门在工业企业中,尤其是大型工业企业中是十分重要的部门之一。企业设备管理的职责如下:

①负责企业的设备资产管理,使其保持安全、稳定、正常、高效运转,以保证生产需要。

②负责企业的动力等公用工程系统的运转,保证生产的电力、热力、能源等的需要。

③制订设备维修和技术改造更新计划,制订本企业的设备技术及管理的制度、规程。

④负责企业生产设备的维护、检查、监测、分析、维修工作,合理控制维修费用,保持设备的可靠性,充分发挥其技术效能,产生经济效益。

⑤负责企业设备的技术管理。设备是技术的综合实体,需要机械、电子、仪表、自动控制、热力工程等专业技术的管理与维修。同时还要执行国家各部门制订的有关特种设备的安全、卫生、环保等监察规程、制度。

⑥负责企业的固定资产管理,参加对设备的选型、采购、安装、投产、维修、技术改造、更新的全过程管理,作出经济技术分析评价。

⑦管理设备的各类信息包括设备的图样、资料、故障及维修档案、各类规范和制度,并根据设备的动态变化修改其内容。

1.3　设备管理的发展阶段及趋势

1.3.1　设备管理的发展阶段

在工业革命之前,人们借助简单的工具进行生产,生产规模小,技术水平低,操作工兼做修理工,谈不上设备的维修与管理。随着工业生产的发展和现代设备的出现,设备管理才逐步形成了比较系统、完备的管理理论和管理模式。

设备管理的发展大体经历了以下 4 个不同的阶段。

1) 事后维修阶段

事后维修又称"坏了再修",是指机器设备在生产过程中发生故障或损坏之后才进行维修。

事后维修能够最大限度地利用设备的零部件,提高了零部件使用的经济性,常用于修理结构简单、易于修复、利用率很低以及发生故障停机后对生产无影响或影响很小的设备。

2) 预防维修阶段

事后维修使故障停机时间过长而无法保证设备的正常使用。尤其是社会化大生产和流水线的出现使设备故障对生产的影响越来越大,任何一台主要设备或主要生产环节出现故障都会造成巨大的损失,特别是在流程式生产的企业中,突发性故障造成的直接及间接损失更是难以估量。在这种条件下,出现了为防止突发故障而对设备进行预先修理的"预防性"修理模式,即预防维修模式。

预防维修制有两大体系,分别是苏联的"计划预修制"及美国的"预防维修制"。

（1）计划预修制

为了防止生产设备的意外故障,应按照预定的计划进行一系列预防性修理。其目的是保障设备正常运行和保持良好的生产能力,减少和避免设备因不正常的磨损、老化和腐蚀而造成的损坏,延长设备使用寿命,充分发挥其潜力。

计划预修制规定:设备在经过规定的运行时间以后,要进行预防性的定期检查、调整和各类计划修理。计划预修制中,各类不同设备的保养、修理周期、周期结构和间隔是确定的。在这个规定的基础上,组织实施预防性的定期检查、保养和修理。

计划预修制是以设备的磨损规律为基础制订的。按照计划预修制的理论,影响设备修理工作量的主要因素是设备的开动台时,合理的开动台时是预防性维修的依据。

（2）预防维修制

预防维修制以设备的日常检查和定期检查为基础并据此确定修理内容、方式和时间,由于没有严格规定的修理周期,因而有较大的灵活性。但是在实施过程中也出现了由于日常检查及例行检查过于频繁而导致的维修费用过大的问题,于是出现了将预防维修与事后维修结合起来的"生产维修制",即对主要生产设备实施预防维修,一般设备实施事后维修,既减少了故障停机损失,又降低了用于维修的费用,取得了良好的维修经济性。

与事后维修相比,预防维修的优点在于:按计划进行预防维修,减少了故障停机造成的损失,避免了设备恶性事故的发生;设备的维修计划是预先制订的,不会对生产计划造成冲击和干扰。

3）设备系统管理阶段

随着科学技术的发展,尤其是宇宙开发技术的兴起,以及系统理论的普遍应用,1954 年,美国通用电器公司提出了"生产维修"的概念,强调要系统地管理设备,对关键设备采取重点维护政策,以提高企业的综合经济效益。其主要内容是:对维修费用低的寿命型故障,且零部件易于更换的,采用定期更换策略;对维修费用高的偶发性故障,且零部件更换困难的,运用状态监测方法,根据实际需要随时维修;对维修费用十分昂贵的零部件,应考虑无维修设计,消除故障根源,避免发生故障。

4）设备综合管理阶段

体现设备综合管理思想的两个典型代表是"设备综合工程学"和"全员生产维修制"。

（1）设备综合工程学

由英国 1971 年提出的"设备综合工程学"是以设备寿命周期费用最经济为设备管理目标。对设备进行综合管理,紧紧围绕以下四方面内容展开工作:

①以工业管理工程、运筹学、质量管理、价值工程等一系列工程技术方法,管好、用好、修好、经营好机器设备。对同等技术的设备,认真进行价格、运转、维修费用、折旧、经济寿命等方面的计算和比较,把好经济效益关。建立和健全合理的管理体制,充分发挥人员、机器和备件的效益。

②研究设备的可靠性与维修性。

③以设备的一生为研究和管理对象,即运用系统工程的观点,把设备规划、设计、制造、安装、调试、使用、维修、改造、折旧和报废一生的全过程作为研究和管理对象。

④促进设备工作循环过程的信息反馈。

（2）全员生产维修制

20 世纪 70 年代初期,日本推行的"全员生产维修制"是一种全效率、全系统和全员参加的设备管理和维修制度。"全员生产维修制"以质量优、产能高、成本低为要求,让工作人员以充沛的精力、饱满的精神状态安全生产、按时交货的较高综合效率为目标。

"全系统"是对设备寿命周期实行全过程管理,从设计阶段起就要对设备的维修方法和手段予以认真考虑,既抓设备前期阶段的先天不足,又抓使用维修和改造阶段的故障分析,达到排除故障的目的。

"全员参加"是指上至企业最高领导,下到每位操作人员都应参加生产维修活动。

在设备综合管理阶段,设备维修的方针是:建立以操作工点检为基础的设备维修制;实行重点设备专门管理,避免过剩维修;定期检测设备的精度指标;注意维修记录和资料的统计及分析。

综合管理是设备管理现代化的重要标志。其主要表现有:

①设备管理由低水平向制度化、标准化、系列化和程序化发展。

②由设备定期大小修、按期按时检修向预知检修、按需检修发展。

③由不讲究经济效益的纯维修型管理向修、管、用并重,追求设备一生最佳效益的综合型管理发展。

④由单一固定型维修方式向多种维修方式、集中检修和联合检修发展。

⑤由单纯行政管理向运用经济手段管理发展。

⑥维修技术向新工艺、新材料、新工具和新技术发展。

1.3.2　现代设备管理的趋势

随着工业化、经济全球化、信息化的发展,机械制造、自动控制等出现了新的突破,使企业设备的科学管理出现了新的趋势,这一新趋势主要表现在以下方面。

1）设备管理全员化

所谓设备管理全员化,就是以提高设备的全效率为目标,建立以设备一生为对象的设备管理系统,实行全员参加管理的一种设备管理与维修制度。其主要内容包括:

（1）设备的全效率

设备的全效率指在设备的一生中,设备使用单位为设备耗费了多少,从设备那里得到了多少,其所得与所费之比,就是全效率。

设备的全效率,就是以尽可能少的寿命周期费用来获得产量高、质量好、成本低、按期交货、无公害安全生产等成果。

（2）设备的全系统

①设备实行全过程管理。对设备实行全过程管理的目的就是要克服两个脱节:

a.设备的前半生管理与后半生管理的脱节。加强设备制造（包括研发）单位与使用单位之间的横向联系,并进行信息反馈。

b.设备后半生内部各环节之间的脱节。加强设备使用单位内部各部门之间的协调、联系、配合,明确分工协作关系,共同把设备管理好。

②设备采用的维修方法和措施系统化。

在设备的研究设计阶段,要认真考虑预防维修,提高设备的可靠性和维修性,尽量减少维修费用;在设备使用阶段,采用以设备分类为依据,以点检为基础的预防维修和生产维修。

对那些重复性发生故障的部位,针对故障发生的原因采取改善维修,以防止同类故障的再次发生。这样,就形成了以设备一生作为管理对象的完整的维修体系。

(3)全员参加

全员参加指发动企业所有与设备有关的人员来参加设备管理。

①纵的方面:从企业最高领导到生产操作人员,全都参加设备管理工作,其组织形式是生产维修小组。

②横的方面:把与设备规划、设计、制造、使用、维修等有关部门都组织到设备管理中来,分别承担相应的职责,具有相应的权利。

2)设备管理的信息化

设备管理信息化趋势的实质是对设备实施全面的信息管理,主要表现在:

①设备投资评价的信息化。

②设备经济效益和社会效益评估的信息化。

③设备使用的信息化。

3)设备维修专业化、网络化

传统的维修组织方式已经不能满足生产的要求,所以有必要建立一种社会化、专业化、网络化的维修体制。设备管理的社会化、专业化、网络化的实质是建立设备维修供应链,改变过去大而全、小而全的生产模式。随着生产规模化、集约化的发展,设备系统越来越复杂,技术含量也越来越高,维修保养需要各类专业技术和建立高效的维修保养体系,才能保证设备的有效运行,并提高设备的维修效率,减少设备使用单位备品配件的储存及维修人员,从而提高设备使用效率,降低资金占用率。

4)设备系统自动化、集成化

现代设备的发展方向是自动化和集成化。由于设备系统越来越复杂,对设备性能的要求也越来越高,因而势必提高对设备可靠性的要求。可靠性是一门研究技术装备和系统质量指标变化规律的科学,并在研究的基础上制订能以最少的时间和费用,保证所需的工作寿命和零故障率的方案。可靠性科学是在预测系统的状态和行业的基础上建立的选取最佳方案的理论,保证所要求的可靠性水平。

可靠性标志着机器在其整个使用周期内保持所需质量指标的性能。不可靠的设备显然不能有效工作,因为无论是个别零部件的损伤,还是技术性能降到允许水平以下而造成停机,都会带来巨大的损失,甚至灾难性后果。

可靠性工程通过研究设备的初始参数在使用过程中的变化,预测设备的行为和工作状态,进而估计设备在使用条件下的可靠性,从而避免设备意外停止作业或造成重大损失和灾难性事故。

5）设备故障维修预防为先化

（1）应用状态监测和故障诊断技术

设备状态监测技术是指通过监测设备或生产系统的温度、压力、流量、振动、噪声、润滑油黏度与消耗量等各种参数，与设备生产厂家的数据相比，分析设备运行的好坏，对机组故障作早期预测，分析诊断与排除，将事故消灭在萌芽状态，降低设备故障停机时间，提高设备运行可靠性，延长机组运行周期。

设备故障诊断技术是一种了解和掌握设备在使用过程中的状态，确定其整体或局部是否正常，早期发现故障及其原因，并能预测故障发展的趋势。

（2）由定期维修转向预知维修

设备的预知维修管理是企业设备科学管理发展的方向，为减少设备故障，降低设备维修成本，防止生产设备的意外损坏，通过状态监测技术和故障诊断技术，在设备正常运行的情况下，进行设备整体维修和保养。通过预知维修降低事故度，使设备在最佳状态下正常运转，这是保证生产按预定计划完成的必要条件，也是提高企业经济效益的有效途径。

预知维修的发展是和设备管理的信息化、设备状态监测技术、故障诊断技术的发展密切相关的。预知维修需要的大量信息是由设备管理信息系统提供的，通过对设备的状态监测，得到关于设备或生产系统的温度、压力、流量、振动、噪声、润滑油黏度与消耗量等各种参数，由专家系统对各种参数进行分析，进而实现对设备的预知维修。

1.4　设备管理的任务及基本内容

1.4.1　设备管理的主要任务

在 1987 年 7 月国务院发布的《设备管理条例》中，明确规定了设备管理的 4 项主要任务。

（1）保持设备完好

设备完好一般包括：设备零部件、附件齐全，运行正常；设备性能良好，加工精度、动力输出符合标准；原材料、燃料、能源、润滑油消耗正常 3 个方面的内容。

（2）改善和提高技术装备素质

技术装备素质是指设备的工艺适用性、质量稳定性、运行可靠性、技术先进性、机械化和自动化程度等方面。因此，企业需不断对设备进行更新改造和技术换代，以不断满足企业生产发展的需求。

（3）充分发挥设备效能

设备效能是指设备的生产效率和功能。它不仅包括单位时间内设备生产能力的大小，也包含适应多品种生产的能力。

（4）取得良好的投资效益

设备投资效益是指设备一生的产出与其投入之比。取得良好的设备投资效益，也是以提高经济效益为中心的方针在设备管理工作中的体现，也是设备管理的出发点和落脚点。

提高设备投资效益的根本途径在于推行设备的综合管理。首先要有正确的投资决策，采用优化的设备购置方案。其次在寿命周期的各个阶段,一方面加强技术管理,保证设备在使用阶段充分发挥效能,创造最佳的产出;另一方面加强经济管理,实现最经济的寿命周期费用。

1.4.2 设备管理的基本内容

企业设备管理组织应在以下方面有效地履行自己的职能。

(1)设备的目标管理

作为企业生产经营中的一个重要环节,设备管理工作应根据企业的经营目标来制订本部门的工作目标。

企业需要提高生产能力时,设备管理部门就应该通过技术改造、更新、增加设备或强化维修、加班加点等方式满足生产能力提高的需要。

(2)设备资产的经营管理

设备资产的经营管理包括:对企业所有在册设备进行编号、登记、设卡、建账,做到新增有交接,调用有手续,借出、借(租)入有合同,盈亏有原因,报废有鉴定;对闲置设备通过市场及时进行调剂,一时难以调剂的要封存、保养,减少对资金的占用;做好有关设备资产的各种统计报表;对设备资产要进行定期和不定期的清查核对,保证有账、有卡、有物,账面与实际相符。

(3)设备的前期管理

设备的前期管理又称设备规划工程,是指从制订设备规划方案起到设备投产止这一阶段全部活动的管理工作,包括设备的规划决策、外购设备的选型采购和自制设备的设计制造、设备的安装调试和设备使用的初期管理4个环节。其主要内容包括:设备规划方案的调研、制订、论证和决策;设备货源调查及市场情报的搜集、整理与分析;设备投资计划及费用预算的编制与实施程序的确定;自制设备的设计方案的选择和制造;外购设备的选型、订货及合同管理;设备的开箱检查、安装、调试运转、验收与投产使用,设备初期使用的分析、评价和信息反馈等。做好设备的前期管理工作,为进行设备投产后的使用、维修、更新改造等管理工作奠定基础,创造条件。

(4)设备的状态管理

设备的状态是指其技术状态,包括性能、精度、运行参数、安全、环保、能耗等所处的状态及其变化情况。设备状态管理的目标就是保证设备的正常运转,包括设备的使用、检查、维护、检修、润滑等方面的管理工作。

(5)设备的润滑管理

润滑工作在设备管理中占有重要的地位,是日常维护工作的主要内容。企业应设置专人(大型企业应设置专门机构)对润滑工作进行专责管理。

润滑管理的主要内容是建立各项润滑工作制度,严格执行定人、定质、定量、定点、定期的"五定"制度;编制各种润滑图表及各种润滑材料申请计划,做好换油记录;对主要设备建立润滑卡片,根据油质状态监测换油,逐步实行设备润滑的动态管理;组织好润滑油料保管、废油回收利用工作等。

(6)设备的计划管理

设备的计划管理包括各种维护、修理计划的编制和实施,主要有以下几方面内容:根据企业生产经营目标和发展规划,编制各种修理计划和更新改造规划并组织实施;制订设备管理工作中的各项流程,明确各级人员在流程实施中的责任;制订有关设备管理的各种定额和指标及相应的统计、考核方法;建立和健全有关设备管理的规章、制度、规程及细则并组织贯彻执行。

（7）设备的备件管理

备件管理工作的主要内容涉及组织好维修用备品、配件的购置、生产、供应。做好备品、配件的库存保管,编制备品、配件储备定额,保证备品、配件的经济合理储备。采用新技术、新工艺对旧备品、配件进行修复翻新。

（8）设备的财务管理

设备的财务管理主要涉及设备的折旧资金、维修费用、备品、配件资金、更新改造资金等与设备有关的资金管理。

从综合管理的观点来看,设备的财务管理应包括设备一生全过程的管理,即设备寿命周期费用的管理。

（9）设备的信息管理

设备的信息管理是设备现代化管理的重要内容之一。设备信息管理的目标是在最恰当的时机,以可接受的准确度和合理的费用为设备管理机构提供信息,使企业设备管理的决策和控制及时、正确,使设备系统资源(人员、设备、物资、资金、技术方法等)得以充分利用,保证企业生产经营目标的实现。设备信息管理包括各种数据、定额标准、制度条例、文件资料、图纸档案、技术情报等,大致可分为以下几类:

①设备投资规划信息。

②资产和备件信息。

③设备技术状态信息。

④修理计划信息。

⑤人员管理信息。

（10）设备的节能环保管理

近年来,随着国家对能源及环保问题的重视,企业大都设置了专门的节能及环保机构对节能和环保工作进行综合管理。设备管理部门在对生产及动力设备进行"安全、可靠、经济、合理、环保"管理的同时,还应配合其他职能部门共同做好节能和环保工作,其范围包括:贯彻国家制定的能源及环保方针、政策、法令和法规,积极开展节能及环保工作;制订、整顿、完善本企业的能源消耗及环保排放定额、标准;制订各项能源及环保管理办法及管理制度;推广节能及环保技术,及时对本企业高能耗及高排放的设备进行更新和技术改造。

1.5　设备管理的组织形式

企业的组织形式是指企业进行生产经营活动所采取的组织方式或结构形态。设备管理作为企业管理的重要内容,它需要通过建立高效健全的组织机构来履行职能。设备管理组织首先要考虑企业的生产规模、经营方式、生产类型、设备拥有量及技术装备水平、生产工艺性质、企业管理水平及管理者的素质等内部因素,还有全社会生产的社会化协作及专业化程度的外部因素。

1.5.1 设备管理组织机构设置的原则

普遍看来,设备管理组织机构的设置应遵循如下原则:

(1)精简的原则

组织机构的设置要尽量提高效率、精减人员,所以在设置设备管理组织机构时应注意以下问题:

①要因事设职,因职设人,而不能因人设事。企业机构的设置和人员的配备应适应企业生产经营目标的需要,力求精兵简政,以达到组织机构设置的合理化。

②减少管理层次,精简机构和人员,最大限度减少管理费用的支出。

③建立良好有效的信息传递渠道,使上情下达、下情上传、外情内达,搞好机构内外的配合及协调关系。

(2)统一领导、分级管理的原则

统一领导是组织理论的重要原则之一,企业各部门、各环节的组织机构需要形成一个有机结合的统一的组织体系。各层次的机构在此体系中形成一条职责、权限分明的等级链,不能越级指挥和管理。指挥者和执行者各司其职、各负其责,从上而下地逐级负责,使生产经营任务能够顺利完成。

(3)分工与协作统一的原则

管理机构的设置要有合理、明确的分工,在生产经营中要注意相互合作,密切配合。

(4)责权统一的原则

对各级管理人员应贯彻责权统一的原则,其职责应与职权相互对应,负什么样的职责,就应当有什么样的职权,否则便谈不上负责。对上级来说,必须对下级有正确的授权,即职责不可能大于也不应小于所授予的职权;对下级来说,不能拥有职责范围外的更多职权。

有职无权和有权无责都是违背责权统一原则的。产生有职无权的主要原因是上级要求下属对工作结果承担责任而没有给予其相应的权力。产生有权无责的原因则是不规定或不明确严格的职责范围,规定的职责含糊不清,没有明确法律上、道义上、经济上应承担的义务。

1.5.2 设备管理组织机构的形式及特点

组织机构的管理形式,是指组织机构按部门划分和按层次划分,组成纵横交错关系的组织管理形式。这种管理形式除受上述因素影响外,还与企业的所有制形式有关。而且管理形式是随着企业发展和管理科学化、现代化的发展而发生变化的。目前在企业中常见的组织机构管理形式有以下几种。

1)直线制形式

直线制是最原始,也是最简单的一种组织形式。

直线制的特点是组织中的各种职位均按垂直系统直线排列,不存在管理上的职能分工,任何级别的管理人员均不受同一级别的指挥。例如:一个厂长下面分管三个车间主任,一个车间主任又分管三个班组长,这样层层职级管理。

直线制结构的优点是:结构简单,指挥系统清晰、统一;责权关系明确;横向联系少,内部协调容易;信息沟通迅速,解决问题及时,管理效率高。其缺点是:组织结构缺乏弹性,组织内部缺乏横向交流;缺乏专业化分工,不利于管理水平的提高;经营管理事务仅依赖于少数几个人,要求企业领导必须是经营管理全才,但这是很难做到的,尤其是在企业规模扩大时,管理工作会超过个人能力所能承受的限度,不利于企业领导集中精力研究企业管理的重大问题。因此,直线制组织结构的适用范围是有限的,它只适用于规模较小或业务活动简单、稳定的企业。

2)职能制形式

职能制是在企业主管领导下设置专业职能部门和人员,将相应的管理职责和权力交给职能部门,各职能部门在本职范围内都有权直接指挥下级部门。职能制组织结构如图1.2所示。

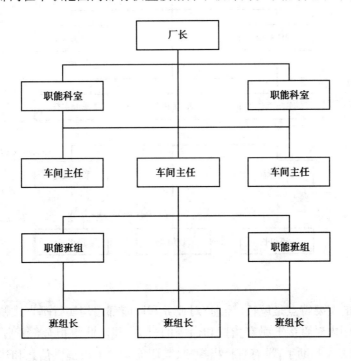

图1.2　职能制组织结构

职能制结构的优点是:提高了企业管理的专业化程度和专业化水平;由于每个职能部门只负责某一方面的工作,可充分发挥专家的作用;对下级的工作提供详细的业务指导;由于吸收了专家参与管理,直线领导的工作负担得到了减轻,从而有更多的时间和精力考虑组织的重大战略问题;有利于提高各职能专家自身的业务水平;有利于各职能管理者的选拔、培训和考核的实施。

职能制结构的不足包括:多头领导,政出多门,不利于集中领导和统一指挥,造成管理混乱,令下属无所适从;直线人员和职能部门责权不清,彼此之间易产生意见分歧,互相争名夺利,难以协调,最终必然导致功过不明,赏罚不公,责、权、利不能很好地统一起来;机构复杂,增加了管理费用,加重了企业负担;由于过分强调按职能进行专业分工,各职能人员的知识面和经验较狭窄,不利于培养全面型的管理人才;这种组织形式决策慢,不够灵活,难以适应环境的变化。

因此职能制结构只适用于计划经济体制下的企业,必须经过改造才能应用于市场经济下的企业。

3) 直线职能制

直线职能制是从上述两种组织形式中发展起来的。这种组织形式将管理机构和人员分为两类:一类是直线指挥机构和人员,他们有对下级机构发布指令的权力,同时对该组织的工作全面承担责任;另一类是职能管理机构和人员,他们是直线领导的参谋,只能给领导充当业务助手,不能对下级组织直接下达指令。直线职能制组织结构如图1.3所示。

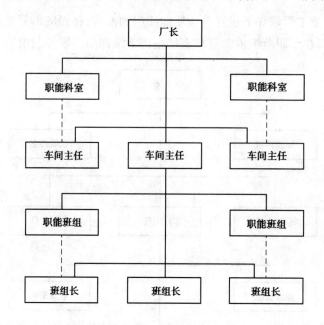

图1.3　直线职能制组织结构

直线职能制的主要特点是厂长(经理)对业务和职能部门均实行垂直式领导,各级直线管理人员在职权范围内对直接下属有指挥和命令的权力,并对此承担全部责任;职能管理部门是厂长(经理)的参谋和助手,没有直接指挥权,其职能是向上级提供信息和建议,并指挥和监督业务部门,因此,它与业务部门的关系只是指导关系,而非领导关系。

直线职能制是一种集权和分权相结合的组织结构形式,它在保留直线制统一指挥优点的基础上,引入管理工作专业化的做法,因此,既能保证统一指挥,又能发挥职能管理部门的参谋指导作用,弥补领导人员在专业管理知识和能力方面的不足,协助领导人员决策。

直线职能制是一种有助于提高管理效率的组织结构形式,在现代企业中适用范围比较广泛。

4) 矩阵式组织结构

矩阵式组织结构由两套管理系统组成。当企业为完成某项任务或达到某个目标时,可以从直线职能制的纵向职能系统中抽调专业人员组成临时或较长期的工作班子,由这个工作班子进行横向系统联系,协同各有关部门的活动,工作班子有权指挥参与规划的工作人员。工作班子成员接受纵、横系统的双重领导,但以横向系统为主,任务完成后便回各自原单位。

矩阵式组织结构中根据不同的管理职能,按专业化分工的原则分别设置的纵、横管理系统突出了专业化管理的优势;通过上级机构的授权可以有较多的决策权;管理的专业化可以提高决策的科学性;专业职能部门参与决策过程可以减轻高层领导的工作负担;下级部门与高层的直接接触可以对其产生激励作用。其不足之处在于过多的信息与交流将加大成本与决策时间;管理人员过多;参与决策的层面过多将导致协调与决策困难。

现代企业组织结构正在从金字塔形向大森林形转变。金字塔形的企业组织结构是层级分明,从最高层到最底层的纵向结构,而越往上层层级逐渐缩小,按照严格的等级制度,就像金字塔一样。而为了减少管理层次,现代企业的组织结构的大森林模式就是在同一层次的管理之间相互平等,横向联系密切,区别于金字塔的纵向体系,形成横向体系。

5) 几种设备管理组织机构的优缺点(表 1.1)

表 1.1　几种设备管理组织机构的优缺点

组织机械	优　点	缺　点
直线制形式设备管理	1.结构简单,指挥系统清晰、统一; 2.责权关系明确; 3.横向联系少,内部协调容易; 4.信息沟通迅速,解决问题及时,管理效率高。	1.组织结构缺乏弹性,组织内部缺乏横向交流; 2.缺乏专业化分工,不利于管理水平的提高; 3.经营管理事务仅依赖于少数几个人,管理工作会超过个人能力所能承受的限度,不利于企业领导集中精力研究企业管理; 4.直线制组织结构的适用范围是有限的,它只适用于那些规模较小或业务活动简单、稳定的企业。
职能制形式设备管理	1.提高了企业管理的专业化程度和专业化水平; 2.由于每个职能部门只负责某一方面的工作,可充分发挥专家的作用; 3.对下级的工作提供详细的业务指导; 4.有更多的时间和精力考虑组织的重大战略问题; 5.有利于提高各职能专家自身的业务水平; 6.有利于各职能管理者的选拔、培训和考核的实施。	1.多头领导,政出多门,不利于集中领导和统一指挥,造成管理混乱,令下属无所适从; 2.直线人员和职能部门责权不清,彼此之间易产生意见分歧,互相争名夺利,争功诿过,难以协调,最终必然导致功过不明,赏罚不公,责、权、利不能很好地统一; 3.机构复杂,增加管理费用,加重企业负担; 4.过分强调按职能进行专业分工,各职能人员的知识面和经验较狭窄,不利于培养全面型的管理人才; 5.决策慢,不够灵活,难以适应环境的变化; 6.职能制结构只适用于计划经济体制下的企业,必须经过改造才能应用于市场经济下的企业。

续表

组织机械	优 点	缺 点
直线职能制设备管理	1.保证企业管理体系的集中统一； 2.在各级行政负责人的领导下，充分发挥各专业管理机构的作用。	1.各职能部门的分工协作性欠缺，加重上层领导的工作负担，职能部门的许多工作要直接向上层领导请示报告才能进一步开展； 2.办事效率低下。
矩阵式组织结构设备管理	1.机动、灵活，可随项目的开发与结束进行组织或解散； 2.在新的工作小组里，能沟通、融合，能把自己的工作同整体工作联系在一起，为攻克难关，解决问题而献计献策，由于从各方面抽调来的人员有信任感、荣誉感，使他们增加了责任感，激发了工作热情，促进了项目的实现； 3.加强了不同部门之间的配合和信息交流，克服了直线职能结构中各部门互相脱节的现象。	1.项目负责人的责任大于权力，因为参加项目的人员都来自不同部门，隶属关系仍在原单位，只是为"会战"而来，所以项目负责人对他们管理困难，没有足够的激励手段与惩治手段，这种人员上的双重管理是矩阵结构的先天缺陷； 2.由于项目组成人员来自各个职能部门，当任务完成以后，仍要回原单位，因而容易产生临时观念，对工作有一定影响。

本章小结

设备是指只有直接或间接参与改变劳动对象的形式和性质，并在长期使用中基本保持其原有的物理形态的物质材料。一般情况下，设备一词既可指单台设备，也可指成套设备，即为完成某种功能而将机电装置及其他要素有机组合起来的集合体。

设备在物质资源越来越丰富的当今世界为现代化工业企业的生产经营活动奠定了关键基础，居于重要地位。机器设备为现代化的生产提供了不可或缺的依托，避免了传统手工业的弊端，加速了科技电子以及智能现代化的发展，是现代化工业企业的重要物质财富。可以说没有现代化的劳动设备，就没有现代化事物的大生产，更没有现代化产业商业。

本章主要介绍了设备和设备管理的基本概念（包括设备的特征、分类及功能）、设备管理的发展阶段和趋势、设备管理的主要任务和基本内容、设备管理的组织形式（包括组织机构设置的原则、组织机构的形式和特点等）等相关内容。

复习思考题

一、填空题

1. 在我国，只有具备直接或间接参与改变_____的形态和性质，并在长期使用中基本保持其原有实物形态的_____才被看作设备。

2.一台完整的机器一般由_____、_____、_____、_____和_____组成。

3.现代设备特征主要体现在_____、_____、_____和_____等方面。

4.在1987年7月国务院发布的《设备管理条例》中明确规定了设备管理的4项主要任务，它们分别是_____、_____、_____和_____。

5.设备管理是指以_____为研究对象，追求设备综合效率与_____的经济性，应用一系列理论、方法，通过一系列技术、经济、组织措施，对设备的_____和_____进行全过程（从规划、设计、制造、选型、购置、安装、使用、维修、改造、报废直至更新）的科学管理。

6.预防维修制有两大体系，分别是苏联的_____及美国的_____。

7.日本推行的"全员生产维修制"，是一种_____、_____和_____的设备管理和维修制度。

8.目前在企业中常见的组织机构管理形式有_____、_____、_____和_____。

二、简答题

1.设备是企业（　　）的重要组成部分。

　　A.流动资产　　　　B.固定资产　　　　C.无形资产　　　　D.低值易耗品

2.以汽车为例，发动机（汽油机或柴油机）是汽车的（　　）；离合器、变速箱、传动轴和差速器组成（　　）；车轮、悬挂系统及底盘（包括车身）是（　　）；后视镜、车门锁、刮雨器及安全装置等为（　　）。

　　A.动力部分　　　　　　　　　B.传动部分

　　C.执行部分　　　　　　　　　D.控制部分

　　E.辅助部分

3.车床、铣床、拉床、镗床属于（　　）。

　　A.工程机械　　　　B.金属切削机械　　　C.金属成型机械　　　D.轻工机械

4.某高炉大型风机运行时检查发现轴向振动有加大的趋势，检修部门计划在下月高炉停产时安排对风机进行停机检修，排除故障，该检修模式属于（　　）。

　　A.事后维修　　　　B.计划预修制　　　　C.预防维修制　　　　D.全员生产维修制

5.直线制组织管理形式的特点是（　　）。

　　A.以直线为基础

　　B.在各级主要负责人下设置相应的职能部门

　　C.从事专业管理

　　D.参谋作用

　　E.每个职能人员都有权指挥

6.以下（　　）属于设备管理的职能范畴。

　　A.对产品进行质量检验

　　B.制订生产工艺流程

　　C.对设备进行更新改造

　　D.对设备进行检查及故障诊断

  E.对设备进行维修

  F.对设备进行润滑

三、简答题

1.简述设备、设备管理的基本概念。

2.设备管理的重要性主要体现在哪些方面?

3.简述设备管理的发展阶段及特点。

4.设备管理的基本内容有哪些?

第 2 章
设备的前期管理

教学目标

1.了解设备前期管理的内容；

2.了解设备的规划与选型；

3.了解设备采购的一般知识和基本流程；

4.懂得设备采购合同的基本条文和相关规定；

5.熟悉设备安装、调试、验收管理的基本内容。

教学重点

1.设备采购的一般知识和基本流程；

2.设备采购合同的基本条文和相关规定；

3.设备安装、调试、验收管理的基本内容。

2.1 设备的规划与选型

2.1.1 设备的规划

设备规划是根据企业战略方针和经营目标,综合考虑企业的发展方向、科研水平、新品开发、节能环保、安全可靠等因素制订的。它是设备前期管理的首要问题,既影响设备的综合效益,同时也是企业总体规划的重要组成部分。

1)设备规划的依据

①企业发展的需要。企业考虑自身的长远发展,出于提高生产效率、产品质量、节约成本、增强企业竞争力等需要,提出设备采购、更新换代等要求。

②设备自身更新换代的需要。设备的有形或无形磨损会使其失去原有的生产价值,导致生产效率低下、产品质量无法保证、成本损耗变高等一系列问题。为提高生产效率、保证市场竞争力,需进行更换。

③符合政策的需要。国家出于环保节能、供给侧结构改革等一系列原因作出的宏观调控或出台的政策,对企业的设备规划提出了一定要求。

④其他因素。国内外相关设备的发展更新、企业自身的融资及还贷能力等。

2)设备规划的程序

①提出建议。各相关主管部门根据企业发展需要及市场需求提出设备规划建议,如:生产主管部门出于节约成本、提高生产效率的需求提出设备更新;安全环保部门出于提升安全系数、减少污染物排放等需求提出设备更换;科研部门出于科研需要提出设备更换增添。

②论证与综合平衡。企业规划部门对各主管部门提出的建议进行归纳汇总,综合平衡各项因素,同时结合企业自身的资金运转能力,对设备引进建议进行论证。

③主管部门批准。规划部门提出规划草案,并确保草案的客观性、真实性,报主管部门及领导批准。

④制订年度规划。草案经主管部门批准后反馈至规划部门,规划部门以此为依据制订年度设备引进规划,然后发送至设备管理部门具体落实。

2.1.2 设备的选型

1)选型的基本原则

①生产上适用。所选购的设备必须符合企业生产及扩大再生产的需求,适应企业产品开发的需要。

②技术上先进。在保证生产适用的基础上,还需保证引进设备指标性能上的先进性,以实现提高产品质量的目的,同时延长设备的技术寿命,延缓更新报废的年限。

③经济上合理。设备选型要符合企业现有经济条件,在满足生产需求的前提下,优先选择性价比高、低能耗、低维护费用的型号。

2)选型的主要因素

(1)设备参数的选择

①生产率。设备的生产率一般用设备单位时间内(分、时、班、年)的产品生产量来表示。一般来说,应优先选择生产率高的设备,但同时应兼顾企业的生产规模、经营计划、原料供应、运输能力等实际情况,尽量保证生产平衡。

②工艺性。设备满足产品工艺需求的能力称为其工艺性。工艺性好的设备需满足生产高质量产品的需要,要充分保证产品尺寸、功能上的精确性;要保证设备操作控制轻便灵活;一般生产量大的设备要求其具备高度自动化的性能;危险作业则要求设备具有远距离监控的功能。

(2)设备的安全性和可靠性

①安全性。为保证生产的安全性,避免因突发事故造成人员伤亡、物品损失等,引进设备须有足够的安全防护装置。

②可靠性。设备的可靠性指其在规定时间、规定条件下完成规定工作量的能力。确保设备的高质量是保证其可靠性的前提条件,不仅关系到产品的生产效率,更关系到能否如期交货、能否保证产品质量等关键问题。保证设备的可靠性要求设备的主要零部件故障频率越低

越好,故障发生间隔越长越好,维修难度越低越好。

（3）设备的维修性和操作性

①维修性。设备的维修性指当设备出现故障时,对其进行维修并恢复原有功能的难易程度。衡量设备的维修性可考虑以下几个因素:一是易检查性,即利用仪器设备快速诊断故障部位及故障原因的能力;二是易拆装性,即设备设计合理、结构简单、损耗部件容易拆装更换的性能;三是零部件标准性,即保证所有零部件损耗后容易找到标准化替代组件;四是自动化修复程度,即设备通过提前预防、故障后自动调整参数、自动补偿损耗部件等手段在无人工介入的前提下完成修复的能力。

②操作性。设备的操作性指其符合使用者生理及心理条件,能以最简便的操作和最短的时间完成产品生产的性能。如:设备操作空间、按键、控杆等符合人体生理限度;设备噪声、色彩等操作环境符合人体心理限度。

（4）设备的节能性和环保性

①节能性。节能性指设备生产单位产品所消耗的能源量大小,通常包括所消耗的原材料及能源多少。但同时也应考虑不同原材料及能源的经济成本。

②环保性。环保性指设备生产时所产生的噪声、排放物等需控制在符合人体安全标准的范围内。

（5）设备的经济性

经济性指企业引进设备初期投入少、生产效率高、使用寿命长、故障频率低、能源消耗少、管理维护费用低等特点。通常情况下,设备不能同时具备以上所有特点,需要企业综合考虑衡量,保证设备在其使用寿命期限内达到经济效益的最大化。

（6）设备的配套性

设备的配套性指设备自身及其他设备之间的配套程度。首先,引进设备须与企业原有设备相配套,保证设备之间能够完好配合、良性运转;其次,引进设备还需与企业生产任务相配套,避免产能过剩造成浪费或产能不足无法完成生产任务。

3）选型的一般步骤

（1）设备预选

通过各种渠道（产品样本、广告、网络、推销等）广泛收集国内外市场货源信息,并对其进行分类汇总,根据企业自身需求及购买能力选出可供选择的机型及厂家。

（2）设备细选

联系预选商家进行具体咨询和调查,咨询内容包括产品技术参数、性能、效率、精度、质量、价格、附件、交货期、售后服务等,同时通过市场调查了解厂商服务质量及信誉作为参考因素。选出 2~3 个有合作意向的厂家。

（3）设备决策

与细选出的商家进行洽谈,提出企业订货要求,具体包括设备机型、规格、性能、附件、图样资料、需求量、交货期、包装运输等条件。

制造商按订货需求提出报价书,企业可与制造商磋商进行设备性能测试。在综合考虑性能测试结果及设备报价的前提下,由企业规划管理及设备使用部门商议,作出最终决策。但同时应做好第二、第三方案,以备首选方案出现不可预估的问题时采用。方案经主管部门及领导批准后,方可正式签订合同。

2.1.3 设备的采购

1)订货程序

设备订货的程序一般包括调查货源、咨询价格、厂商报价、磋商洽谈、签订合同。

已列入国家计划的设备投资项目,如为国内生产的设备,须由需求单位向主管部门提出设备引进申请计划,一经批准,上级方可下达分配指标,直接与指定厂家联系磋商,签约订货,由上级或物资主管部门进行调拨。

专用设备、生产线、价值较高的单台通用设备及国外设备订购,一般应采用招标的方式进行,具体分为以下3种:

①公开招标。包括国内竞争性招标(LCB)和国际竞争性招标(ICB)。

②邀请招标。在设备采购金额不大、可供选择的制造商有限、招标项目特殊等情况下,需求方可根据市场调查的结果,直接邀请有资质的制造商进行投标。

③谈判招标(议标)。招标人根据企业需求直接选定几家制造商进行非公开、非竞争性的合同谈判。

2)采购管理要点

(1)信息搜集

尽量广泛地搜集市场上可供选择的货源及供应商信息,必要时可直接与厂家联系并进行具体咨询,咨询内容包括设备型号、参数、性能、质量、精度、能耗、价格、附件,厂商规模,服务质量,行业信誉等,建立设备采购资源信息库。

(2)供应方选择

①寻求长期合作方。即由长期的业务往来建立起良好合作关系的彼此信任、质量保证、价格合理的供应商。

②寻找总承包商。当订购需求量较大时,可寻找总承包商,利用其信息、资源优势,打包委托订购。

③自行选择供应商。需求方通过市场调查、现场考察、性能测试、设备对比等途径,综合考虑,直接选定供应商。

(3)计划与进度跟踪

根据合同计划,制订与之匹配的采购计划,并设立管理查询及进度跟踪机制,密切与设备供应商联系。

3)订货须知

(1)签订设备订购合同注意事项

①签订合同通常以供需方来往函电的商谈结果作为依据。

②合同须明确供需双方观点,表达清晰、准确无误。正文中无法详述的事项,可以附件形式作为补充。附件部分必须由供需代表双方签字盖章。

③合同必须符合国家的相关政策法规。

④合同中需列入突发事项预案,明确双方责任。

⑤合同签订需清晰明确、手续齐全,并由供需方加盖双方合同专用章。

(2)履行设备采购合同注意事项

①设备采购过程中,采购方未按合同履行货款清付及其他义务时,设备归供应方所有。

②供应方应履行向采购方交付设备的义务或提供提取设备的凭证,并须按约定向采购方提供设备的有关资料。

③除法律规定或相关方另有约定,具有知识产权的设备,其知识产权不归采购方所有。

④若设备质量不达标,采购方可拒绝接受设备或直接解除采购合同,由此产生的设备毁损、灭失等危险由供应方承担。

⑤采购方在设备检验期间,须将所采购设备中质量或数量不达标的情况及时告知供应方,未及时通知的,视为默认设备符合规定。

⑥分期付款采购设备时,若采购方未支付到期货款达到总货款的1/5,供应方有权利要求采购方支付全部货款或解除合同。因以上情形导致合同解除的,供应方有权向采购方提出支付设备使用费的要求。

⑦引进国外设备,要选定国际公证商检机构对设备进行质量检验。

4)合同内容

设备采购合同中应包括以下内容:

①供需双方的单位名称、详细地址、联系方式、签约代表、一般纳税人号码。

②设备的名称、型号、规格、数量和计量单位(台、件、套等),所供货物应包括主机、标准件、特殊附件、随机备件等。

③设备的质量标准、技术要求和验收标准。

④设备的包装、运输、保险等费用,单价及合同总价、付款及结算方式、银行账号等。

⑤合同期限、地点和交付方式,交货与收货单位全称,交(提)货及检验方法等。

⑥供应方提供的技术服务、人员培训、安装调试的技术指导等。

⑦违约责任。供需双方违反合同规定的处理方法、赔偿损失的范围及金额等。

⑧合同签订日期和履行合同的有效期。

⑨解决供需双方矛盾纠纷的途径和方法。

⑩供需双方认为有必要列入合同的其他条款。

5)合同管理

订货过程中的所有文件资料都应做好分类登记、妥善保管,具体包括订货合同(含附件及补充文件)、订货凭据、供需方来往函电、商谈纪要等。以上均可作为订货过程查询、执行合同备查、协调供需方矛盾的依据,需建立专门的台账和档案进行分类管理。

2.1.4　设备的到货验收

(1)设备到货期验收

设备到货交付需严格按照合同规定的时间、地点进行,到货时差可能会对企业造成一定影响和经济损失。过早交货会增加企业的场地、保管费用;过晚交货会影响企业的生产进度,打乱企业的生产计划;进口设备还要承担汇率变化引发的经济风险。

（2）设备完整性验收

①设备到达指定地点后,须由企业工作人员开展验货管理工作,核对到货设备名称、型号、数量等是否符合合同规定。如由于运输、装卸等原因造成的设备损坏,需做好现场记录,并及时办理装卸运输部门签证等相关业务。

②做好接货后的保管工作,确保设备到货的完整性。

③组织专门人员对到货设备进行开箱检验,并做好检查记录,同时详细填写开箱检查验收单。

④对交接验收中存在损耗的设备,按照合同中的有关条款规定,与供应商、运输部门、管理部门、保险部门等协商办理索赔手续。

2.2　设备的安装、验收

设备安装是指将已到货并已经开箱检查的外购设备按照设备工艺平面图及有关安装技术要求,安装在规定的基础上,进行找平、稳固,达到安装规范的要求,并通过调试、运转、验收使之满足生产工艺要求。设备的安装、调试过程必须由供应商在场进行指导,设备部进行安装,与公司正在使用的型号相同的设备可以由设备使用部门自行安装,出现问题时,应要求供应商进行指导。

2.2.1　设备的安装

1）设备开箱检查

按库房管理规定办理出库手续,设备开箱检查由设备采购部门、设备主管部门组织,安装部门、设备工装部门及使用部门参加。开箱检查内容如下:

①检查箱号、箱数及外包装情况,发现问题要做好记录,以便及时处理。

②按照装箱单核对设备型号、规格,清点零件、部件、工具、附件、备件以及说明书等技术资料是否齐全,有无缺损。

③检查设备在运输过程中有无锈蚀,如有,应及时清除并注意防锈。

④凡未清洗过的滑动面严禁移动,以防研损。清除防锈油时最好使用非金属刮具,以防产生新损伤。

⑤不需安装的备品、备件、工具等应注意妥善保管,安装完工后一并移交给设备使用单位。

⑥检查核对设备的基础图和电气线路图与设备实际情况是否相符,检查基础安装部分的地脚螺栓孔等有关安装尺寸和安装零件是否符合要求,检查电源接线口的位置及有关参数是否与说明书一致。

⑦检查后作出详细检查记录,作为设备原始资料入档。对设备严重破损、锈蚀等情况,可采用拍照或图示方式说明,以备查询,也可作为向有关单位索赔时交涉的依据。

2)设备基础准备

设备基础对设备的安装质量、设备精度的稳定性以及加工产品质量等均有很大影响。因此,基础设计应根据动力机器的特性,合理选择有关动力参数和基础形式,做到技术先进、经济合理,为正常生产提供可靠的保障。

3)设备的安装

(1)设备的清洗

设备安装前,应进行清洗。应将防锈层、水渍、污物、铁屑、铁锈等清洗干净,并涂抹上润滑油脂。

(2)设备的定位

设备安装定位的基本原则是满足生产工艺、维修、技术安全、工序连接等方面的需要和要求。设备在车间的安装位置、排列、标高以及立体、平面间相互距离等应符合设备布置平面图及安装施工图的规定。设备的定位具体要考虑以下因素:

①适应产品工艺流程及加工条件的需要(包括环境温度、粉尘、噪声、光线、振动等)。

②保证最短的生产流程,方便工件的存放、运输和切屑的清理,以及车间平面的最大利用率,并方便生产管理。

③设备的主体与附属装置的外形尺寸及运动部件的极限位置。

④设备安装、工件装夹、维修和安全操作的需要。

⑤厂房的跨度、起重设备的高度、门的宽度与高度等。

⑥动力供应情况和劳动保护的要求。

⑦地基土壤地质情况。

⑧平面布置应排列整齐、美观,符合设计资料有关规定。

(3)设备的安装找平

设备安装找平的目的是保持其稳定性,减轻振动(精密设备应有防振、隔振措施),以避免设备变形,防止不合理磨损及保证加工精度等。安装设备用的地脚螺栓一般随机带来,也可自行设计,规格符合设计要求即可。垫铁的作用是使设备安装在基础上有较稳定的支撑和较均匀的载重分布,并可以借助垫铁调整设备的安装水平和装配精度。

2.2.2 设备的试运行

不同设备的试运行内容和检验项目各不相同。具体操作时,应参照设备的安装说明书和相应的试运行规程进行。

(1)设备试运行的目的

①对设备在设计、制造和安装等方面的质量作一次全面检查和考验。

②更好地了解设备的使用性能和操作顺序,确保设备安全运行,并能投入生产。

(2)试运行前的准备工作

①再次擦洗设备、油箱,给各需润滑部位加够润滑油。

②手动试运行,检查各运动部件是否能灵活运动。

③清除设备上的无关构件,清扫试运行现场。

（3）试运行步骤

试运行一般应遵循先低速后高速、先单机后联机、先无负荷后带负荷、先附属系统后主机、能手动的部分先手动再机动等原则,前一步试运行合格后才进行下一步试运行。

一般的试运行步骤如下:

①设备空运转试验。该试验是为了检查设备各部分的动作和相互间作用的正确性,同时也使某些摩擦表面初步磨合,一般称为"开空车",主要从考核设备安装精度的保持性、设备的稳固性以及传动、操纵、控制、润滑、液压等系统是否正常和灵敏可靠等角度进行考核。

②设备负荷运转试验。该试验主要是为了考核设备安装后在一定负荷下能否达到设计使用性能。如因条件限制,可结合实际产品进行试加工试验。在设备负荷运行试验中,应按所规定的规范检查轴承的升温,液压系统的泄漏,传动、操纵、控制、自动、安全等装置是否正常、安全和可靠。

③设备精度试验。一般在负荷试验合格后即可按照说明书的规定进行设备精度试验,金属切削机床还应进行几何精度、传动精度以及机床加工精度检查。

（4）设备试运行后的工作

①首先断开设备的动力源或总电路,然后做好下列设备检查和试运行记录。

②设备几何精度、加工精度的检验记录及其他功能的试验记录。

③设备试运行中的情况(包括试车中对故障的排除)以及无法调整及消除的问题。

④对整个设备试运行作业的评定结论。

2.2.3　设备的验收与移交使用

设备安装竣工后,应就工程项目进行验收。设备安装工程一般由设备使用单位向施工单位验收。工程验收完毕,即施工单位向使用单位交工后,设备即可投入生产和使用。工程验收时,施工单位应提交下列资料:

（1）竣工图

施工图是设计单位提供的,但在施工中根据实际情况,施工单位或使用单位可对设计单位的施工技术文件提出修改,并经双方认可后重新按修改方案绘制的图即为竣工图。

（2）有关设计修改的文件

有关设计修改的文件(包括设计修改通知单、施工技术核定单、会议记录等)统称"设计变更"文件,平时应妥善保存,交工时应提交给使用单位。

（3）施工过程中的各种重要记录

各种重要记录是指主要材料和用于重要部位材料的出厂合格证和检验记录、重要焊接件的焊接试验记录、试运行记录等。

（4）隐蔽工程记录

隐蔽工程是指工程结束后,已埋入地下或建筑结构内的从外面看不到的工程。对于隐蔽工程,应在工程隐蔽前,由有关部门会同检查,确认合格后记录其方位、方向、规格和数量,然后方可隐蔽。隐蔽工程记录表应在检查后及时、如实填写,并由专业监理工程师签字,工程验收完毕后一并提交给使用单位。

（5）各工序检查记录

若整个安装工程比较庞大，必须分割为若干施工过程，则施工中应按照每道工序的要求写出详尽的检测记录作为工程验收时的依据，一并提交给使用单位。

（6）其他有关资料

其他有关资料包括吹扫试压、仪表校验、重大返工等的记录、重大问题及处理意见记录，以及施工单位向使用单位提供的建议和意见。

本章小结

设备前期管理是指设备从规划开始到投产这阶段的全部管理工作，它包含设备前期制订的设备规划（或技术方案论证和经济论证），设备的选型与购买以及设备的安装运行调试、验收等工作内容。设备前期投资管理决定了企业几乎全部周期费用的90%，影响着企业产品成本。科学合理的设备前期管理是企业持续健康运作的保证。

本章主要介绍了设备的规划与选型（包括设备规划的依据、设备规划的程序、设备选型的基本原则、选型的主要因素、选型的一般步骤、设备采购的订货程序、采购管理要点、订货须知、合同内容、合同管理、设备的到货验收）和设备的安装与验收基本要求和步骤等相关内容。

复习思考题

一、判断题

1.设备选型要符合企业现有经济条件，在满足生产需求的前提下，优先选择性价比高、能耗低、维护费用低的型号。

2.签订设备订购合同须明确供需双方观点，表达清晰、准确无误。正文中无法详述的事项，可以附件形式作为补充。附件部分必须由供需双方代表签字盖章。

3.分期付款采购设备时，若采购方未支付到期货款达到总货款的1/4，供应方有权利要求采购方支付全部货款或解除合同。因以上情形导致合同解除的，供应方有权向采购方提出支付设备使用费的要求。

4.施工图是施工单位提供的，但在施工中根据实际情况，施工单位或使用单位可对设计单位的施工技术文件提出修改，并经双方认可后重新按修改方案绘制的图即为竣工图。

二、简答题

1.设备前期管理的基本内容有哪些？

2.设备规划的主要依据是什么？

3.设备选型的基本原则是什么？

4.简述设备选型应考虑到的问题。

5.简述设备选择的基本过程及含义。

6.简述设备安装前的准备工作。

7.设备的安装要求有哪些？其主要作用分别是什么？

8.设备的调试一般分为哪几步？

9.简述设备验收的两种基本类型。

第 **3** 章
设备的日常管理

教学目标

1.掌握设备资产编号和建立设备固定资产卡片的方法;

2.了解设备的台账及档案的管理方法;

3.了解设备的分类管理方法;

4.了解设备的管理制度。

教学重点

1.设备台账及设备的档案管理;

2.设备的分类管理。

3.1 设备台账及档案的管理

设备资产是企业必不可少的重要组成部分,是企业生产能力的主要因素及技术的物质基础。为了确保企业资产的完整性,有效发挥设备资产效能,持续提高生产技术装备水平和经济效益,必须严格完善并实施设备资产管理。

设备资产管理是一项重要的基础管理工作,是对设备运作过程中的实物形态和价值形态的规律进行分析、控制并实施管理。目前,企业设备资产管理工作的内容主要包括如下几部分。

①保证设备固定资产的实物形态完整和完好,并能正常维护、正确使用和有效利用。

②保证固定资产的价值形态清楚、完整和正确无误,及时做好固定资产的清理、核算和评估等工作。

③重视提高设备利用率与设备资产经营效益,确保资产的保值增值。

④强化设备资产动态管理的理念,使企业设备资产保持高效运行状态。

⑤积极参与设备及设备市场交易,调整企业设备存量资产,促进全社会设备资源的优化配置和有效运行。

⑥完善企业资产产权管理机制。在企业经营活动中,企业不得使资产及其权益遭受损失。企业资产如发生产权变动,应进行设备的技术鉴定和资产评估。

其管理工作主要包括如下6点:设备资产编号、建立设备固定资产卡片、设备档案管理、设备分类管理、设备资料管理、建立健全设备管理制度。

只有设备管理部门、设备使用部门、财务部门相互配合,共同协作,才能把设备日常管理工作做好,才能使企业最大限度地获益。

3.1.1 设备资产编号

企业中的设备种类繁多且复杂,为了便于快速区分各种设备的种类、型号以及序号等。一种科学有规律的数字组成应运而生,这就是给资产编号来表示设备的各种特征。设备资产编号的方法的最大特点是方便直观,简单统一。

设备资产的编号在不同的行业和企业有着各自的规定,因为各种行业或企业的设备有着不同的工作环境和情况,所以在编号时要结合各种情况统一分类并结合恰当的方法,其目的都是达到资产的分类编号。下面介绍机械工业系统《设备统一分类及编号目录》中的分类编号方法。

设备资产编号由两段数字组成,前一段数字为设备的代号,后一段为该代号设备的顺序号,两端数字之间用横线连接,如图3.1所示。

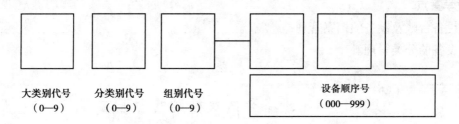

大类别代号　　　分类别代号　　　组别代号　　　　　　　　设备顺序号
　（0—9）　　　　（0—9）　　　　（0—9）　　　　　　　　（000—999）

图3.1　设备资产编号方法

例如:组别代号为1,顺序号为16的工业机器人,它的编号为001—016;组别代号为2,顺序号为21的数控车床,它的编号为002—021。

3.1.2 设备固定资产卡片

固定资产卡片是指记录固定资产各种资料的卡片,是固定资产进行明细分类核算的一种账簿形式,也是设备资产的凭证。固定资产的全部档案都会记录在上面,即固定资产从进入企业开始到退出企业的整个生命周期所发生的全部情况都会记录在案。设备管理部门和财会部门应为被列为固定资产的设备建立单台设备的固定资产卡片并登记设备的编号、基本数值和动态记录,还要按使用和保管的单位的顺序建立设备卡片册。随着设备的调换、增减、更新及报废,可以在卡片册内调动卡片的位置,增减及补充卡片的信息和数量。固定资产卡片上的栏目有类别、编号、名称、规格、型号、建造单位、建造年月、投产年月、原始价值、预计使用年限、折旧率、存放地点、使用单位、大修理日期和金额,以及停用、出售、转移、报废清理等内容。设备卡片的样式如表 3.1 和表 3.2 所示。

表 3.1 设备卡片正面

设备卡片(正面)				
年 月 日				
轮廓尺寸:长/mm×宽/mm×高/mm			质量/t	
国别:	制造厂:		出厂编号:	
主要规格		出厂年月:		
		投产年月:		
附属装置	名 称	型号、规格	数 量	
				分类折扣年限
				修理复杂系数
				机 电 热
资产原值:	资金来源:	资产所有权:		报废时净值:
资产编号:	设备名称:	型号:		精、大、稀、关分类

表 3.2 设备卡片反面

设备卡片(反面)						
电动机	用 途	名 称	型 式	功率/kW	转速/(r·min)	备 注
变动记录						
年 月	调入单位:		调出单位:		已提折旧:	备 注:

3.1.3 设备台账

根据设备编号及分类统计的需要,设备管理部门必须编制设备台账。设备台账是掌握企业设备资产情况,反映企业各种类型设备的拥有量、先进程度、设备分布及其变动情况的主要根据。它一般有两种编排形式:一种是设备分类编号台账,它是以《设备统一分类及编号目录》为依据,按类组代号分页,按资产编号顺序排列,便于新增设备的资产编号和分类分型号统计;另一种是按照企业车间、班组顺序使用为单位的设备台账,这种形式便于生产维修、计划管理及年终设备资产清点评估。以上两种形式的设备台账,构成了企业设备总台账,且两种台账都可以采用同一种格式。其格式如表 3.3 所示。

表 3.3　设备台账

设备台账																	
设备类别:					单位:												
序号	资产编号	设备名称	型号 规格	精、大、稀、关	复杂系数			配套电动机		制造厂(国)		制造验收年月年月		安装地点	分析折旧年限	设备原值/万元	设备合同号	随机配件数	备注
					机	电	热	数量	功率/kW	轮廓尺寸 长/mm× 宽/mm× 高/mm	出厂编号	进厂年月	投产年月						
1																			
2																			

设备台账应根据不同行业设备的特征内容,摘其中重要的内容用于建立设备台账基本表,对高精度、大型、重型、稀有、关键与进口的生产设备,均应分别建立台账。

建立设备台账,首先应建立和健全设备的原始凭证,如设备的验收移交单、调拨单、报废单、更新换代单等,根据这些原始单据建立各种设备台账。按财务管理规定,企业在每年末应由财会部门、设备使用部门和设备管理部门一起对设备资产进行清点、检查、维修。要求必须做到两种台账相符,台账、设备卡片、实物相符。对于实物台账不相符的,务必查明原因,进行财务分析处理。要及时了解设备资产的运作状态,为清点设备、进行统计和编制维修计划提供根据,以提高设备资产的利用率,从而为企业资产增值。

3.1.4　设备档案管理

1)建立设备档案

设备档案是指设备从规划、设计、制造、安装、调试、使用、维修、技术改造、更新直到报废的全过程中通过不断积累、鉴定、归纳、整理图样、文字说明、原始凭证和工作记录、事故处理报告等文件资料,以及通过收集、整理、鉴定、归档、统计、整理工作建立的档案。设备档案是设备技术改造更新、使用、维修等项工作的信息收集,是搞好设备维修保养与管理的重要基础资料。

企业设备管理部门应为每台主要生产设备建立设备档案,以保证管理人员详细了解企业的主要生产设备,以防出现突发情况,并将精密、大型、重型、稀有、关键和进口设备,以及起重设备、压力容器等设备档案作为重点进行管理。

2)设备档案内容

(1)设备档案一般由以下部分组成:

①设备投产前有关的验收资料。

②设备选型和技术经济论证资料、设备购置合同(副本)。

③设备出厂检验合格证以及有关附件。

④设备装箱单以及设备开箱检验记录。

⑤设备安装记录、试运行精度测试记录、测试记录和验收移交书。

(2)设备投产后的有关资料

①设备登记卡片。

②设备故障维修记录。

③设备事故报告单及有关分析处理资料。

④设备状态记录和监测跟踪记录。

⑤设备大修资料、设备改装和技术改造资料。

⑥设备封装(启封)单。

⑦设备报废单。

⑧定期维护及计划检修记录。

⑨其他资料。

设备说明书、设计图样、图册、底图、维护操作规程和典型检修工艺文件等,通常作为设备技术资料由设备技术资料室保管和复制供应,不纳入设备档案袋管理。

3)设备档案的管理

(1)资料的搜集

搜集与设备活动有直接关联的资料,如设备经过一次维修后,更换或修复的主要零部件清单、维修后的精度与性能检查单等原始记录,对今后研究和评价设备有着重要的参考价值,需要进行系统搜集。

(2)资料的整理

对搜集来的原始资料,要取其精华去其糟粕、删繁就简,让使用者更容易理解、去伪存真地整理与分析,使进入档案的资料具有科学性与系统性,提高其利用价值。

(3)资料的利用

为了充分发挥设备档案的作用,必须建立设备的目录和卡片,以方便使用者快速清晰地查找和检索。

设备档案资料按设备单机整理、存放在设备档案袋内,按编号顺序排列,定期进行登记和入档工作。同时还应做到:

①明确设备档案的具体管理人员,做到档案能够完整安全地保管与使用。

②按照设备档案归档程序做好资料的搜集、分类登记、整理、归档工作。

③未经设备档案管理人员同意,不得擅自抽动取用设备档案,以防一些宝贵档案材料丢失。

④建立并制订设备档案的借阅办法,使设备档案能被科学系统地利用。

⑤加强重点设备的档案管理工作,使其能满足生产维修的需要。

3.2　设备的分类管理

3.2.1　设备的分类方法

(1)设备按行业特点分类

目前我国现行的设备分类方法如图 3.2 所示。

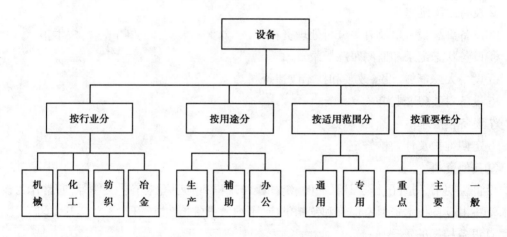

图 3.2　设备分类方法图

①当前机械工业在使用过程中将机械设备常规地分为 6 个大类,动力设备分为 4 个大类,共有 10 类。其中机械设备包括金属切割机床、锻压设备、起重运输设备、木工及锻造设备、专业生产设备、其他机械设备;动力设备包括动能发生设备、电器设备、工业炉窑和其他动力设备。

②化学工业设备根据应用和使用的领域分为反应设备、塔、化工炉、交换器、贮罐、过滤设备、干燥设备、机械泵、破碎机械、起重设备和运输设备等20类。

③纺织工业设备主要运用在纺织工厂中,分为棉纺织设备,棉印染设备,化纤设备,毛、麻、丝纺织设备,针织设备和纺织仪器,毛、丝、针织、纱线染整设备等类。

④冶金工业设备按照其属性和使用操作分为高炉、炼钢炉、焦炉、轧钢及锻压设备、烧结机和动力设备6大类。

(2)按设备在企业中的用途分类

①生产工艺设备:是指在企业使用和操作中可以直接参与生产活动的设备。

②辅助生产设备:是保证企业生产工艺环节可以更快速高效完成任务所使用的辅助设备。

③办公用设备:指在日常办公中为了操作方便经常使用的设备,如各种操作计算机、复印机、打印机等。

(3)按设备的使用范围分类

①通用设备:是指没有专门的分类用途,运用广泛的具有综合加工能力的设备。

②专用设备:是指专门针对一种产品或者特定行业所具有的生产加工能力的设备。

(4)按设备在生产经营中的重要性分类

按设备在生产加工过程中的加工精度,可靠性,可维修性,安全性,购置价格高低以及发生故障后或停机维修时对企业的生产经营、质量、安全、成本、交货期等方面的影响程度和造成损失的大小分为以下 3 类:

①重点设备:也称 A 类设备,是企业生产经营重点管理和维修的对象,应尽可能采取必要手段和状态监测维修的方式。

②主要设备:也称 B 类设备,可以采取预防维修的方式。

③一般设备:也称 C 类设备,对于此类的设备,应谨防过剩维修所造成的成本浪费,可以减少一些不必要的维修和检查。考虑到维修的经济性,可以采取事后维修的方式。

3.2.2　重点设备

1)重点设备的含义

企业根据各自生产特点的不同以及不同设备所处的操作环节和地位确定的一部分在企业生产经营中占据不可或缺的重要地位的设备称为重点设备。重点设备是企业设备管理和维修的重点,并且在企业中应有明显的标志和标识以区别于其他设备。

重点设备的分类管理方法是现代科学管理方法之一。其主要目的是将有限的维修资源(人力成本、物力消费、财力支出)应用在最重要的设备上,以保证企业生产的正常进行。

2)重点设备的划分

(1)在生产中的地位

①是否属于关键工序的设备。

②是否属于关键生产环节影响较大的设备。

(2)对产品质量的影响

①是否属于关键工序设备。

②是否属于精加工设备。

(3)对经营成本的影响

①设备在采购中经济成本较大的设备。

②设备在检查和发生故障后维修成本较高的设备。

(4)对维修成本的影响

①维修工艺较复杂、难度较大的设备。

②维修的零件贵且难以维修的设备。

企业可根据自身的实际情况,选出 10% 左右的设备作为重点设备,在平常的使用和维护中对重点设备重点管理,可以取得较好的经济收益。

3.3 设备管理制度

设备管理制度是企业使用各项设备的依据和要求,是为了保证生产设备的正常运行,保持设备的技术状况良好,不断改善和提高设备质量而编制的一套完整的规章和制度。企业可以根据自身设备的使用情况,按照国家法律法规的具体要求,结合本行业的生产特点,编制符合本企业生产使用的设备管理制度。

只有建立健全的设备管理制度,为设备在企业的生产环节投入正常的运营,使设备的管理和维护有法可依,有章可循,各项设备的生产管理才能稳步有序地开展和运行。

我国的《设备管理条例》是企业进行设备管理的最根本的指导性文件,是企业制订设备管理制度的主要依据和来源。我国现行的《设备管理条例》与原来的相比有以下特点:

①适用范围扩大为中华人民共和国境内企业、事业、机关、团体等单位的各项设备管理活动。

②体现了我国现行设备综合管理的模式。规定中对设备从规划、设计、制造、销售、购置、安装、使用、检测、维修、技术改造、处置等设备寿命周期使用的各项行为规范进行管理和约束。

③明确了设备管理的行政主管部门及其职责,并将行政主管部门及其管理职责划分为 4 个层次。

④突出了设备使用管理,是企业进行设备管理活动的原则性、指导性规范,可提高设备使用单位的设备管理水平。

⑤为了建立竞争机制及规范各种经营承包责任行为,对设备的资产管理增加了招投标工作和监理工作等内容。

⑥为了执行可持续发展战略和国家有关环境保护的法律、法规,对设备运行、节约能源和设备环境保护作出了原则性规定。

⑦为了培育及规范设备资源市场,对设备资源市场问题作出相应的规定。

《设备管理条例》的以上特点是社会发展的必然要求,也是生产力发展的客观需要和实际,还是社会生产可持续发展和环境的长期保护的要求。

3.3.1 现代设备综合管理的特点及主要内容

我国现行的设备管理是在苏联的计划预防维修、英国的综合工程学、日本的全员生产维修的基础上,对设备的寿命周期内的使用进行综合治理,即现代设备综合管理。这是一种先进的设备管理方法。

（1）现代设备综合管理的特点

①现代设备综合管理是对设备生产全过程、全系统的管理,它包括研究、设计、试制、制

造、选购、安装调试、使用、维修、更新、技术制造、报废等环节的管理,覆盖整个设备寿命周期。

②现代综合管理把设备的设计、制造与使用过程作为一个系统,有利于设备信息的更新和反馈,可以促进产品性能的提高。

③现代设备综合管理同时兼顾技术管理和经济管理,有利于企业取得经济效益最大化。

④现代设备综合管理注重"全员参与",有利于充分发挥设备管理的效能和产值。

⑤现代设备综合管理注重对设备资源的有效利用和管理,更加精细化,防止环境污染,有利于国家的可持续发展。

（2）现代设备综合管理的主要内容

①设备的选择和采购:设备是企业进行生产经营的物质基础,合理地选择和采购设备,可使企业有限的资金发挥最大的经济效益。

②设备的使用:正确使用设备是非常重要的,只有正确地操作、使用设备,才能有效减少设备的磨损和故障的发生,提高设备的利用率,延长设备的使用寿命。

③设备的检查维修和维护:对设备进行日常和定期的维护保养,能减少设备的磨损和故障的发生,延长设备的维修间隔,降低企业维修成本。对重点设备进行鉴定和定期检查,能及时掌握设备的技术状态,及时进行预防维修,减少停机对生产造成的损失。

④设备的更新和技术改造:指企业在生产经营中的一项重要的设备管理活动,只有进行适当有效的设备更新与技术改造,才能提高和确定设备的生产经营效率,使企业获得最佳的经济效益。

⑤设备的日常管理:主要包括给设备编号,建立设备的固定资产卡片、设备的台账、设备的档案内容,这是设备管理过程中必不可少的基础工作。

⑥设备的经济管理:现代企业的经济活动,是以经济效益为最终目标的设备管理,逐步由技术管理发展到经济管理,用经济理论、原则、方法和手段来管理设备,目的是使企业的经济效益最大化。

3.3.2　现代设备综合管理的各项规章制度

1）根据现代设备综合管理的内容,设备管理一般包括以下规章制度

①设备管理组织机构设定的规定:规定了设备管理工作的组织形式和人员的配置以及权限。

②设备固定资产管理制度:即对属于企业固定资产的各种装备的管理规定和管理办法。

③设备前期管理制度:包括设备的规划决策、外购设备的造型和采购、自制设备的设计制造、设备的安装调试和设备使用的初期管理等的管理规定和管理办法。

④设备技术改造与更新管理制度:包括设备的技术改造和更新的原则和技术以及管理的程序和方法。

⑤进口设备及重点设备管理制度:进口设备作为企业的重点设备,其管理应当符合重点设备的管理办法和制度。

⑥设备使用、操作规程:包括各种设备的使用和操作的具体步骤、方法和注意事项。

⑦作业指导书:包括每个工序的作业步骤、方法和参数的设置规定的内容。

⑧设备的采购制度:即设备采购的程序。

⑨设备管理责任制度:即对设备管理的各级人员的权限和责任进行规定。

⑩设备维护保养制度:即对设备的日常和定期维护保养时间和内容所作的规定。

⑪设备计划检修制度:即对设备检修计划制订和执行所作的规定。

⑫设备技术档案管理制度:即对设备档案管理的内容以及管理办法所作的规定。

⑬设备润滑管理制度:即设备润滑的人员设置、润滑方式、时间和润滑材料等的管理规定。

⑭压力容器管理制度:压力容器属于特种设备,该制度是对操作人员的要求,是对压力容器的安全操作、使用和检查内容所作的规定。

⑮设备事故管理制度:即对设备事故的分类、事故的分析和事故的处理等内容所作的规定。

⑯动力设备管理制度:即对设备的动力机构、安全操作要求、使用和检查等内容所作的规定。

⑰备件管理制度:即对机构人员的设置、备件技术计划、库房经济管理等内容所作的规定。

除以上要管理制度外,各企业可根据自身需要制订有关设备管理的办法、规程规定和要求。

2)企业设备管理制度举例

《企业设备管理规范》

(1)目的

对生产设备进行科学管理,合理利用设备资源,提高设备利用率,提高生产效率,以实现企业利润最大化。

(2)适用范围

适用于本企业生产设备的管理。

(3)工作程序

①设备的验收移交

a.新设备到货,由技术部负责清点核对,并对照装箱单清点和验收设备的附件、专用工具、随机备件及技术文件。

b.凡需移交生产使用的一切设备都必须经鉴定验收,认定合格后方可交付生产使用。

c.各种附属设备应完整、可靠,符合规定。

d.随机软件需由信息部进行软件验证,并填写软件验证报告。

e.新设备定位后不准随意移动,在生产和工艺需要移动时,使用单位和技术部门协商,主要设备经主管副总经理或总经理批准后才能移动。

f.各单位的设备调配手续必须通过技术部。

②设备登记与建档管理。

a.设备在开箱时,有关技术资料都应由技术部归类管理,其他部门和个人不得占有。

b.设备的出厂合格证及检验单、装箱单、安装及使用说明、维修手册、设备的验收单、领用单均由技术部负责保管、编号建档,并提供借阅服务。

c.由技术部负责对设备进行资产编号,并将编号牌贴在设备上,填写设备固定资产卡片,并根据设备卡片,按照设备分类顺序建立设备台账。

d.出国人员带回的国外先进设备的技术资料,应由技术部统一整理后再提供借阅。

e.设备使用单位每月对所使用的主要设备进行一次设备利用率、设备运行情况的统计记录。每年对主要生产设备进行一次设备完好性定期评定,按照设备完好要求和检查评定方法进行评定,合格的设备填写完好设备牌,贴在设备上,并填写设备完好鉴定记录表,对不合格的设备,使用单位要及时组织专业维修人员进行维修,维修完毕,经重新评定合格后,贴上完好的设备牌,并填写设备完好记录表。

f.主要生产设备(采购价格在 60 万元以上,包括 60 万元)建立设备履历表。

③设备的封存报废

a.设备连续停用 3 个月以上的可进行封存。

b.封存一年以上的设备,应作闲置设备处理。闲置设备可分为外调和留用两种,由管理部门上报公司,其折旧费用由财务部门按规定办理。

c.设备封存后,需做好防尘、防锈、防潮、保养工作,由设备所在单位负责设备的零部件管理,附件均不得移作他用,以保证设备的完整性。

d.凡列入固定资产的设备,必须经批准后才能报废。

e.设备未经批准报废前,使用单位不得拆卸挪用设备的零件。

f.设备经批准报废后,技术部应将报废凭证传财务部门,注销设备资产,同时注销设备固定资产卡片、台账和有关资料。

④设备的事故处理

a.凡是人为的原因造成设备及附件、部件损坏,精准度降低的称为设备事故。

b.事故发生时,操作者应采取相应措施保护事故现场,向有关上级部门报告,并由设备使用部门填写事故报告单。

c.对设备事故要分清性质,根据有关规定进行处理,责任者应吸取教训并采取措施,防止今后有类似事故发生,重大设备事故应追查责任,严肃处理,给予责任者必要的经济或行政处分。

3.3.3　设备管理制度的考核指标

企业可以针对设备管理制度的制订和执行效果制订相应的考核制度进行考核。制订过程中,企业应根据自身的实际情况,结合企业特点,制订适合本企业的考核指标,这些考核指标通常包括技术指标和经济指标。常用的考核指标如下:

①主要设备完好率。

②设备新度系数。

③设备更新率。

④主要设备利用率。

⑤设备可利用率。

⑥设备故障停机率。

⑦设备固定资产创净产值率。

3.3.4　设备管理的方针、原则和任务

1）设备管理的方针

设备管理必须以效益为中心,坚持依靠技术进步促进生产经营发展以及以预防为主的方针。

①坚持以效益为中心的方针,就是要建立设备管理的良好运行机制,积极推行设备综合管理,加强企业设备资产的优化组合,加大企业设备资产的更新改造力度,挖掘人才资源,确保企业固定资产的保值增值。

②坚持设备管理,依靠技术进步的方针,一是要用实用新设备替换老设备,二是运用新技术对老旧设备进行技术改造,三是推广设备故障诊断技术、计算机辅助管理技术等管理新手段。

③坚持促进生产经营发展的方针,就是要正确处理企业生产经营与设备管理的辩证关系。首先设备管理必须坚持为提高生产率、保证产品质量、降低生产成本、保证订货合同期和安全环保,实现企业经济效益服务。其次,必须深化环保管理的改革,建立和完善设备管理的激励制度,企业经营者必须充分认识设备管理工作的地位和作用,尤其重要的是必须保证资产的保值增值,为企业的长远发展提供保证。

④坚持以预防为主的方针,就是企业为确保设备持续高效正常运行,防止设备非正常劣化,在依靠状态检测、故障诊断等技术的基础上,逐步向以状态维修为主的维修方式发展。设备制造部门应主动收集设备使用部门的信息,不断提高技术水平、改变制作工艺,转变传统设计思想,把"维修预防"纳入设计概念中去,逐步向"无维修设计"目标努力。

2）设备管理的原则

设备管理要坚持以下5个相结合的原则,即设计制造与使用相结合、维护与计划检修相结合、维修技术改造与更新相结合、专业管理与群众管理相结合、技术管理与经济管理相结合。

①设计制造与使用相结合,是指设备制造单位在设计的指导思想上和生产过程中,必须充分考虑全寿命周期内设备的可靠性、维修性、经济性等指标,最大限度地满足用户的需要。使用单位应正确使用设备,在设备的使用维修过程中,及时向设备的设计制作单位反馈信息,实行设备全过程管理的重点和难点,也正是设备制造单位与使用单位相结合的问题。当前必须加强设备的宏观管理,培育和完善设备要素市场,为实现设备全过程管理创造良好的外部条件,买方市场的形成必将打破设计制造与使用相脱节的格局。

②维护与计划维修相结合是贯彻以预防为主的方针,保证设备持续、安全、经济运行的重要措施,加强设备运行中的维护保养、检查监测、调整润滑可以有效保持设备的各项功能,延长设备维修间隔,减少维修工作量。对于现代化设备,应加强维护保养,在设备检查和状态监测的基础上实施预防性检修,不仅可以及时恢复设备的功能,同时又为设备的维护创造了良好的条件,减少维修工作量,降低维修费用,提高设备使用率,延长设备使用寿命。此外,在设

备的设计制造和选购时,应考虑其维护和检修的特性。

③维修技术改造与更新相结合是提高企业技术装备素质的有效措施。维修是必要的,但一味追求维修是不可取的,它会阻碍技术进步,企业必须建立自我发展的设备更新改造运行机制,依靠技术进步,采用高新技术,多方筹集资金更新旧设备,以技术经济分析为手段和依据,进行设备大修更新改造。当前在维修中强调与重视技术改造,实行修改结合,尤其具有现实意义。

④专业管理与群众管理相结合,要求必须建立从企业领导到一线工人全员参加的组织关系。实行全员管理有利于设备管理的各项工作的广泛开展,专业管理有利于深层次的研究,两者结合有利于实现设备综合管理。

⑤技术管理与经济管理是不可分割的统一体,只有技术管理,不讲经济管理,易产生低效益或无效益管理,使设备管理缺乏生命力。技术管理包括对设备的设计制造规划、选择维修、监测试验、更新改造等技术活动,以确保设备技术状态完好和设备装备水平不断提高。经济管理不仅是折旧费、维修费和投资费的管理,更重要的是设备资产的优化配置和有效运营,确保资产的保值增值。

上述 5 个结合是中国多年设备工程实践的结晶,随着市场经济体制和现代企业制度的建立和完善,推行设备综合管理必须与企业管理相结合,设备全社会管理必须与企业设备管理相结合。

3)设备管理的任务

(1)设备管理的基本任务

①适应经济体制向市场经济体制的转变和经济增长方式从粗放型向集约型的转变。

②积极探索并建立设备管理新体制和新模式。

③培育规范化设备要素市场,促进设备资源的有效利用和优化配置。

④认真贯彻执行固定资产管理条例,确保固定资产的保值增值。

⑤在贯彻设备管理条例的基础上,深化设备管理改革,开拓创新,把设备管理工作提高到一个新水平,为保证国民经济持续发展打下坚实基础。

(2)设备管理的基本内容

①加强设备宏观管理,完善设备管理的法规制度,加强执法监督。

②依靠技术进步加大设备更新改造力度。

③培育和规范设备交易市场,制订和完善市场规则,加强指导和监督。

④加强设备管理人员的培训工作,开展设备管理和维修技术的国际国内交流活动。

4)企业设备管理的任务和内容

(1)企业设备管理的任务

①优化企业资本有机构成和设备资源配置。

②运用各种经营管理手段,不断改善和提高企业技术装备素质,充分发挥设备效能。

③不断提高设备综合效率,降低设备寿命周期费用。

④提高设备利用率。

⑤提高设备的可靠性、安全性和适应性。

⑥使投资者和经营者的收益最大化。

（2）企业设备管理的内容

①建立和完善企业设备管理激励机制和约束机制。

②建立寿命周期费用统计分析系统，对费用进行估算和核算。

③加强设备前期管理，明确设备管理部门在前期管理中的职责。

④完善企业设备资产管理制，进行资产评估，防止资产流失。

⑤加强设备的现场管理，保证企业文明生产。

⑥加强重点设备的管理。

⑦加强设备的故障管理，探索故障发生原因及其对策。

⑧选择适合企业的设备维修方式，逐步向状态维修方式发展。

⑨依靠技术进步，适时进行设备技术改造和更新。

⑩继续推行设备管理现代化，广泛采用现代设备管理办法和手段。

⑪完善设备管理基础工作，推进设备管理标准化。

⑫积极开展设备管理社会化、专业化工作。

⑬建立和完善设备生产信息管理系统。

⑭重视设备组织机构和人员培训。

⑮确保动能动力设备的安全经济运行。

3.4　设备管理信息、资料的收集、分析和运用

设备管理信息、资料是设备设计、生产、制造、使用、维修、更新以及改造时的重要依据，设备维修工作依赖于设备信息以及资料，它能够使设备处于良好的使用状态，能够提高设备的使用率以及维修设备的水平。

3.4.1　企业设备信息、资料的主要内容

①维修设备时的过程记录以及对设备维修完后的总结；

②对设备进行技术改造的方案设计、方案实施过程记录以及补充的材料文字、图表、图片等；

③新购置设备的配套资料，如产品合格证明、安装说明、使用说明、配件清单等；

④设备使用的记录，如检查记录、运行状况记录、维修记录等；

⑤设备使用过程中的相关实验数据和存在的缺陷记录等。

3.4.2　设备资料的收集

收集数据的第一步是收集最原始的记录和统计。原始记录是用数字或者文字对生产经营活动的最初记录，对生产经营或业务活动的原始反映。统计是对人力、物力、财力及技术经济指标等相关数据搜集、整理、计算、分析、解释、表述的活动。收集的设备资料应满足以下

条件：
　　①确保是原始资料；
　　②资料全面和详细；
　　③数据真实可靠、精准。

3.4.3　设备管理信息、资料的运用

　　设备管理信息、资料的运用包括处理、分析及运用 3 个过程。处理数据时要对数据进行验证,确保其准确性;分析数据时要根据具体要求运用合理方法进行分析,最后对处理及分析后的数据加以运用。收集、处理、分析数据的最终目的是对数据的运用。

　　1) 设备管理信息、资料的作用
　　①设备管理信息、资料是制订维修方案的依据。
　　②根据设备管理信息、资料能把握零部件损坏的规律,企业可根据零部件损坏的规律及时购买零部件。
　　③企业可根据设备技术相关资料预防设备故障或者事故的发生。
　　④设备管理信息、资料可对采购新设备起到指导作用。

　　2) 资料的统计和分析方法
　　资料分为定性资料和定量资料。定性资料是指用来表示元素属性的标记或名称。定性资料使用名目或顺序尺度,可以是数值或非数值;定量资料使用的是区间或者比例尺度。定性资料不用进行数据运算,定量资料可以运算统计。
　　(1)定量资料的分析方法
　　①用相关的统计学方法对数据进行分析,根据分析的数据资料提出相应的解决对策。
　　②统计信息的方法有调查表法、频数表法。
　　③设备故障的主要原因可以用统计表和故障因果图法分析。
　　④用直方图统计、分析设备的利用率和设备的完好率。
　　(2)设备资料的统计、分析和运用方法举例
　　设备检查记录对制订设备维修方案、掌握设备技术状态起到指导作用,因此必须及时对设备检查记录进行整理分析、充分利用。检查统计内容包括:
　　①检查中发现问题的数量和实际解决的数量。
　　②各种设备问题的数量、设备问题产生的主要原因以及所占比重、维修的费用和停机损失。
　　③各种设备的平均故障间隔时间。
　　④对遗留问题的处理意见。
　　对检查记录统计分析的目的是了解、掌握设备老化的速度和趋势、维修及更换零件情况以及故障发展规律。统计分析的结果与意见要及时汇报到设备主管部门,这样有利于及时改进检查的方法、调整检查项目、修改检查间隔时间,合理安排维修计划。设备检查记录统计表如表 3.4 所示。

表 3.4　设备检查记录统计表

部门 _____			_____ 年 _____ 月 No. _____		
设备名称		型号规格	设备数量		故障间隔时间
设备存在的问题			已解决的问题		
主要故障原因分析			所占比例		维修费用及停机损失
整理意见					
批示			时间		
备注					

①用因果图分析设备故障的原因如图 3.3 所示。

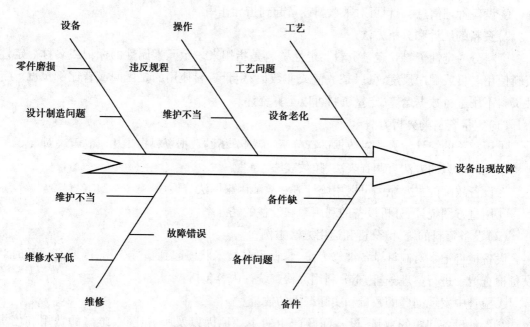

图 3.3　用因果图分析设备故障原因

②利用统计表格统计设备故障原因,见表 3.5。

③利用直方图统计不同设备的利用率,如图 3.4 所示。

表 3.5　设备故障原因统计

序　号	故障项目	故障次数	故障百分比/%	备　注

续表

序　号	故障项目	故障次数	故障百分比/%	备　注

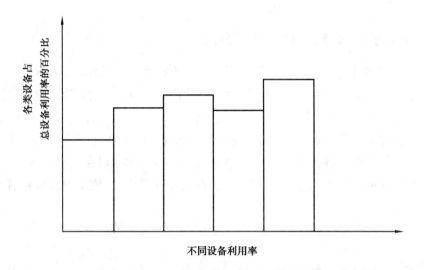

图 3.4　不同设备利用率直方图

④用统计分析方法分析设备故障。通过统计某一设备或者同类设备的零部件因为存在某些技术问题而发生的故障,占该设备或者该类设备各种故障的比重去分析该类设备发生故障的主要问题,为维修和经营决策提供相关依据、指导的一种故障分析方法,称为统计分析法。

以腐蚀为例,很多工业发达的国家对腐蚀故障的经济损失很重视。据统计分析,发达国家每年因腐蚀造成的经济损失约占国民生产总值的 2%~4%;美国每年因腐蚀要多消耗 3.4%的能源;我国每年因腐蚀造成的经济损失至少达 200 亿元。国外对腐蚀故障进行了调查分析,最后得出的结论是:不仅是因为设备壁厚度减小或者表面形成局部腐蚀,更主要的是因为出现了裂纹、细小裂纹而出现了腐蚀。下面介绍一些国家各种形式腐蚀故障的统计分析资料,见表 3.6 和表 3.7。

表 3.6　美国杜邦公司资料

腐蚀形式	一般形式腐蚀	裂纹(应力腐蚀和疲劳腐蚀)	晶间腐蚀	局部腐蚀	点蚀	气蚀	侵蚀	其他
比例/%	31	23.4	10.2	7.4	15.7	3.3	0.5	8.5

表 3.7　日本三菱化工机械公司 10 年间的统计资料

腐蚀形式	比例/%	腐蚀形式	比例/%
应力腐蚀	45.6	疲劳腐蚀	8.5
点蚀	21.5	氢脆	3
均匀腐蚀	8.5	其他	8
晶间腐蚀	4.9		

3.4.4　设备管理信息、资料的管理方法

①健全机构,在设备管理部门配备一名专职或者兼职的设备资料管理人员。

②建立健全设备技术资料管理制度,针对设备管理制订相应的设备管理记录以及表格。

③让工作人员了解设备资料管理工作在设备管理中的重要性,加大宣传力度,让各个单位以及设备管理工作人员重视设备资料管理工作,并能够用正确的思想来指导行动。

④对所有设备资料管理人员进行专业培训,让其了解、掌握设备资料管理知识和方法。对设备资料的填写内容、填写方法以及归档保存办法作详细规定,便于设备资料管理人员在以后的工作中操作。

⑤知道设备资料管理工作的重点,对设备保养、维修、检查等记录进行收集、统计、分析、运用。

⑥加强设备资料管理的考核力度,制订一套详细的考核方案,考虑各单位设备档案管理规范一致,同时还要注意突出各自的特色。

本章小结

设备的日常管理工作主要包括设备资产编号、建立设备固定资产卡片、设备档案管理、设备分类管理、设备资料管理、建立健全设备管理制度等。只有设备管理部门、设备使用部门、财务部门协作配合,才能把设备日常管理工作做好。

本章主要介绍了设备的编号方法、设备固定资产卡片的编制和设备档案管理的方法等日常设备管理工作,设备的分类管理方法,简单维修计划的编制,设备的主要管理制度,设备管理的方针、原则和任务,设备的信息、资料的收集以及对其统计、分析和运用举例。

复习思考题

一、填空题

1.设备的日常管理工作主要包括如下 6 点:＿＿＿＿＿＿、＿＿＿＿＿＿、＿＿＿＿＿＿、

_____、_____、_____。

2.固定资产卡片上的栏目有_____、_____、_____、_____、_____、建造单位、年月、投产日期、原始价值、预计使用年限、折旧率、存放地点、使用单位、大修日期和金额,以及停用、出售、转移、报废清理等内容。

3.按财务管理规定,企业每年末应由财会部门、设备使用部门和设备管理部门一起对设备资产进行清点,要求做到两种台账相符,_____、_____、_____相符。

4.设备档案的管理包括资料的_____、_____和利用。

5.设备管理制度的考核指标:主要设备完好率、_____、设备更新率、主要设备利用率、_____、设备故障停机率。

6.设备管理要坚持 5 个相结合的原则,即_____、_____、_____、_____、_____。

二、判断题

1.设备资产编号的方法的最大特点是方便直观、简单统一。

2.建立设备台账,首先应建立和健全设备的原始凭证,如设备的验收移交单、调拨单、报废单、更新换代单等,根据这些原始单据建立各种设备台账。

3.重点设备的分类管理的主要目的是将有限的维修资源应用在最重要的设备上,以保证企业生产的正常进行。

三、简答题

1.简述档案管理的方法。

2.简述建立健全设备管理制度的重要性。

3.简述设备资料的收集方法。

4.简述现代设备综合管理的特点。

5.简述现代设备综合管理的主要内容。

6.请为下列设备编号:

顺序号为 16 的定位焊机:

顺序号为 18 的数控机床:

顺序号为 8 的外圆磨床:

第 **4** 章
设备的运行与维护管理

教学目标

1.掌握设备运行主要评价指标及其计算公式;

2.熟悉设备合理使用的方法;

3.熟悉设备维护保养制度的内容、建立与实施;

4.懂得设备维护保养的基本方式、特点和应用场合;

5.掌握设备维护基本资料的管理方法;

6.熟悉设备点检制的概念、内容及工作方法与步骤;

7.了解设备鉴定的分类和设备鉴定的有关标准。

教学重点

1.设备运行的主要评价指标的正确运用;

2.设备维护保养基本方式、特点和应用;

3.设备维护保养制度的建立与实施;

4.设备点检制的具体实施。

4.1 设备的运行管理

4.1.1 正确使用与维护设备的意义

投入正常生产运行的设备在人工操作下负载运转,发挥作用的过程,称为设备的使用过程。

在运行过程中,设备由于受到力、时间、温度、湿度、操作、润滑等因素的影响,其零部件会逐渐磨损,其结构也会发生一系列缓慢的变化,设备的运行状态因此不断下降,工作效能逐渐降低直至丧失,这个过程称为设备的劣化过程。虽然设备的劣化不可避免,但是可以通过采取一系列技术措施使劣化过程延缓。为延缓设备技术状态劣化而采取的技术措施称为设备维护。

在生产活动中,为了使设备充分发挥作用,延长设备使用寿命,就必须在规范操作的基础上对设备进行系统的维护。设备的使用和维护工作包括:制订并完善设备技术状态的完好标准和设备操作维护规程,进行设备的日常维护与定期维护,开展设备点检、设备润滑、设备的状态监测、设备维修等方面的工作。规范操作设备可以防止设备发生非正常磨损和事故,使设备正常、无故障地长期工作。而系统的维护则起着对设备保养的作用,它可以延缓设备的劣化进程,防患于未然。要做到规范使用设备,首选要规范对使用过程的管理,如制订操作规程,对操作人员进行系统培训,建立相关奖惩制度和技术经济责任制度等。其次,对设备的系统维护,即在设备维护工作方面严格管理,建立起短期和长期的设备定时润滑、零部件更换、检修等制度。规范操作加上系统维护,能够尽可能地延缓设备的劣化进程,保持设备的工作效能,延长设备的使用寿命,从而保障设备的生产效率和产品质量,降低产品成本,减少因停工和维修而产生的费用,提高经济效益。可以说,重视和提高设备使用和维护管理水平,是企业良性发展过程中的必要环节。

4.1.2　设备技术状态的完好标准

设备技术状态标准是指设备所具备的工作能力,包括性能、精度、效率、运动参数、安全、环境保护、能源消耗等所处的状态极其变化情况。设备于企业而言,是企业为实现其自身对某种产品的生产工艺和生产效率要求而配置的,因而设备的技术状态对于企业的产品质量、生产效率、经济效益有着直接的影响。

在设备的实际使用过程中,由于在工作条件、人工操作、加工对象等因素的共同作用下,设备原设计制造时所确定的功能和技术状态不断劣化。通常情况下,设备在使用过程中时常处于以下 3 种状态:一是完好的技术状态,这种状态是设备的正常状态,处于这种状态下的设备可以顺利、流畅地进行生产作业;二是故障状态,出现这种状态意味着设备已经丧失其主要工作性能,不可继续工作,需要检查和维修;三是故障前状态,这种状态是完好状态和故障状态中间的一段"灰色地带",此种状态下设备虽然尚未发生故障,但却存在着异常和缺陷。虽然设备劣化的过程不可逆转,但可以通过技术手段延缓,从而预防和减少设备故障的发生。因此,企业必须正确、合理使用设备,制订科学的操作规程,对设备定期进行状态检查,加强设备养护和管理。

1)设备技术状态完好标准的制订准则

衡量设备技术状态的情况,需要制订相应的设备技术状态标准。从衡量的对象进行分类,可以将设备技术状态标准分为设备工作能力标准和设备技术状态完好标准。设备的工作能力标准是指衡量设备在静止状态下功能和参数的一系列标准,如精度、性能、粗糙度、功率、效率、速度、受力等的允许范围以及精度指数和工程能力指数等,反映在规定的设备技术条件中。设备的技术条件是考核设备设计、制造质量的绝对标准,并在设备加工制造完成后载入设备出厂精度检验单和说明书中,又称为设备技术状态绝对标准或静态标准。设备技术状态完好标准是指衡量设备在使用过程中的情况的标准,如设备的精度、性能与完好状态,是以设备加工产品的质量以及设备管理维修的效果等而定的,所以设备技术状态完好标准又称为设备技术状态相对标准或动态标准。

设备技术状态完好标准应当是具体的、可进行量化分析和评价的,一般包含以下6项原则:

①设备的性能良好。如机械设备精度能满足生产工艺要求,动力设备的生产能力达到原设计标准,运转时稳定,无超压超温现象等。

②设备运转正常。零部件齐全,没有较大的缺陷,磨损、腐蚀程度不超过规定的技术标准,主要计量仪器、仪表和液压、润滑系统安全可靠。

③设备能耗正常。原料、能源(燃料、油料、电力)等消耗正常,基本无漏油、漏水、漏气、漏电等现象。

④设备的制动、连锁、防护、保险、安全及电气控制装置等齐全完好,灵敏可靠。

⑤生产上有特殊要求的设备,除上述要求外,还应根据不同的情况作相应的进一步规定,如化工设备的防腐、防爆,煤炭设备的防潮、防爆等。

⑥对于由两种以上的设备组合进行生产的大型设备,如动力站房、高炉、焦炉、轮机、造纸机等,除上述要求外,还要根据机组的完整性对主机和辅机作相应的具体规定。

企业应参照以上6项原则,并根据本企业设备实际情况制订完好设备的具体标准,作为本企业内判断设备是否完好的通行标准。

2)单项设备完好标准

单项设备完好标准多为定性的形式。以金属切削设备为例,其完好标准为:

①精度、性能能满足生产工艺要求;

②各传动系统运行正常,变速齐全;

③各操作系统动作灵敏可靠;

④润滑系统装置齐全,管道完整,油路畅通,油标醒目;

⑤电气系统装置齐全,管线完整,性能灵敏,运行可靠;

⑥滑动部位运行正常,无严重拉、研、碰伤;

⑦机床内外清洁;

⑧基本无漏油、漏水、漏气现象;

⑨零部件完整;

⑩安全防护装置齐全。

以上标准中①—⑥项为主要项目,若完全满足即为完好设备,其中有一项不合格即为不完好设备。

3)设备状态完好标准实施细则

上述设备状态完好标准的要求只是普适的一般性规定,在实际生产操作过程中还会遇到相关的一些具体问题。因此,在制订设备技术状态评定标准时,一方面要做到以确切的数值来表示,使标准具有实际的可操作性,从而更好地对被评估设备的技术状态进行评价。另一方面还需参照一些具体的实施细则。下面仍以金属切削机床为例来进行说明。

(1)精度、性能足生产工艺要求,精密、稀有机床主要精度性能达到出厂标准

①对于精密、稀有机床,应按说明书规定的出厂标准检查其主要精度项目,如传动精度、

运动精度、定位精度等,均应稳定可靠,满足工艺要求。

②对于属于机修、工具车间的精加工、半精加工金属切削机床及生产车间专用于维修金属切削机床的精度,可根据机床是否精密、加工对象(产品)要求的精度(包括尺寸、形状位置、表面粗糙度)、使用部门及条件、机床设备投入工作时间长短、大修的次数等情况,确定检查项目。

③对于使用时间较长、大修两次以上以及原制造质量较差,难以恢复其精度的设备,在经主管领导或工程师批准后可适当降低精度标准,其具体公差要报上级主管部门备案。

④在逐项进行完好情况检查时,对精度、性能满足生产工艺要求的,可按各类机床规定的加工范围,结合产品工艺规程的技术要求进行加工切削试验。试验结果应能达到产品质量规定的表面粗糙度及形位公差(圆度误差、直线度误差、平面度误差、垂直度误差、平行度误差、倾斜度误差等)要求,并保证能稳定生产一定数量的合格产品。

(2)各传动系统运转正常,变速齐全

①设备运行时无异常冲击、振动、噪声和爬行现象。

②主传动和进给运动变速齐全,各级运转正常、平稳、无异响。

③液压传动系统各元件动作灵敏可靠,系统压力符合要求。

④主轴承在最高转速运转 30 分钟后其温度应稳定,滑动轴承温度不超过 60 ℃,滚动轴承温度不超过 70 ℃。

⑤通用机床改为专用机床时,在满足工艺要求的前提下减少不必要的变速系统和相关的零件,仍然算是完好的。

(3)各操作系统灵敏可靠

①操作、变速手柄动作灵敏,定位可靠,各操作手柄工作时无捆绑和附加重物现象。

②传动手轮所需操纵力和反向空行程量均应符合通用技术规程。

③制动、联锁、锁紧和保险装置齐全完整,灵敏可靠。

(4)润滑系统装置齐全,管线完整,性能灵敏,运行可靠

①润滑系统的液压元件、过滤器、油嘴、油杯、油管、油线等应完整无损,清洁畅通。

②表示油位的油标、油窗要清晰醒目,确保操作者能通过其观察油位或润滑油滴入的情况。

(5)电气系统装置齐全,管线完整,性能灵敏,运行可靠

①配电箱内清洁,布线整齐,各种线路标志明显,连接可靠。

②电器元件完整无损,定位可靠,接触良好,动作灵敏。

③外部导线要有完整保护装置,蛇形管无脱落和破损。

④各按钮、开关及各种显示信号作用可靠,仪表指针转动灵活,误差在允许的范围内。

(6)滑动部位运转正常,各滑动部件无严重拉、研、碰伤

①各滑动部件及工作台面应无明显的拉、研、碰伤,凡拉、研、碰伤超过下列标准之一者为严重损伤,即为不完好机床设备。

a.精密机床:拉伤深度大于 0.3 mm,宽度大于 0.7 mm,累计长度超过 100 mm;研伤面积大于 50 mm²;碰伤印痕深度大于 1 mm,面积大于 15 mm²,每一表面伤痕超过 3 处,或一处面积

55

大于 30 mm²。

b.一般机床:拉伤深度大于 0.5 mm,宽度大于 1.5 mm,累计长度超过 200 mm;研伤面积大于 50 mm²;碰伤印痕深度大于 1 mm,面积大于 20 mm²,每一表面伤痕超过 3 处,或一处面积大于 50 mm²。

②凡拉、研、碰伤经过修复后,可列为合格设备。

(7)机床内外清洁,无油垢、锈蚀、"黄袍",油质符合要求

①机床内腔及外表不应有油垢、锈蚀和"黄袍"。

②润滑油箱、油池或液压油箱内的油清洁、不变质。

(8)基本无漏油、漏水、漏气现象

①气动装置各阀及接头无明显漏气。

②由于机床先天性的渗漏难以整改者,应采取措施,不使润滑油滴到地面,不流入切削油池。

③机床 80%以上的结合面不漏油,全部漏油点一分钟漏油不超过三滴。

④各冷却系统接头无明显漏水。

(9)零部件完整,随机附件齐全,保管妥善

①随机附件齐全,账物相符,保管妥善,无锈蚀、损伤。

②机床上手球、螺钉、盖板无短缺,标牌完整清洁。

(10)安全防护装置齐全可靠

①各种安全防护装置如传动带、齿轮、砂轮的罩壳与保险销、防尘罩等配备齐全,固定可靠。

②接地装置可靠,其他电气保护装置完好。

4)设备技术状态的考核指标

目前对于企业生产设备的技术状态的通行考核指标是设备完好率。设备完好率是主要生产设备完好台数与主要生产设备拥有台数的百分比。主要生产设备是指企业所有已经安装,且修理复杂系数在 5 个以上的生产设备,包括正常使用、处理备用、封存和检修状态的设备,但不包括尚未投入生产的设备。完好设备是指经过检查符合设备完好标准的主要设备。凡完好标准中的主要项目有一项不合格者或次要项目有两项不合格者,即为不完好设备。在检修的设备,应按检修前技术状态来计算。企业完好设备台数必须是逐台检查的结果,不得采用抽查的方法推算。

对设备的技术状态检查完毕后,凡有问题的设备和不符合完好标准的设备,检查人员均应填写设备完好状态检查结果反馈卡,作好记录,以作为安排维修计划和进行维修的依据。

4.1.3 衡量设备运行状态的主要技术经济指标

企业是市场的主体,在市场经济条件下,企业的生产所指向的始终的经济效益。企业要追求经济效益,就必须以尽可能少的成本投入生产出更多的产品来实现利益最大化。这既是

企业活动的初衷，又是企业生存发展，也是社会生产力进步的要求。经济效益用计算式则可表示为

$$经济效益 = \frac{产出量（收益）}{投入量（投资）} \qquad (4.1)$$

作为市场经济条件下的市场主体，企业的生产经营活动是一个多维的、复杂的、有机统一的整体。企业生产中各个环节都有可能直接或间接地影响企业的经济效益。而作为企业生产能力的集中体现的生产设备，其装配是否科学、使用是否得当、维护是否及时、运行是否顺利都会直接影响本企业产品的生产成本和质量，进而影响企业的核心竞争力。因此，若要使企业经济效益取得长足发展，就有必要建立一套系统的评价体系，对设备的运行状态进行评估，对设备管理的相关经济技术指标进行考核和分析。下面介绍几个主要的设备管理技术经济指标：

（1）设备完好率

设备完好率的计算公式如下：

$$设备完好率 = \frac{主要生产设备完好台数}{主要生产设备拥有台数} \times 100\% \qquad (4.2)$$

（2）设备可利用率

设备可利用率又称有效利用率，它不是一个单独的技术经济指标，而是要通过一系列能够反映生产设备利用程度的指标来表达。这些指标一般包括实有设备安装率、已安装设备利用率、设备制度台时利用率、设备计划台时利用率、设备负荷率和设备综合利用率等。

$$实有设备安装率 = \frac{已安装设备数}{实有设备数} \times 100\% \qquad (4.3)$$

$$已安装设备利用率 = \frac{实际使用设备数}{已安装设备数} \times 100\% \qquad (4.4)$$

$$设备制度台时利用率 = \frac{实际开动台时数}{按制度班次可开动台时数} \times 100\% \qquad (4.5)$$

$$设备计划台时利用率 = \frac{实际开动台时数}{按计划班次可开动台时数} \times 100\% \qquad (4.6)$$

$$实际负荷率 = \frac{实际生产量}{设备标准生产能力} \times 100\% \qquad (4.7)$$

$$设备综合利用率 = 设备计划台时利用率 \times 设备负荷率 \qquad (4.8)$$

从以上指标计算公式中可以看出，若要提高设备综合利用率，就必须通过提高设备实际开动台时数和设备实际生产量来实现。而这两个参数的大小又是与设备在运行过程中的实际状态相关联的，它直接取决于企业在生产过程中对设备维护管理水平的高低。因此可以得出这样一个结论：一个企业在生产过程中对设备的维护管理水平与其设备综合利用率呈正相关关系。

（3）设备大修完成指标

设备大修完成指标表示企业对于设备大修项目的完成度，能够反映出该企业的设备维修技术水平和设备管理维护水平。通过将历年的大修完成指标进行纵向对比，以及对一年度内

大修计划完成率、大修费用完成率、大修返修率等指标的横向对比,可以帮助企业做好设备维修管理工作。

$$大修计划完成率 = \frac{实际完成大修设备数}{计划完成大修设备数} \times 100\% \qquad (4.9)$$

$$大修费用完成率 = \frac{实际大修费用}{计划大修费用} \times 100\% \qquad (4.10)$$

$$大修返修率 = \frac{大修返修设备数}{大修总设备数} \times 100\% \qquad (4.11)$$

(4)设备事故率

设备事故率又称设备事故发生率,是指某一企业内,或企业的某一部门内所有发生设备事故台次和实际开动设备台次的百分比。

$$设备事故率 = \frac{设备事故台次}{实际开动设备台次} \times 100\% \qquad (4.12)$$

(5)设备新度

设备新度主要反映设备在提取折旧后的新旧程度。

$$设备新度 = \frac{设备原值 - 设备折旧值}{设备原值} \times 100\% \qquad (4.13)$$

4.2 设备的使用管理

设备在人工或其他外力作用下,按照预设的运行方式,发挥规定的功能的过程称为设备的使用过程。由于设备会不断劣化,设备技术状态会不断降低,企业需要对设备的技术状态变化进行实时的管理,就必须正确使用设备,以保障生产效率。

4.2.1 合理使用设备的基础性工作

(1)合理配备设备

企业应当根据自身的生产计划、产品技术标准以及企业的发展方向,对所拥有的各种设备进行合理的组合配置,以达到"1+1>2"的效果。进行设备配备时要考虑主要生产设备、辅助生产设备、动力设备和工艺加工专用设备的配套性;要考虑各类设备在性能方面和生产率方面的互相协调。同时,随着产品结构的改变,产品品种、数量和技术要求的变化,各类设备的配备比例也应随之调整,使其相互适应。除此之外,还应注意提高设备工艺加工的适应性和灵活性。

企业对设备的配置应当从企业生产实际出发,着眼于企业发展大局,以发挥设备的最大作用和最高利用效果。

(2)按设备技术性能合理地安排生产任务

在布置生产任务时,企业应注意使所布置的生产任务和相应设备的实际工作效能相适应,例如,不能安排精密机器做粗活,更不可以要求工作人员超范围、超负荷使用设备。

（3）加强工艺管理

一家企业的工艺水平和产品质量,很大程度上取决于其设备的技术状态。通常来讲,设备技术状态越好,则工艺水平越高,产品质量越优。但不可忽略的是,工艺的合理性也会对设备技术状态产生一定的影响。合理的工艺设计有利于正确使用设备,应严格按照设备的技术性能、要求和范围以及设备的结构、精度等来确定加工设备。

（4）配备合格的操作者

随着设备现代化程度的提高,其结构原理日益复杂,这就要求企业需配备具有一定文化水平和技术熟练的工人来使用设备。操作工人使用设备前必须进行岗前培训,学习设备的结构、操作和安全等基本知识,了解设备的性能和特点,同时进行必要的实训锻炼,经考核合格后,发给其操作证,操作工人凭证操作。企业应有计划、经常地对操作工人进行技术培训,以不断提高其设备使用、维护的能力。

（5）保证设备相应的工作环境和工作条件

工作环境和工作条件也是设备设计中的重要内容,例如有些设备要求工作环境清洁,不受腐蚀性物质的侵蚀;有些设备需安装必要的防腐、防潮、恒温等装置;有些自动化设备还应配备必要的测量、控制和安全报警等装置。这些设备需要在一定的工作环境和工作条件下才能够更好地发挥效用,因此在安装时就要考虑设备的工作环境和条件要求,以保证设备正常使用。

（6）给设备提供及时、充分的物质保证

设备的正常工作必须要有物质支持,如能源、原材料、辅料、工具、附件、备件等方面的保障,其中任一环节不到位,都有可能导致设备运行中止。所以,在设备开始使用前就应对各类物质消耗供应做好计划,对库存、消耗作好记录,及时补充,保障各类物质供应充分、及时。

（7）编制操作维护规范

设备安全操作规范和设备维护保养规范能够指导工人合理正确地操作设备、维护设备,对于安全生产有着基础性、指导性的意义。

4.2.2 设备合理使用的主要措施

（1）充分发挥操作者的积极性

设备发挥作用、生产工业品的过程离不开人工操作,充分调动和发挥工人的积极性是用好、管好设备的根本保证。因此,企业应当制订出规范的设备操作培训制度和奖惩制度,定期组织工人进行设备操作方面的培训,并对在设备操作管理方面成绩显著的工人进行褒奖,对违规操作设备的工人进行处罚。另外,企业还应经常对职工进行爱护设备的宣传教育,同时积极吸收群众参加设备管理,不断提高职工爱护设备的自觉性和责任心。

（2）健全必要的管理制度体系

设备使用管理规章制度主要包括设备使用守则、设备操作规程和使用规程、设备维护规程、操作人员岗位责任制度等。建立健全并严格执行这些规章制度,使合理使用设备有章可循。

（3）建立专人管理制度，检查、督促设备合理使用

设立"设备检查员"，其职责是：负责拟订设备使用守则、设备操作规程等规章制度；检查、督促操作工人严格按使用守则、操作规程使用设备；在企业有关部门配合下，负责组织操作工人岗前技术培训；负责设备使用期信息的储存和反馈。设备检查员有权对违反操作规程的行为采取相应措施，直至该行为得以改正。由于设备检查员责任重大、工作范围广、技术性强、知识面宽，一般选择组织能力较强、具有丰富经验、具有一定文化水平和专业知识的工程师、技师担任。

4.2.3 设备使用制度

设备使用制度是指生产企业所指定的，用以指导和规范操作人员正确使用设备的规章制度的总称。设备使用制度的内容通常包括定人、定机制度和凭证操作制度，交接班制度，使用设备的"三好""四会"和"五项纪律"等工作内容。

（1）定人、定机制度

"定人""定机"的目的是要将执行设备操作、维护、保管的责任细分，并且落实到人，使责任人相对稳定，一般不发生大的变动。按照定人、定机的原则，单人操作的设备由该设备操作者个人负责，多人操作的设备由班组长或机长负责，公用设备指定专人或部门负责人负责。

（2）凭证操作制度

凭证操作设备是设备操作正确和操作者安全的重要保障。普通设备的操作工人由使用部门分管设备的人员考核后，方可上机操作。精密、大型、稀有和重点设备的操作工人，可以由企业设备主管部门主考，考试合格后统一由企业设备主管部门签发设备操作证。根据生产经营的实际情况，对某些设备还可以要求操作工人取得执业技能证书。技术熟练的工人，经教育培训后确有多种技能者，考试合格后可取得多种设备的操作证。

（3）交接班制度

在生产任务较重的时期，企业的主要生产设备常常实行多班制生产。为了保障各班组能够顺利交接班，设备运行顺利，必须执行设备交接班制度。交班人在下班前除完成日常维护作业外，还必须将本班设备运转情况、运行中发现的问题、故障维修情况等详细记录在"交接班记录簿"上，并主动向接班人介绍设备运行情况。双方当面检查、交接，完毕后在记录簿上签字。如系连续生产设备或加工时不允许中途停机者，可在运行中完成交接班手续。如操作工人不能当面交接生产设备，交班人可在做好日常维护工作，将操纵手柄置于安全位置，并详细记录运行情况及发现的问题后，交生产组长签字代接。接班人若发现设备有异常现象，记录不清、情况不明和设备未清扫时，可以拒绝接班。如因交接不清的设备在接班后发生问题，则由接班人负责。企业在用生产设备均需设交接班记录簿，并应保持清洁、完整，不准撕毁涂改与丢失，用完后向车间交旧换新。设备维修组应随时查看交接班簿，从中分析设备技术状态，为状态管理和维修提供信息。维修组内也应设交接班簿（或值班维护记录簿），以记录设备故障的检查、维修情况，为下一班人员提供信息。设备管理部门和使用单位负责人要随时抽查交接班制度执行情况，并作为车间劳动竞赛评比考核内容之一。设备交接班记录本的格式见表4.1。

表 4.1   设备交接班记录本

设备名称：		型号规格：		设备编号：		（封面）
车间级工段：		操作人员：				
交接班记录						（里面）
班　　次		1 班		2 班		3 班 …
设备清扫及润滑						
设备各部分情况	传动机构异样					
	零部件缺损					
	安全防护装置					
	新的磨损、伤痕					
	电器及其他					
	开车检查					
图样、工件质量问题						
故障、事故及处理情况						
开动台时记录		实际开动		实际开动	实际开动	
		故障停开		故障停开	故障停开	
1 班	交班人		2 班	交班人	3 班	交班人
	接班人			接班人		接班人

（4）对操作工人的"三好"要求

①管好。操作工人对自己所操作的设备负责,尽到妥善保管的义务,未经领导批准,不得擅自让其他人操作使用。

②用好。操作工人应自觉严格贯彻操作维护规程和工艺规程,不得违规超范围、超负荷使用设备,禁止不规范、不文明操作。

③修好。设备操作工人应了解设备维修基本知识,要重视设备发生的异常情况,及时排除设备故障,按计划交修设备,积极配合维修工人修理设备。

（5）对操作工人基本技能的"四会"要求

①会使用。操作者应先学习设备操作维护规程,熟悉设备性能、结构传动原理,并懂加工工艺和工装刀具,会正确使用设备。

②会维护。学习和执行设备维护、润滑规定,上班加油,下班清扫,经常保持设备内外清洁、完好。

③会检查。了解自己所用设备的结构、性能及易损零件部位,熟悉日常点检、完好检查的项目、标准和方法,并能按规定要求进行日常点检。

④会排障。熟悉所用设备的特点,懂得拆装注意事项及鉴别设备正常与异常现象;会做一般的调整和简单故障的排除;自己不能解决的问题要及时报告,并协同维修人员进行排除。

（6）设备操作者的"五项纪律"

①实行定人、定机制度,凭操作证使用设备,遵守安全操作规程。

②经常保持设备整洁,按规定加油,保证合理润滑。

③遵守交接班制度。

④管好工具、附件,不得遗失。

⑤发现异常要立即停车检查,自己不能处理的问题应及时通知有关人员检查处理。

4.2.4　设备操作规程和使用规程

（1）设备操作规程

设备操作规程指用以指导操作人员正确掌握操作技能,正确使用和操作设备的基本技术性规范。设备操作作业中,操作人员必须全程严格遵守设备操作规程。设备操作规程的内容以安全运行为基础,根据设备的结构和运行特点及工艺要求进行制订,贯穿全部操作过程。设备操作规程一般包括:

①准备工作。包括操作前对操作设备现场进行清理,设备状态检查的内容和要求。

②操作工具。包括操作设备必须使用规定的工作器具。

③工艺要求。包括设备运行的主要工艺参数。

④故障排除。包括常见设备故障的原因及基本排除方法。

⑤操作程序。包括开车的操作程序和注意事项。

⑥设备润滑。包括润滑的方式、介质和要求。

⑦设备检修。包括点检、维护的具体要求。

⑧设备停运。包括停运的规则、程序和注意事项。

⑨安全防护。包括安全防护装置的使用和调整要求。

⑩班次交接。包括交班、接班的具体工作和记录要求。

设备操作规程的内容应尽量做到言简意赅、贴近实际。在同一企业内,对各类设备应共同遵守的项目可统一成标准项目。

（2）设备使用规程

设备使用规程是根据设备特性和结构特点,对使用设备作出的规定。其内容一般包括:

①设备使用的工作范围和工艺要求;

②使用者应具备的基本素质和技能;

③使用者的岗位职责;

④使用者必须遵守的各种制度,如定人定机制度、凭证操作制度、交接班制度、维护保养制度、事故报告制度等;

⑤使用者必备的规程,如操作规程、维护规程等;

⑥使用者必须掌握的技术标准,如润滑卡、点检和定检卡等;

⑦操作或检查必备的工器具;

⑧使用者应遵守的纪律和安全注意事项;

⑨对使用者检查、考核的内容和标准。

4.2.5　岗位责任制

对设备操作岗位的职责范围和工作内容进行明确划分,制订明确的工作考核指标是设备岗位责任制的基本要求。设备岗位责任制的主要内容包括以下几点:

①设备操作工人必须遵守定人定机制度和凭证操作制度,严格按"四项要求""五项纪律"和设备操作维护规程等规定正确使用与精心维护设备。

②要对设备进行日常点检,认真记录,做到班前加油,正确润滑,班后及时清扫、擦拭、涂油。

③积极参加"三好""四会"活动,做好日常维护、周末清洗和定期维护工作,配合维修工人检查和修理自己所操作的设备。

④管好设备附件,工作调动或更换操作设备时,要对完整的设备和附件办理移交手续。

⑤认真执行交接班制度和填写交接班记录。

⑥参加所操作设备的修理和验收工作。

⑦有权抵制违规违章作业的指令,对于强令作业的,应向发出指令人的上级领导反映情况。

⑧发生设备事故时,能够及时准确地按操作维护规程的规定采取应急措施,切断电源,保持现场,随即向班组长或车间机械员报告,等候处理。分析事故时,应如实说明经过。对因自己违反操作维护规程而造成的事故负直接责任。

4.3　设备的维护管理

随着设备使用时长的不断增长,设备的工作效能呈现出逐步降低的趋势。这一趋势因环境条件、使用方法、工作规范、工作时间和维护状况等多种因素的共同影响,在不同的设备上出现的时间、降低的快慢也各不相同。设备的维护是生产企业为了保持设备的正常技术状态、延长设备的使用寿命所必须进行的日常工作,是生产操作工人的主要职责之一。设备的维护工作做好了,可以减少停机带来的损失和维修费用,从而降低产品成本,保证产品质量,提高生产效率,带来良好的经济效益,因此,企业必须重视和加强设备的维护管理工作。

4.3.1　设备维护的主要管理措施

为了对设备进行科学的维护,延缓设备劣化过程,需要从主观和客观方面共同努力,做好人和物两方面的工作。客观方面,企业要尽量创造出设备运行的适宜工作环境和工作条件,采用正确的使用方法,制订规范的工作流程,合理安排设备的工作时间和频次,并定期对设备进行检修、养护。然而,无论是正确使用或精心维护,都离不开人的因素,离不开设备的操作者、维护者。因此,主观上必须重视操作工人,重视人的工作。要加强对设备操作者、维护者的职业培训,提高他们的职业素质和业务水平,规范对设备的使用与维护的管理工作。常见的使用与维护设备的管理措施主要有:

(1)制订针对具体设备的使用规定

为了更好地指导工人正确操作设备,保障设备高效稳定运行,必须制订具体的设备使用规定。具体内容包括对操作者进行定期教育培训、操作考试,实行凭证上岗、竞争上岗、定人定岗,实行设备使用维护交接班制度等。

（2）制订设备岗位操作维护规定

对具体设备规定正确、合理的使用方法及注意事项,尤其是在设备出现特殊情况下的应急处理措施等。

（3）建立设备使用维护岗位责任制

这是确保设备正确使用与维护必不可少的。操作者对其所使用的设备应按规程操作,按规定交接班,并进行日常、定期的维护等工作。班组、工段、车间、生产调度直至厂级领导都应对设备的使用维护承担经济责任,做到责任细分,落实到人,防止推诿。

（4）开展多维度的设备维护评比奖励活动

将设备的日常维护和完好检查与奖惩制度结合起来,将实际使用、维护的情况与分配制度联系起来,充分调动操作人员和负责领导的责任感、荣誉感和积极性。

4.3.2　设备维护的基本要求

设备维护必须达到以下 4 项基本要求:

（1）整齐

设备维护的工具、工件、附件整齐归置,无散落、遗漏情况;设备零部件齐全、安全防护完备;设备线路走线整齐,无"蜘蛛网",管道完整,无破裂、滴漏等。

（2）清洁

设备内外清洁,无粉屑、残渣、油垢。各滑动面、丝杠、齿条等无黑油污、碰伤,各部位不漏油、不漏水、不漏气、不漏电,切削、碎屑等垃圾应清扫干净。

（3）润滑

润滑设备所使用的介质应符合技术要求;油壶、油枪、油杯、油嘴等配件齐全、完好无损坏;油毡、油线清洁,油标明亮,油路畅通,无阻塞现象。

（4）安全

操作者熟悉设备结构,遵守操作维护规程,做到合理使用、精心维护、监测异状;对设备维护管理实行定人、定机和交接班制度,防止事故发生。

4.3.3　设备维护的类别和内容

按照维护频率的高低和维护精细程度的不同,可以将设备维护分为两种:日常维护和定期维护。

1）设备的日常维护

设备的日常维护是设备维护的基础工作,必须做到制度化和规范化。设备的日常维护包括每班维护和周末维护两种。这两种维护的实施主体主要是设备操作者,另由维修电工进行电气部分的维护。操作工人在进行每班维护时,至少要达到以下几点要求:

①班前认真检查设备各部位情况有无异常,按规定对设备进行润滑。

②在检查完成后,将执行点检的项目的情况如实记录到点检卡上,确认设备正常后方可使用。

③设备运行过程中,要严格按操作维护规程正确使用设备。

④注意观察设备运行情况,发现异常要及时处理。遇到不能排除的故障时,应及时通知检修人员前来检查维修,并由检修人员在故障维修单上作好检修记录。

⑤下班前 15 分钟进行设备清洁,收纳工具、工件、零部件等,并将本班次中设备的运行情况记录在交接班簿上,办理交接班手续。

周末维护主要在每周末和节假日前进行。在这个时间点上,考虑到设备即将有较长的一段停止运行时间,因此要对设备进行彻底的清扫、擦拭和涂油,保证设备在重新开启时状态良好。周末维护也应当按照设备维护的四项基本要求来实施,并进行考核评定。

2) 设备的定期维护

设备的定期维护指每隔一段时间对设备进行一次较为彻底的维护,多由设备管理部门以计划的形式下达执行任务,两班制生产的设备约 3 个月进行一次,干磨多尘设备每月进行一次,精密、大型、稀有设备的维护和要求另行规定。

定期维护应由设备操作者在维修工人的指导下进行,具体内容包括:

①将指定的部件、零件、外壳、防护罩等拆下,进行彻底清洗。对设备内外进行彻底的清洗、擦拭。

②对设备各部件间隙进行检查,对间隙过大或过小的部位进行调整,对松动的部件加以固定,对个别易损部件进行更换。

③疏通油路,清洗过滤器、油毡、油线、油标,更换切削液、润滑油;清洗冷却系统,做到密封无泄漏。

④清扫电气控制系统,如电器箱、电动机、控制柜等,电气装置应整齐、固定,不可出现散乱、松动等情况。

企业在开始实施定期维护制度前,要由专职维修工在现场对岗位操作工人进行技术培训,使操作工人熟悉维护操作方法和维护内容。设备维护卡样表如表 4.2 所示。

表 4.2　设备维护卡样表

设备名称:　　　型号:　　　设备编号:　　　使用单位:

填表日期	维护类别	工作精度			运转情况				维护人签字	验收人签字	
		产品名称、规格	工艺要求	实际达到	开动班次	开动台时	停工台时	停工原因		生产工长	维修组长

(正面)

日　　期	存在的主要问题及要求	是否完好	处理意见

(背面)　　　　　　　　　　　　　　　　　　　　　　　　机械员:

65

4.3.4　设备维护的规章制度

对于企业而言,设备维护制度是一种预防性维修制度,是企业生产制度的重要组成部分。设备维护制度起到的是事前预防的作用,对于企业做好设备维护、延缓设备老化、保持设备使用性能、保障正常生产能够发挥关键作用。目前生产企业设备维护规章制度主要有以下几种:

1)生产设备岗位操作规范

为规范操作人员的设备使用过程,防止因不当操作造成设备损伤和安全生产事故,必须对每一具体设备制订操作规范。生产设备岗位操作规范的主要内容应包含以下几个方面:

①开动设备前的操作规范。开动设备前,应确认设备状况良好、安全装置正常,确认后方可开动设备进行工作。

②离开设备前的操作规范。操作者遇换班,更换工装、工件,设备调整、清洗、润滑等需要离开设备的情况时,应停机并切断电源,不使设备在无人看管的情况下运行。

③反向操作设备的规范。操纵设备反向运行时,应先将设备完全停下,反向后再重新开启。变速时也应当先停机再变速,以免对齿轮、传送带和变速器等造成损伤。

④对变速箱、进刀箱及其传动机构进行操作时,必须严格按说明书规定的顺序和方法进行。

⑤有离合器的设备,开动时应将离合器脱开,使电动机轻负荷启动。

⑥避免设备长期或突然地过负荷运行。

⑦各种变速或转换传动的手柄都要放到确定的位置,使其接合正确、啮合正常,以免造成设备损伤,避免发生事故。

⑧工件、工装、刀具等必须卡紧,以免工作时松动甩出造成设备或人身事故。

⑨不得在机床上敲打矫正工件或敲打其他卡具和附属装置,以免影响设备的精度。

⑩发现手柄失灵或不能移至需要位置时,应先行检查,不得强力扳动。

⑪设备发生故障或不正常现象且操作者不能作出正确判断与维修时,应保持现场,通知维修工人检查维修。

⑫严禁超性能使用设备以及不正确地操作设备。

⑬交接班时交班人一定要向接班人交代清楚设备的运转、使用情况。

2)生产设备岗位维护制度

生产设备养护制度通常需要根据不同设备的特性单独制订,且规定较为具体、细致,目的就是要最大限度地保障设备得到合理的维护保养,使设备使用寿命延长,性能保持稳定。虽然生产设备养护制度的制订较为具体,但仍然可以从中归纳出以下几点共通的基本内容:

①每班开动设备之前,要检查油箱中油量是否充足,并按规定加油。

②每班开动设备之前,要检查各润滑点是否有足够的润滑介质,并按照润滑要求选择正确的润滑剂对设备进行润滑。

③工作时要关注设备润滑系统的工作状况,保持润滑系统及相关的装置、器具干净、清洁,并注意防尘和防止异物进入。

④要注意保护电动机,防止异物和水意外进入电动机内。

⑤经常检查设备有无损伤、松动之处,如有不正常现象,要立即通知维修工人检查维修并做好记录。

⑥要保持设备漆面完好,全部附件无缺失、损毁的情况。

⑦对于长时间不使用的设备,应在其外露表面涂油防锈,并用塑料罩对设备进行覆盖保护。

⑧设备上的安全防护装置是为了避免发生设备造成人身或财产损害事故而特意设计建造的,不得随意改造、拆除。

⑨工作完毕后和班次交接前应打扫卫生,保持设备清洁。应对工作台台面涂油,防腐防锈。

3) 设备管理交接班制度

企业在实行多班制生产时,必须对主要生产设备建立交接班制度,操作工人必须按照规定严格执行交接班制度,以确保主要生产设备维护到位。

①当班操作工人在下班前完成日常维护作业后,要将本班设备的运行情况、故障维修情况详细填入交接班记录簿中。

②值班维护工人在交接班前,要详细交代本人负责区域内的设备使用情况与故障排除情况,并记入交接班记录簿中。

③在交接班时,交班人要当面将设备运行情况向接班人交代清楚,交接双方在完成交接班手续后,要在记录簿上签字。如接班人未到,可由接班班组长代接,并要在事后补办相应手续。

④若遇设备有异常现象、不清洁、情况不明、交接班记录不清楚等情况,接班人应拒绝接班。因交接不清,设备接班后发生了问题,由接班人负责。

⑤交班班组长要认真记录本班的设备使用情况,并向下班班组长交接清楚并签字。

⑥接班班组长要根据交班记录和接班人反映,经过检查核实,将设备存在的问题向上一层管理人员报告,并通知维修班组及时进行排除。

⑦车间技术员、分管设备主任、生产及设备部门领导等要定期检查交接班制度执行情况,记录并作为考核依据。

⑧设备交接班记录簿要保持清洁、完整,不得撕毁、丢失,用完后向车间交旧换新。交接班记录簿要在车间保存一定时间后方可销毁。

4) 特殊设备保养制度

对于价值较高,对企业生产起着关键作用的大型、精密、稀有、关键设备,应在日常检查的基础上作进一步的规范,形成特殊设备保养制度。特殊设备保养制度的主要内容应包括以下几点:

①依照不同设备的具体情况,分别制订不同的操作维护规程,所有操作、维护人员必须严格依规作业。

②配备责任心强、业务能力强的专门人员对特殊设备进行操作维护。

③特殊设备的维保技术含量和工作强度都比较高,企业应当配备专门人员或团队负责相

应的维保工作。

④确定维修方式,在特殊设备出现待维修、缺少配件等情况时,应当优先安排处理。

5) 区域维护制度

区域维护制又称设备维护人员包机制,是将生产设备划分为多个区域进行维护管理的方法。通过区域的划分,使维保人员分工更加明确,配合更加密切。

4.3.5 设备点检制

设备点检是指由生产工人每日对设备的规定部位、规定内容进行状态检查。设备点检制是以制度化的形式将设备检查作业进行规范的综合性设备维修管理制度。

设备点检制以点检为核心,以预防设备故障为目的,通过建立点检组织体系,使操作人员、点检人员和维修人员三方面密切配合,共享设备运行情况,并参与设备的日常点检维护工作。企业的主要生产设备都有必要列入日常检查的范围。在日常检查中,生产工人利用实践经验,充分调动自身感官,以听、看、闻、触、嗅等动作对设备进行检查,以判断设备有无异状、能否进行正常运转。设备日常检查的一个重要目的就是及时发现设备的缺陷和隐患,采取适宜措施减少甚至防止设备发生突发故障,减少因设备故障造成的损失。实践表明,在操作者认真将设备日常检查工作做好落实的情况下,绝大部分设备隐患是可以早发现、早排除的。设备日常点检流程如图 4.1 所示。

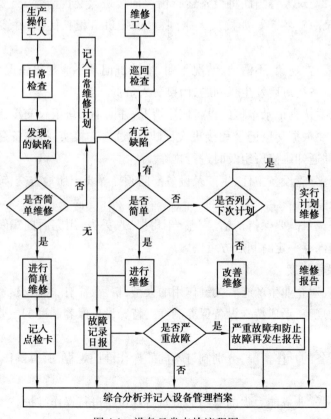

图 4.1 设备日常点检流程图

1) 点检的内涵

广义的点检包含对设备设定部位进行所有判断,包括检查、检测、技术诊断等。狭义的点检是指为了及时、准确地发现和排除设备故障隐患,使设备保持规定的性能,利用人的感觉器官和检测仪器对设备的某一规定部位是否正常进行检查。

2) 点检的种类

根据点检周期的长短,可以将点检分为日常点检、定期点检和精密点检。日常点检又称日常检查,每周至少进行一次。点检人员在设备处于操作和运转状态下,通过看、听、触、嗅或使用简单的检测工器具,检查预定点检部位的润滑和劣化情况。定期点检每个月至少进行一次。专业点检人员在设备处于操作和运转状态下,凭借感官和专用检测仪器检查预定点检部位的磨损、振动、异响、温升和松动情况。精密点检的时间不确定,根据生产实际的需要随时进行。精密点检需要由专业技术人员和专业点检人员运用特殊诊断手段和专用精密检测工器具对设定点检部位进行综合性检测,并对检测的结果进行分析比较,定量确定设备的技术状况和劣化程度,以预测设备的维修、更换或改进时间。

根据点检的目的,可以将点检分为良否点检与倾向点检。良否点检是检查设备劣化程度,以确定维修时间的点检。倾向点检除对设备的劣化程度进行检查外,还要预测设备零部件维修和更换的时间节点,表现出明显的管理倾向。

根据点检的方式,可以将点检分为非解体点检和解体点检。顾名思义,解体点检就是要将设备局部拆解后进行检查。非解体点检则无须拆解设备。

3) 设备点检管理

为避免设备欠修或过度维修情况的发生,设备点检必须严格执行规范化、标准化的作业流程。具体要求包括以下几个方面:

(1)标准化作业

①工作布置合理。组织合理有序的工作会议,制定专职点检人员点检计划和车间维修作业计划。专职点检人员应按计划进行工作,收集设备生产操作状况信息并进行记录和汇报,同时实施点检软件台账管理等正常的点检作业。

②工作流程规范。专业点检人员必须准时按照点检计划作业,精神状态佳,着规定服装,携带正确的工作器具。进行点检时,应提前对自己的责任区域编制合理的点检计划,设置设备各部位的点检项目,做到"五定",即定项目、定方法、定地点、定人员和定周期,根据实际需要及时对计划作出调整。

③工作效率高。专职点检人员应当结合自己的责任区域和点检设备,计划最短的点检线路图,确保高效、安全地进行点检,同时防止漏检或过度点检。点检前,应多方搜集设备基本信息,可参考操作人员和维保人员的意见。

④工作记录完备。在实施点检的过程中,应准确记录存在问题的设备的名称、异常部位、具体现象、导致的原因以及最早发现的人,然后针对设备问题的相关数据、历史记录、实际状况和经验进行全方位的分析研究,最终解决设备问题。点检完成后及时记录结果,判断点检计划的实用性,若有不当,则及时调整和修改,编制备件请购或制造计划。针对管理制度、备件、工程材料、点检工器具及点检工艺的使用情况提出改进意见,如表4.3所示。

表 4.3 设备点检记录卡样表

设备点检记录卡 填表时间： 年 月														
设备编号	设备名称	型 号	所在车间及工段		操作者		生产组长		生产工长					
开机前检查			1	2	3	4	5	6	7	8	9	...		
准备	1.手操作各部位是否正常													
	2.防护装置是否齐全													
	3.是否已加油													
空前运行	1.是否有异响或振动													
	2.回转部位有无罩盖													
	3.各种指示灯是否正常													
	4.导轨面润滑油是否正常													
	5.油压、油量、空气压力是否正常													
运行中检查														
机械部分	1.夹紧部分是否正常													
	2.有无异响、温升、振动													
	3.传动带松紧程度													
	4.润滑是否正常													
	5.安全限位开关是否正确													
刀具工件	1.刀具是否符合要求													
	2.被加工工件安装是否正确													
	3.工件堆放是否正确													
停机后检查														
操作部分	1.电源是否关闭													
	2.各手柄开关是否在空位													
设备与工作地	1.切屑是否已清除													
	2.设备是否已清扫													
	3.工作地是否已整理													

注:记录符号:完好为"√",异常为"△",待修为"×",修好为"⊕"。

(2)点检管理标准化

点检管理标准化包括点检项目确立、检修管理实施和点检验收管理流程的标准化。

(3)点检软件标准化

点检人员应对点检软件按计划类、标准类、实施类和管理类等不同类别进行分别管理。对信息的更新应当做到及时、准确,根据设备状况及时修改、调整点检计划,编制检修计划,请购备件和工程材料,防止过度维修。

(4)设备点检人员工作要求

为了做好设备点检工作,企业应制订相应的规章制度以规范操作工人行为。设备点检人员工作要求主要有以下几个方面的内容:

①为提高操作人员对相关设备构造和性能的熟悉程度,应制订定期对生产操作人员进行教育培训的规定。

②对设备日常检查的时间、部位、内容和方法等作出规定。

③对设备日常检查所要达到的基本要求和标准等作出规定。

④对在日常检查中发现的缺陷和隐患所要作出的处理方式作出规定。

⑤制订日常检查执行情况的衡量标准及奖惩办法等。

4)设备点检制度的组织体系

为保障设备点检工作顺利进行,不仅要对负责点检管理、执行、监督及后续维修的各个单位和部门进行合理的职能划分,还需要将这些单位和部门有机地组合起来。设备点检制的组织体系如图4.2所示。

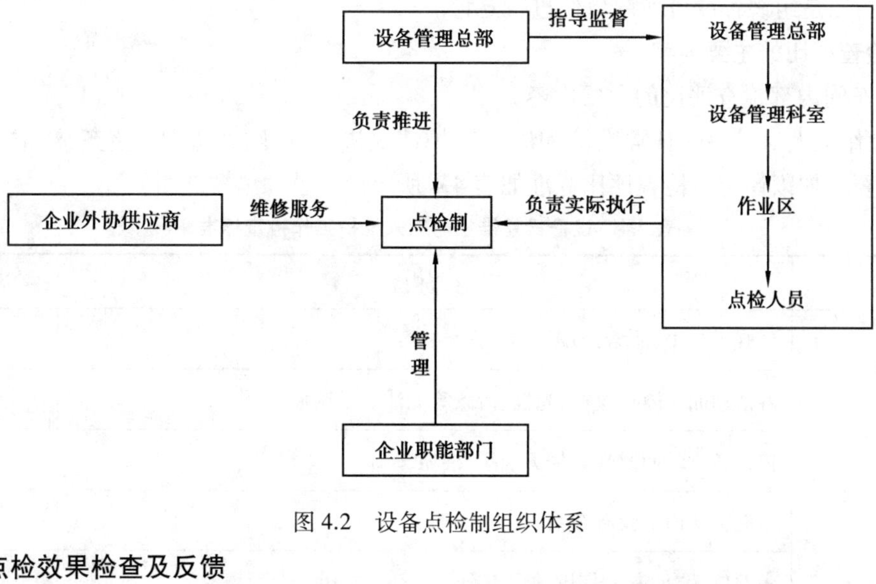

图4.2 设备点检制组织体系

5)点检效果检查及反馈

专职点检人员在点检过程中检查出的设备异常,应由设备诊断部门进行诊断,根据诊断结果出具诊断报告并及时反馈给点检人员。诊断报告中应对设备异常问题提出有针对性的建议和处理方法,并跟踪落实,直至设备恢复正常。

4.3.6 设备维护情况的检查评比

为加强设备操作人员和维护人员的责任感,调动他们的工作积极性,企业内部可采取对设备维护情况进行抽查、量化考核、横纵对比等方式进行检查评比,对评比成绩优秀的个人或班组给予一定物质上或精神上的奖励。

1)检查评比的方式

通过检查评比,能够对工人的设备维护工作进行客观评价,有的放矢地提高设备维护理论和实践水平,促进设备维护工作正常开展。坚持实行检查评比,也是设备维护管理工作的重要内容之一。

①车间内检查评比。每周对操作工人的设备维护情况进行一次量化考核;每月对各生产小组、各操作者的设备维护情况进行一次检查评比。车间内的检查评比由车间分管设备的主任、工程师或技术员、维修班组长、生产班组长组成检查小组,实行奖惩结合。

②设备管理部门评比。每周对各设备使用单位的设备日常维护和周末维护情况进行一次抽查和量化评分;每月对各设备使用单位的设备完好状态进行一次抽查和量化评分。设备管理部门评比由设备管理部门组织专门人员进行抽查、评比,并将结果报送企业有关部门,作为对设备使用单位进行奖励或惩罚的参考依据。

③全厂性的检查评比。全厂性的检查评比的周期比较灵活,可采取月评比、季度评比、半年评比或年评比等方式开展。具体操作层面可以分为两个维度进行:一是由企业主管设备的领导和设备动力部门组织有关职能管理人员和车间技术员,对各车间的设备与维修工作进行检查评比;二是组织各设备使用单位进行互评。

2)检查评比的主要内容

(1)车间内部检查评比的主要内容

对操作工人对设备的日常维护和周末维护情况进行评比,主要从"整齐、清洁、润滑、安全"四项要求加以评定。检查评比标准如表4.4所示。

表4.4 设备日常维护与周末维护工作检查标准

项　目	检查内容	满　分
清洁(40分)	外观无灰尘、油垢,呈现本色	10
	各滑动面、导轨、丝杠、光杠、齿条等无油黑及锈痕	15
	内部各滑动面及啮合件无油黑、油垢	4
	所有盖罩内部没有杂物、灰尘、油垢	3
	各部位无"四漏",周围地面干净	4
	所有电气装置内外均无灰尘和杂物	4

续表

项　目	检查内容	满　分
整齐(20分)	1.应有的螺钉、螺母、标牌、灯罩、手柄、手球等均齐全	4
	2.附件摆放整齐、清洁	4
	3.各手柄活动自如,无绳捆索绑现象或附加物	4
	4.电气装置和线路安全良好	4
	5.工件、毛坯、脚踏板摆放整齐合理	4
润滑(25分)	1.油壶、油枪、油桶有固定位置,清洁、好用	4
	2.油箱中油质符合要求,没有杂物	5
	3.油孔、油嘴、油毡、油线、油杯齐全、完整、好用	6
	4.油标醒目,油池有油,油线齐全,放置合理	5
	5.油路畅通,切削液清洁	5
安全(15分)	1.定人、定机,工人有操作证,两、三班有交接班记录簿	5
	2.各限位开关、信号及安全防护装置齐全,灵敏可靠	5
	3.各电气装置绝缘良好、安全可靠,有安全照明	5

注:满分100分,85分以上为合格。

(2)厂内检查评比的主要内容

①检查使用单位设备维护管理资料记录工作,例如设备台账、各种报表、检查维修记录、交接班记录等。

②检查设备病害预防、维修工作开展情况,例如设备点检、定期检查、预防维修计划的完成情况。

③检查设备的使用情况,包括设备日常维护及周末维护、定期维护、设备润滑工作等。

④检查设备的完好率及完好设备抽查合格率。

⑤检查设备故障率及事故情况。

检查评比标准如表4.5所示。

表 4.5 设备日常维护与周末维护情况检查表

车间： 检查人：

检查日期	设备编号	机床名称	机床型号	检查项目								合计
				清洁(40 分)		润滑(25 分)		整齐(20 分)		安全(15 分)		
				得分	扣分原因	得分	扣分原因	得分	扣分原因	得分	扣分原因	
检查记事									平均分数			

3)奖惩办法

①车间的月度设备维护检查评分成绩和车间月度和年度奖金挂钩,可以将设备维护检查评比成绩折算为总奖金系数,以此方式进行奖惩。

②在实行生产任务承包制的车间,可将设备维护情况纳入生产任务完成情况的考查指标,设备状态是否良好以检查评分结果为据。

③在年中或年末的互检评比中,可以评选出下列先进单位并给予一定的物质奖励。

a.设备维护先进个人。

b.设备维护先进集体(班组或车间)。

c.设备维修先进个人。

d.设备管理先进个人。

e.设备管理先进集体(班组或车间)。

4.4 设备运行状态的监测

4.4.1 设备状态监测的概念

通过一系列技术手段,对运行中的设备整体或部分进行工作状态持续评价的活动称为设备状态监测。设备状态监测是设备故障诊断技术的具体实施环节,是一种掌握设备动态特性的检查技术。它包括各种主要的非破坏性检查技术,如基础音响和振动理论、噪声控制、振动监测、应力监测、腐蚀监测、泄漏监测、温度磨粒测试、光谱分析及各种物理监测技术等。通过这些检测技术的应用,可以判断设备技术状态是否良好,可以监测设备劣化过程,设备出现劣化征兆时对异常情况进行追踪,预测其劣化趋势,确定其劣化及磨损程度,减少因设备故障而引发的人身或财产性安全事故。在进行设备维修时,可以通过对设备状态监测结果进行分析,确定设备维修方式。因此,可以说设备状态监测是实施设备维修的基础。

实施设备状态监测的意义在于及时察觉设备发生故障之前的异常信息与劣化征兆,以便事前采取有针对性的措施控制和防止故障发生,从而减少故障停机时间和停机损失,降低维修费用和提高设备有效利用率。对处于使用状态下的设备进行不停机或在线监测,更能够准确掌握设备在实际生产中表现出的特性,帮助准确判断零部件和元器件磨损情况,从而及时修复或更换零部件和元器件,充分利用设备和零件的潜力,避免过剩维修,为企业节约维保费用,减少因停机造成的经济损失,尤其是对自动式、流程式、流水式生产线或复杂的关键设备来说,意义更为突出。

4.4.2　设备状态监测的方法

进行设备状态监测操作的方法主要有主观监测法和客观监测法。

主观监测法是指由设备维修或检测人员以自身人体感官为工具,结合自身技术经验和设备的技术状态进行检查和判断的方法。主观监测法的优势在于监测成本低,不需要特定的监测设备和监测环境,可以由监测人员随时随地进行。因此,这也是目前在机械设备状态监测中使用最为广泛的监测方法。但这种监测方法也存在着明显的不足。由于主观监测法依靠的是人的主观感觉和经验,要准确地作出判断难度较大,且有时不同的监测主体会得出不同的监测结论,所以必须重视对监测维修人员的培养:一是要定期进行技术培训,组织设备状态监测方面的学习与交流,提高监测人员的技术水平。二是要编制各种检查指导材料,将状态对比以图纸形式绘制出来,尽量以客观的方式将主观感觉表达出来,以提高主观检测的可靠程度。

客观监测法是指利用各种监测器械和仪表等专业监测装置,直接对设备的关键部位进行定期、间断或连续监测。通过客观监测,能够精确地测定设备劣化数据和故障信息,获得设备技术状态(如温度、振动、噪声、受力等)变化的图像、参数等确切信息。对设备的技术状态进行系统监测时,客观监测法是更优选择。在通常情况下,能够使用一些简易的方法来达到客观监测的效果。但如果是需要在不停机、不拆卸设备的情况下进行详细的设备监测以获取精确信息,就有必要购置相应的专门监测装置。专业监测装置中有一部分的价格比较昂贵,企业在选择监测方法时,必须从技术和经济两个方面进行综合考虑,既要能不停机、迅速得出正确可靠的信息,又必须使监测操作经济合理,这就需要对购买监测装置所需要的费用和因设备故障停机可能造成的损失进行比较权衡,再决定选择何种监测方法。一般情况下,对以下 4 种设备应考虑采用客观监测方法:

①发生故障时对整个系统影响大的设备,特别是自动化流水生产线和联动设备。

②必须确保安全性能的设备,如动力设备、锅炉、压力容器等。

③价格昂贵的精密、大型、重型、稀有设备。

④故障停机维修费用高及停机损失大的设备。

4.4.3　设备状态监测与定期检查

设备状态监测与定期检查都是针对评价设备运行情况的客观检查活动,对设备保持良好的技术状态起着非常重要的作用。但二者既有联系,又有区别。从检查对象来看,定期检查的对象较多,主要针对设备单个整体或群体;状态监测的对象较少且固定,主要针对设备上事前设置的监测点进行检测。从检查范围来看,定期检查范围较广,要对设备的运行情况作出整体的、全面的检查和评价;状态监测的范围相对较小,主要通过对监测点的监测,对设备的固定技术状态指标进行检查。从检查周期来看,定期检查的间隔周期较长,状态监测的间隔周期较短,对一些特殊的设备甚至会采取不间断监测。从检查手段来看,定期检查依赖主观感觉和经验,目的在于保持设备的规定性能和正常运转;而状态监测需要通过专门的监测仪器进行监测,目的在于定量地掌握设备的异常征兆和劣化的动态参数,判断设备的技术状态及损伤部位和原因,以决定相应的维修措施。

4.4.4　状态监测与故障诊断

实践中,有时会将设备状态监测和故障诊断统称为设备故障诊断,但二者其实是设备维护中分阶段的两个具体操作:诊断是目的,监测是手段;监测是诊断的基础,诊断要以监测前提;通过监测得出的是一种"结果",通过诊断得出的是一种"结论"。可以说,和监测相比,诊断中更多的是判断。状态监测通常是指通过监测手段,在监测和测量设备或部件运行状态信息和特征参数同时,判断其状态优劣。例如,当特征参数小于允许值时便认为是正常,否则为异常。以上过程前面部分是监测部分。监测是一个对客观情况进行反映的动作,设备是什么状态,监测的结果就是什么样。监测的结果不需要作更进一步的处理和分析,以几个有限的指标就能确定设备的状态,这也是诊断,但往往是简易诊断,这称为以监测为主的监测简易诊断系统,或称监测兼简易诊断系统。形成这类系统往往是信号处理与分析技术能力很强的仪器企业为了发挥其监测优势而扩展其应用功能所采取的一个途径。这些仪器企业的电子技术与计算机技术能力很强,这也为诊断技术的发展提供了有利条件。

设备故障诊断不仅要对设备是否正常进行检查,还要求对设备故障作出精密诊断,包括准确判断设备发生故障的具体部位以及产生故障的大致原因、故障的性质和严重程度等。这不仅要求诊断系统对这些监测和诊断设备有所了解,更重要的是对设备本身的结构、特性、动态过程、故障机理以及故障发生后的后续工作或事件,包括维修和管理有比较清楚的了解。对现代工业大型设备的了解本身就是一项专门知识,非一般仪表工程师或电子、计算机专业人员能力所及。从这一角度考虑,故障诊断技术与状态监测系统有着明显不同的专业倾向。

具有现代性能的监测与诊断系统,必须具有现代状态监测技术与现代分析诊断技术,而且二者必须紧密结合,达到满意的故障诊断效果及良好的确诊率。

4.4.5　常用的设备监测仪器

常用的设备状态监测仪器有以下种类:

①振动监测法中使用的测振传感器、信号放大器、记录显示装置等。

②噪声监测法中使用的传声器、放大器、记录器、声级计、声强探头、分析处理仪等。

③温度检测法中使用的接触式测温仪表、非接触式测温仪表如膨胀式、压力表式、电阻式、热电耦式温度计和光电式、光学式、红外线式测温仪等。

④油样分析法中的光电直读光谱仪、原子吸收光谱仪、分析式铁谱仪、直读式铁谱仪、旋转式铁谱仪等。

4.5　设备的鉴定

4.5.1　设备鉴定的分类

设备鉴定是指在生产中,以工程手段来获取与设备相关的信息,根据获取到的信息对设备的质量、功能、用途、技术先进性及性能状态等进行鉴别评定工作的统称。

设备鉴定可以分为狭义和广义两种。狭义的设备鉴定是指企业及其工作人员定期组织的评定设备质量、完好情况的工作。广义的设备鉴定还涵盖了从新购设备的开箱验收开始,以及后续的安装、验收、交付,投产后的运行状态监测、设备故障诊断、维修后的质量检验,定期的质量、完好情况的评定等工作。

设备鉴定对于生产企业而言,就像是定期体检对人来说一样重要。它能够促进企业的整个生产循环保持稳定运转,对企业提高生产效率,取得长足的发展起着至关重要的作用。由于广义的设备鉴定工作本书前面章节里已经涉及,这里只从狭义的设备鉴定方面进行介绍。

4.5.2　设备鉴定的标准

1)设备鉴定的相关规定

设备质量鉴定是对设备的管理、使用、保养、检修、安全等工作质量的综合评定,具有技术性强、牵涉面广、任务量大、细致复杂的特点。通常情况下,生产企业应当一年至少一次对其所有的设备开展鉴定工作,以准确地掌握设备的技术状态,适时对设备技术状态进行改善和提高,从而适应生产发展的需要。企业在开展设备鉴定工作时,应指定至少一名高层管理人员负责全企业设备鉴定工作的组织领导和督促检查,在每个设备使用单位中由该单位领导具体负责,并成立由干部、技术人员、工人代表参加的设备鉴定小组。

开展设备鉴定工作前,应制订工作计划,提前考虑工作中的重难点问题并拟订应对措施。设备鉴定工作必须按计划进行,并应与日常点检、定期维保等设备使用和维护制度结合起来。在鉴定结束后,及时进行工作总结,分析存在的问题,提出解决方案,编制整修计划,认真贯彻落实。企业应对设备管理、使用保养、检修和安全生产等方面成绩显著的集体和个人给予表扬、奖励,对成绩不好的集体和个人进行批评教育。

凡属固定资产的设备,均应进行技术鉴定。属于下列情况之一者除外,但应将数量统计在设备鉴定汇总表有关栏内。

①未安装使用的。

②本年度内已批准大修、在大修中和待大修的。

③已批准封存的。

④已借出的。

⑤按规定提出了报废申请的。

对有特殊鉴定要求的设备,如受压容器、红外线轴温探测设备、汽车等进行鉴定时,除按本标准要求外,尚需按有关规定进行。

2)设备鉴定部分标准

(1)设备的完好标准

①设备性能良好,如动力设备的出力能够达到原设计标准,机械设备精度能满足生产工艺要求,设备运转时无超温、超压现象。

②设备运转正常,零部件齐全,没有较大缺陷,磨损腐蚀程度不超过规定的技术标准,主要的计量仪器、仪表和润滑系统正常。

③原材料、燃料、油料等消耗正常,基本没有漏油、漏气、漏电、漏水等现象。

(2)设备质量级别标准

在鉴定时,将设备质量的级别统一分为一级、二级、三级、四级,其级别标准为:

一级设备:符合完好标准,主要精度及出力能达到原设备出厂标准。

二级设备:符合完好标准。

三级设备:达不到完好标准,有缺陷,带病运转和停机待修的设备。

四级设备:待报废设备。

其中,鉴定等级为一级、二级的设备为完好设备,一级、二级设备台数之和为本企业完好设备台数。

3)设备鉴定的结果

设备鉴定的结果用设备完好率表示,它是衡量企业设备管理工作成绩的一项重要指标,直接反映了企业设备的整体状况。

本章小结

本章主要介绍了设备运行管理和维护管理的基本知识,同时介绍了设备运行状态及衡量设备运行状态的主要技术经济指标,设备维护的种类、基本方式、基本特点和应用,设备维护的规章制度,促使设备合理使用的必要措施以及设备使用制度的制订与实施,还介绍了针对设备质量和完好情况的评定标准和相关指标等内容。

复习思考题

简答题

1.设备技术状态完好标准的意义？列举其具体原则。

2.衡量设备运行状况的评价指标有哪些？

3.如何做到合理使用设备？

4.设备维护的基本要求包括哪些？

5.设备点检制的基本要求有哪些？

6.设备鉴定的主要标准有哪些？

第 **5** 章
设备资产管理

教学目标

1.熟悉设备资产的分类管理；

2.掌握设备资产编号的基本方法；

3.熟悉设备资产的几种变化形式；

4.掌握设备资产评估的一般方法与原则。

教学重点

1.设备资产的编号规则及注意事项；

2.设备 ABC 分类管理法的分类原则和方法；

3.设备卡片、设备台账和设备档案的管理要求。

随着经济发展、产业升级,各种高新技术广泛应用于生产,使企业之间的竞争变得前所未有的激烈。设备资产既是企业赖以存续和发展重要物质条件,也是衡量企业竞争力的重要尺度。因此,对设备资产进行科学管理有利于企业生产资料和技术配置的合理化,有利于企业经济效益的提高,也有利于促进国民经济整体向前发展。而要对企业设备资产进行科学的管理,使企业资产投资取得最大收益,已成为现代企业管理的重点。加强企业的设备管理,对保证企业资产安全完整,提高企业的生产能力,推动技术进步,提高企业经济效益,实现良好的社会效益都具有重要意义。设备资产管理的主要内容包括生产设备的分类与资产编号、设备资产基础资料的管理、设备资产的实物管理、设备资产的价值管理、设备资产的评估管理等。

5.1 固定资产概述

固定资产是指企业为生产产品、提供劳务、出租或者经营管理而持有、使用的时间超过 12个月的,价值达到一定标准的非货币性资产。工业企业中的生产设备几乎都属于固定资产的范畴,因此,在进行设备资产管理的过程中,有必要了解、掌握固定资产的一般特征并遵循固定资产管理的普遍规律和准则。

5.1.1　固定资产的特征

固定资产的价值在企业全部资产中占有相当大的比重,是决定企业素质和效益的基本要素。现代企业在投资时,往往将固定资产投资作为第一选择。这不仅是因为固定资产是现代企业生产经营过程中的重要生产资料和物质基础,更是企业技术装备水平的集中体现。因此,固定资产管理在整个资产管理中占有十分重要的地位。固定资产的所谓“固定”,并不是指资产空间位置固定不变,而是指这种资产能在比较长的一段时间内反复多次地参与到生产过程当中,且仍能保持自身的实物形态。例如:位置不变的厂房、建筑物、铁路、高炉、道路等是固定资产,不但变更位置又不断处于生产过程中的车辆、船舶也是固定资产。没有生命的劳动资料是固定资产,农业生产中的役畜、种畜、奶牛等动物同样也是固定资产。

马克思曾对固定资产的概念进行阐述。他认为劳动资料成为固定资产的条件有两个:一是它在生产流通过程中起作用,即只有当劳动手段投入生产时能成为固定资产;二是它与产品分开,并在生产产品的过程中相对保持原有的实物形态。尽管马克思给出的固定资产的定义是从资本主义生产过程中抽象出来的,但经过长期实践论证,也同样适用于社会主义生产。

2006 年 2 月我国财政部颁布的《企业财务通则》中规定,固定资产必须同时具备以下 3 个特征:

(1)为生产商品、提供劳务、出租或经营管理而持有

这里要求企业持有固定资产的目的是为了生产商品、提供劳务、出租或经营管理。也就是说,固定资产于企业而言,是企业开展生产经营活动的工具或手段,固定资产服务于企业经营管理过程,但不直接以自身价值换取企业效益,区别于用于出售以营利的产品。其中,出租的固定资产是指企业以经营租赁方式出租的机器设备类固定资产,区别于以经营租赁方式出租的建筑物,后者属于企业的投资性房地产,不属于固定资产。

(2)使用寿命超过一个会计年度

固定资产的使用寿命是指企业预计能够使用固定资产的时间,或者该固定资产所能生产产品或提供劳务的数量。通常情况下,固定资产的使用寿命是使用固定资产的预计期间,比如自用房屋建筑物的使用寿命表现为企业对该建筑物的预计使用年限。对于某些机器设备或运输设备等固定资产,其使用寿命表现为以该固定资产所能生产产品或提供劳务的数量,例如,汽车或飞机等按其预计行驶或飞行里程估计其使用寿命。

若某一固定资产使用寿命超过了一个会计年度,意味着固定资产属于非流动资产,随着使用和磨损,通过计提折旧方式逐渐减少账面价值。对固定资产计提折旧是对固定资产进行后续计量的重要内容。

(3)固定资产是有形资产

固定资产具有一定的实物形态,区别于无形资产。有些无形资产可能同时符合固定资产的其他特征,如无形资产为生产商品、提供劳务而持有,使用寿命超过一个会计年度,但是没

有实物形态,就不属于固定资产。新标准取消了《企业会计制度》固定资产单位价值在 2 000 元以上的限制性规定,充分体现了实质重于形式的基本原则。实务中企业应根据不同固定资产的性质和消耗方式,结合本企业的经营管理特点,合理确定价值判断标准。

5.1.2　固定资产的认定条件

按照 2006 年 2 月我国财政部颁布的《企业财务通则》的规定,企业资产必须同时具备以下两个条件才可予以认定。

（1）与该固定资产有关的经济利益很可能流入企业

按照预期能够为企业带来实在的经济利益是固定资产的首要特征。企业在认定某一资产是否为固定资产时,最重要的就是要预估与该项资产相联系的经济利益最终流转到本企业的可能性的高低。在同时满足其他固定资产认定标准的前提下,如果某一资产与之相关的经济利益流转到本企业的可能性很高,则可以将其认定为企业的固定资产;如果某一资产与之相关的经济利益流转到本企业的可能性不高,则不能将其认定为企业的固定资产。由于某一资产可能产生的收益无法直接计算,因此,在企业设备资产管理实际操作过程中,预估与资产相关的经济利益流转到企业的可能性主要采用预估与该资产所有权相关的风险和报酬的方式。与资产所有权相关的风险是指由于经营情况变化造成的相关利益的变动,以及由于资产闲置、技术陈旧等原因造成的损失;与所有权相关的报酬是指在固定资产使用寿命内,使用该资产而获得的收入,以及处置该资产所实现的利得等。通常,所有权的取得是判断与资产所有权相关的风险和报酬转移到企业的一个重要标志。但是,所有权转移不是判断与固定资产相关的风险和报酬转移到企业的唯一标志,在某些情况下,企业能够控制与该项固定资产有关的经济利益流入企业。这就意味着,虽然企业尚未取得资产所有权,但与资产所有权相关的风险和报酬实质上已经转移到了企业,在这种情况下,企业应当将该项资产认定为固定资产。例如融资租赁关系中承租方租入的设备,承租企业虽然不拥有该设备的所有权,但与该设备相关的风险已经转移到了承租企业,该设备投入生产后所产生的收益也由承租企业拥有,因此,若同时符合其他两个条件,则应当将该设备认定为固定资产。

企业在进行固定资产认定时,需要根据实际情况进行必要的职业判断分析。企业配备的某些设备虽然不能直接用于为企业创造新的经济利益,但有的却能够帮助企业从相关的资产中获得经济利益,有的能够减少企业将来经济利益的流出。对于这类设备,企业也应将其认定为固定资产。例如企业购置的环保设备、安全设备等。而对于工业企业所持有的工具、用具、备品备件、维修设备等资产,施工企业所持有的模板、挡板、架料等周围材料,以及地质勘探企业所持有的管材等资产,企业应当根据实际情况,分别管理和核算。尽管该类资产具有固定资产的某些特征,比如使用期限超过一年,也能够带来经济利益,但由于数量多,单价低,考虑到成本效益原则,在实务中通常被认定为存货。

更特殊的情况是某一资产本身符合固定资产的认定条件,但其各组成部分使用方式不同,使用寿命不同,创造价值的多少也不同,使用不同的折旧标准,那么企业就可以认定该组成部分实际上是以独立的方式为企业提供经济利益,应当分别将各组成部分认定为单项固定资产。

（2）该固定资产的成本能够可靠地计量

在固定资产管理研究中,成本能够可靠地计量是资产认定的一项基本条件。企业在确定固定资产成本时必须取得如实确认,并做到有据可查。但是由于某些证据不可取得或者已经灭失,有时需要根据所获得的最新资料对固定资产的成本进行合理估计。比如,企业对于已达预定可使用状态但尚未办理竣工决算的固定资产,需要工程预算、工程造价或者工程实际发生的成本等资料,按估计价值确定其成本,办理竣工决算后,再按照实际成本调整原来的暂估价值。

5.2　固定资产的新增及异动管理

5.2.1　新增资产的入账管理

通过企业投资或各固定资产使用单位自筹资金形成的固定资产,都必须按会计规定,及时办理固定资产实物交付手续。对暂估进账的固定资产,也应当及时办理固定资产转固手续。办理固定资产实物新增建账手续必须符合下列条件:

①已具备投资项目,固定资产功能既定、明确,技术状况完全达到相关规范、规程和标准的要求。

②产权清楚无纠纷,符合交付条件,符合企业相关规定。

③具有由固定资产使用单位填报,企业投资主管部门或固定资产使用单位投资管理部门审核签章的《固定资产完工交接单》(见表 5.1)或《零星固定资产购置单》(见表 5.2)。

表 5.1　固定资产完工交接单

年　　　月　　　日

资金类别	工程项目编号	工程名称	工程结构型号	单位	重量	面积	工程完成合计			
							合计	其中:		
								其他	设备费	建安费
交付单位: (公章) 主管: 财务:		接收单位: (公章) 设备: 财务:		设备能源部签证: 经办人:			计财部专用基金刻签证: 主管:		计财会计处签证: 主管:	项目处签证: 主管:

表 5.2 零星固定资产购置单

工程项目编号：   年 月 日

资金类别	设备名称	型号规格	单位	数量	重量	单价	合计金额/元	设备能源部签证： 主管：
								主管部处室签证： 负责人：
								计财部专用基金处： 负责人：
								计财部会计处： 负责人：
								接收单位： 设备： 财务：

④具有填写完整准确的《固定资产明细核算卡片》及相关凭证。

⑤房屋类固定资产建账应当已经取得房屋管理部门颁发的《房屋产权证》。

⑥其他规定。

对于使用专项资金投资以改进、扩建项目，提升了固定资产性能、质量的，应作为固定资产增值进行处理；通过抵偿债务方式取得的固定资产，以及有偿从外单位调入的固定资产，应凭符合规定的相关凭证，按新增固定资产办理建账手续；接受捐赠的固定资产凭符合规定的相关凭证，按新增固定资产办理建账手续；已经建账登记的固定资产，原则上不得对已经登记的原值进行更改，因特殊原因确需变动的，需由该项固定资产使用单位填报《固定资产调账通知单》（见表 5.3），经企业实物资产管理部门和财务部门的资产管理处进行审核批准，按规定办理调账手续后方可更改。

表 5.3 固定资产调账通知单

调账单位：（公章）   年 月 日

调账前情况					调账后情况				
设备名称	型号规格	计量单位	数量	原值	设备名称	型号规格	计量单位	数量	原值
调账原因：					设备能源部：（公章） 经办人：	计财部：（公章） 经办人：			调账单位 负责人： 设备： 财务：

5.2.2　资产的调拨与内部转移

全资子公司和母公司之间、全资子公司和控股子公司之间、控股子公司和母公司之间以及各控股子公司之间的固定资产转移,应填写《固定资产调剂调拨单》(见表 5.4),并交企业实物资产管理部门审核批准后方可调拨。《固定资产调剂调拨单》由调出方填写,双方签章后生效。全资子公司、控股子公司之间认定的结算价值不得低于所调拨固定资产的净值。全资子公司、控股子公司与企业直属单位之间调拨固定资产,应按固定资产净值结算。低于固定资产净值转移的,需报企业领导批准后进行。企业内部全资子公司之间、全资子公司与企业直属单位之间的资产转移如需采取无偿划拨形式,可以按净值划转,这种调拨需经企业领导批准。企业直属单位之间固定资产转移,应填写《固定资产内部转移单》(见表 5.5),并报企业实物资产管理部门审核批准。《固定资产内部转移单》应由调出方填写,双方签章后生效。全资子公司,控股子公司所属二级单位之间固定资产转移应填写《固定资产内部转移单》,经相关全资子公司、控股子公司固定产实物管理部门审核同意后转移,同时报企业实物资产管理部门备案。双方签章后,经相关全资子企业、控股子企业固定产实物管理部门审核同意,报企业实物资产管理部门备案。《固定资产内部转移单》应由调出方填写,双方签章后生效。

表 5.4　固定资产调剂调拨单

固定资产卡号	固定资产明细类别	固定资产名称	型号规格或构造	单位	数量	重量	固定资产价值			设备生产厂	现作用年限
							应用年限	原始价值	已提折旧		
			有偿调剂收取变价收入: 产权单位财务收后盖章收讫章 　　年　月　日			调出单位: (公章) 主管领导: 设备主管签字: 财务主管签字:				调入单位: (公章) 主管负责人签字:	
	设备技术状况记录		集团公司收取管理费: 集团公司计财部财务收款后盖收讫章 　　年　月　日			子公司主管部门意见: (盖章)				集团公司固定资产实物管理处: (公章) 主管: 部长:	
						集团公司计财部资产管理处意见: (公章)					

表 5.5　固定资产内部转移单

固定资产编码	固定资产明细类别	名称	型号规格	单位	数量	重量	固定资产价值			
							原始价值	耐用年限	已用年限	已提折旧基金
附属设备	名称		规格		单位	数量	主管处室审查意见:	主管: 经办:	设备能源部审批意见	(公章) 主管: 经办:
调出单位	主管部门负责人: 设备: (公章) 财务:			调入单位	主管部门负责人: 设备: (公章) 财务:				财务部门签字: (公章) 主管: 经办:	

5.2.3　闲置、租赁、报废设备资产管理

1) 闲置固定资产管理

闲置固定资产是指停止使用时间连续达一年以上、新建或新购后又不需要或未使用时长达两年以上,但仍然有使用价值的固定资产称为闲置固定资产。

固定资产闲置后,这些闲置固定资产的使用单位应当按照规定及时办理申报审批手续,进行闲置固定资产申报。申报闲置固定资产应由固定资产使用单位填写《计提固定资产减值准备申请表》和《固定资产调拨调剂单》,报企业资产实物管理部门进行审核批准。对于特定的设备,如精密、重型、大型、稀有设备,或原值达到规定价值以上的主要生产设备,需要申请办理闲置固定资产手续的,须报企业分管固定资产的副总经理批准。

做好闲置固定资产的审核管理工作,有利于企业的生产开展和技术更新。已经处于闲置状态的固定资产,在进行处置之前由原使用单位妥善封存和保管,保持闲置固定资产的既定功能和设施完整。未经企业实物资产管理部门批准同意,不得对闲置固定资产进行拆卸、变卖或重新开启。

2) 租赁设备资产管理

闲置的设备无法直接产生经济效益,企业可以将其进行对外出租来获利。租赁设备应由设备管理部门与使用部门协商,提出租赁方案,经分管设备资产的副总经理批准后,交由企业财会部门办理租赁手续。出租设备应做到以下几点:

①租赁双方应签订设备租赁合同,对租赁期限、租金、使用范围、维保责任、技术标准等事项进行明确约定。

②出租设备前和收回设备后,应检查设备技术状况并做好记录,必要时可以委托第三方

技术鉴定单位进行检查。

③设备资产外租期间按照有关规定计提折旧。

④采用融资租赁方式的,应按照国家法律法规办理相关手续。

3) 设备资产报废管理

申请报废的固定资产必须具备与账卡相符的固定资产实物。企业财务部门和设备管理部门应当在设备报废后及时对账卡进行更换。符合下列条件之一的固定资产可以申请报废处理:

①达到使用年限,磨损程度在 80%以上,无继续使用的固定资产。

②达到使用年限,并经确认一次修复费用超过固定资产原值 70%以上的固定资产。

③因生产工艺改进或技术改造必须拆除,并经投资主管部门确认无利用价值的固定资产。

④因受不可抗力或意外事故而严重损毁,且无法修复利用的固定资产。

⑤按照国家法律法规和相关政策规定应当淘汰的固定资产。

申请办理报废的固定资产必须完整。固定资产未达到使用年限上限的,原则上不得报废。满足上述条件,但未进行计提折旧(计提减值准备固定资产除外)的固定资产,必须补提足折旧后方可申请报废。固定资产报废必须严格履行申报审批和财务下账程序,有关程序如下:

①固定资产使用单位须完整、准确填写《固定资产报废申请单》(见表 5.6),并报企业实物资产管理部门。

②企业实物资产管理部门组织对申请报废固定资产实物进行专业鉴定,同时对账卡资料进行核实,依据相关规定签署审核意见。

③固定资产报废实行等级审批制度。

④批准报废的固定资产应按规定及时处置。

⑤财务部门根据经企业批准的《固定资产报废申请单》或《固定资产调剂调拨单》办理固定资产财务下账手续。

在未经企业批准之前,固定资产使用单位对待报废固定资产的安全负责,任何个人和单位禁止使用报废固定资产。

表 5.6　固定资产报废申请单

年　月　日　　　　　　　　　　　　　　　　　　　　　　　　　　　　卡片编号:

申请单位:		设备(车辆)制造厂:			
资产名称:		附属设备(牌照号、发动机号、底盘号):			
规格型号或房屋结构:		型　号	规　格	数　量	报废意向
装置地点:					
磨损程度:					

续表

规定(折旧): 使用年限: 年						
已使用年限: 年 启用时间:						
数量	重量	单台(套)原值	合计	以提折旧	净值	尚未提足基本折旧
固定资产报废原因和报废去向: 经办人: 设备部门: 财务部门: 主管领导: 二级主管部门: 电话: (公章) (公章) (单位公章)						
归口管理部门审核意见: 经办人: 负责人: 年 月 日						
公司领导批示:			备注:		(归口部门盖专用章)	

4)闲置、报废资产处置管理

应当注意的是,经企业批准闲置、报废的固定资产仍属于企业固定资产的范畴,不得因其已闲置、报废就随意挪用、变卖,应按规定及时处置。闲置、报废的固定资产由企业负责统一处置,严格执行国家法律法规及相关政策中对闲置、报废固定资产处置事项的有关规定,闲置、报废固定资产的原使用单位应积极协助配合。闲置、报废固定资产处置应严格遵守国家的相关规定:

①对于某些对报废处置地点有特殊要求的固定资产设备,必须按照规定送至有资质的资源回收企业进行处理回收,并办理交接手续。

②对于某些含有有毒有害物质的固定资产不得随意自行处置,必须依法送环保部门集中处理,防止重金属和其他有毒有害物质污染环境。

③闲置的压力容器、各类锅炉及起重设备类固定资产,在处置之前必须取得专业检测部门出具的可对外处置的证明材料方可进行处置。

④其他规定:企业应当及时组织闲置、报废固定资产处置,以提高资产活力。鼓励各固定资产使用单位调剂使用闲置固定资产,在同等条件下以调剂代替新购,积极盘活存量资产,避免资源浪费。闲置、报废固定资产处置坚持优先自用、先内后外的原则,坚持资源信息公示,对外处理公开、公平、公正和诚实信用的原则,坚持实现变价收入最大化的原则。

闲置、报废固定资产的对外处置工作由企业资产实物管理部门负责组织。整个处置流程需要经过招标、议标工作和拍卖交付等阶段。根据闲置、报废设备的自身特性和市场需求,企业资产实物管理部门可以对其制订不同的处置方案。对通用性较强,市场需求较大的闲置、报废固定资产的处置,可以实行招标购买或委托评估拍卖。而对价值较高,且专业性较强,市场需求有限的闲置、报废固定资产,可以实行议标处置,协议价格需报经企业主管固定资产的副总经理批准。闲置、报废固定资产对外处置的变价收入通过招标、议标和拍卖确定,但须符合下列规定：

①闲置、报废固定资产对外处置的变价收入必须高于固定资产的净值或残值。

②闲置、报废固定资产对外处置的变价收入，黑色金属应高于同期市场废钢铁平均价格。

③闲置、报废固定资产对外处置的变价收入应当高于固定资产使用单位提出的预期收入。

④经企业主管固定资产的副总经理批准，议标处置的闲置、报废固定资产应由固定资产实物管理部门向企业计划财务部门提出书面申请，委托具备资质的第三方资产评估单位对拟处置固定资产进行专业评估，确定评估价格，作为固定资产实物管理部门确定期望变价收入的主要依据。议标处置的闲置、报废固定资产，其变价收入需报企业主管固定资产的副总经理批准。

固定资产报废的主要目的就是便于对企业资源进行重新配置，将变价收入重新投入到生产经营中，因此，报废固定资产必须回收残值，禁止采取以工顶料等方式处置报废固定资产。

对于固定资产拆废工程的价款应当收、支分开，双线管理，不得在账外直接抵顶固定资产残值。

5）设备资产租赁管理

为提高企业资源利用效率，各设备资产使用单位可以从企业和本单位的利益出发，在避免对正常生产经营造成负面影响的前提下将固定对外资产租赁，取得收益。对外租赁固定资产，应经企业资产实物管理部门和计划财务部门审核同意，并由企业主管固定资产的副总经理批准。对外租赁固定资产可提高资源的利用效益。外租固定资产应作为在用固定资产进行管理。

对外租赁设备固定资产，出租人和承租人应共同协商拟订《固定资产租赁协议书》，签订《固定资产租赁合同》，就双方在标的物及有关设备技术规程、使用规范、租赁费用、维保标准等事项中的权利和义务进行明确约定，报出租人计划财务部门和资产实物管理部门审核同意，双方签章后生效。有条件的企业，应在文件签署前委托专业的律师事务所和会计师事务所审查。

设备固定资产租赁合同期限届满或出现合同约定的解除条件时，承租人应及时通知出租人，共同或由合同约定的有资质的第三方机构对租赁设备固定资产的技术状况和价值状况进行检查核实，并出具《租赁固定资产收回验收报告》。由于非正常使用造成磨损和损坏的，承租人应当按照《固定资产租赁协议书》《固定资产租赁合同》的约定赔偿损失。

严禁任何单位和个人在未经审核批准的情况下，擅自将所使用的设备固定资产进行有偿或无偿的对外租借；禁止任何企业以外的任何单位和个人无偿占有或使用企业的固定资产。

5.2.4 固定资产实物状况管理

固定资产实物技术状况是指固定资产实物在完成规定生产动作的过程中所表现出的安全性、适用性、耐久性等方面的基本状况。

固定资产使用单位应结合专业管理工作，严格执行相关规范、规程和标准，正确使用固定资产,加强维护和检修,保持固定资产既定功能和实物形态。

为掌握和评估本单位固定资产实物状况,固定资产使用单位应定期组织固定资产实物清理工作。固定资产使用单位应依据固定资产实物的使用状况对在用、未使用和不需用(闲置)、租出、待报废等固定资产分门别类地进行管理。在清点工作中,要结合生产实际,准确地对本单位设备的数量、新度、技术状态等进行评估,为企业资产管理工作提供可靠的第一手资料。通过固定资产实物状况清查,可以及时发现固定资产需要调剂、租赁、闲置、报废等情况,固定资产使用单位应将这些情况及时向企业计划财务部门和资产管理部门提出申报,或提出计提固定资产减值准备申请。

5.3 设备资产的分类管理

5.3.1 固定资产分类

为了设备固定资产的管理,根据财会部门的规定,对固定资产按不同的标准作如下分类:

(1)按经济用途分类

按经济用途分有生产经营用固定资产和非生产经营用固定资产。生产经营用固定资产是指直接参加或服务于生产方面的在用固定资产;非生产经营用固定资产是指不直接参加或服务于生产过程,而在企业非生产领域内使用的固定资产。

(2)按所有权分类

按所有权分有自有固定资产和租入固定资产。在自有固定资产中有自用固定资产和租出固定资产两类。

(3)按使用情况分类

按使用情况分有使用中的、未使用的、不需用的、封存的和租出的固定资产。

(4)按所属关系分类

按所属关系分有国家固定资产、企业固定资产、租入固定资产和工厂所属集体所有制单位的固定资产。

(5)按性能分类

按性能分有房屋、建筑物、动力设备、传导设备、工作机器及设备、工具、仪器、生产用具、运输设备、管理用具和其他固定资产。

我国对固定资产的分类与代码作了规范性要求,并由多部委联合颁布了《设备统一编号及分类目录》(以下简称《目录》)。《目录》中针对机械设备和动力设备总共规定了 10 个大类,将机械设备和动力设备分为若干大类别,每一大类别又分为若干分类别,每一分类别又分为若干组别,并制订了这些设备的编码规则,分别用数字代号表示。该国家标准部分摘录见表 5.7。

表 5.7 设备类别划分及编码表

分项	大类别＼分类别	0	1	2	3	4	5	6	7	8	9
机械设备	0 金属切削机床	数控金属切削机床	车床	钻床及镗床	研磨机床	联合及组合机床	齿轮及螺纹加工机床	铣床	刨、插、拉床	切断机床	其他金属切削机床
	1 锻压设备	数控锻压设备	锻锤	压力机	铸造机	锻压机	冷作机	剪切机	整形机	弹簧加工机	其他冷作设备
	2 起重运输设备		起重机	卷扬机	传送机械	运输车辆			船舶		其他起重运输设备
	3 木工铸造设备		木工机械	铸造设备							
	4 专用生产设备		螺钉专用设备	汽车专用设备	轴承专用设备	电线、电缆专用设备	电瓷专用设备	电池专用设备			其他专用设备
	5 其他机械设备		油漆机械	油处理机械	管用机械	破碎机械	土建机械	材料试验机	精密度量设备		其他专业机械
动力设备	6 动力发生设备			氧气站设备	煤气及保护气体发生设备	乙炔压缩设备	二氧化碳设备	工业泵	锅炉房设备	操作机械	气动能发生设备
	7 电气设备		变压器	高、低配电设备	变频、高频变流设备	电气检查设备	焊切设备	电气线路	弱电设备	蒸汽及内燃机设备	其他电气设备
	8 工业窑炉		熔铸炉	加热炉	热处理炉(窑)	干燥炉	溶剂竖炉				其他工业窑炉
	9 其他动力设备		通风采暖设备	恒温设备	管道	电镀设备及工艺用槽	除尘设备		除漆设备	容器	其他动力设备

5.3.2 设备资产编号

设备资编号是设备资产管理的一项重要的基础性工作。工业生产企业所使用的设备种类繁多,通过对这些设备进行编号,可以直接从编号了解设备的属性,便于对设备数量进行分类统计,掌握设备构成情况,为企业资产管理、生产计划管理和设备维修管理提供有力的信息支撑。所有新购或新建的设备,在进场后都需要进行编号。设备经验收合格后移交至企业转为固定资产,企业设备管理部门就可以进行统一编号,与此同时,企业财会部门和设备管理维修部门也将其纳入正常管理。

虽然设备资产编号在不同的行业中有所区别,但企业在对内进行设备资产编号时,可以结合企业实际,对统一的分类编号方法进行调整,达到直观、简洁、便于统一管理的目的即可。

目前,设备资产编号通常采用三段式编号法,各段的代号可以用拼音字母、阿拉伯数字或字母与数字组合,每段代号用短横线连接,如图 5.1 所示。也有采用两段式编号法的,两段式编号法是将三段式的中间设备名称序号省略而得,如图 5.2 所示。

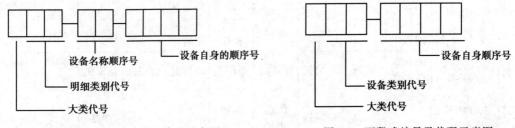

图 5.1 三段式编号及代码示意图　　　　图 5.2 两段式编号及代码示意图

在上述设备编号方法中,第一段三位数编码,分别用三个数字依次表示该设备资产的大类别代号和明细类别代号(包含分类代号和组别代号);第二段用两位数编码,表示该设备的名称顺序;第三段用四位数或三位数编码(有时可以达到更多),表示同类别、同型号设备自身的生产序号。例如:某电气设备企业生产的一台高压配电柜,其编号牌如图 5.3 所示。第一段

图 5.3 某高压配电柜的编号牌

的 702 表示配电柜是电气设备,属固定资产第七大类,故本段第一位表示大类的数码为 7;高压配电柜属于高、低压配电设备的一种,在第二大类代号中属第二明细分类,故本段后两位表示明细分类的数码为 02。配电柜的名称序号为 32,故第二段的两位数字为 32。该厂共有配电柜 70 台,按顺序编号应为 0001 至 0070,第三段数字中的 0018 表示挂此牌号的配电柜应是第 18 台。

另外,在执行统一编号工作时,有以下几点注意事项:

①编号和设备是一一对应的关系。在同一企业中,一个设备编号只能对应一台设备,不能出现一台以上设备同时使用一个编号的情况。

②设备统一编号应由企业设备管理部门在设备通过验收转入固定资产时统一编排,编号一经确定,不得任意改变。

③报废或调出本系统的设备,其编号应立即作废,不得继续使用。

④编号位置标志。大型设备指定在主机机体上的明显位置喷涂单位名称及统一编号;小型和固定安装设备可用统一式样的金属标牌固定于机体上。

5.3.3　设备归口分类管理

实行设备资产的归口分级管理,一方面是要将设备资产进行分类,并按照不同类别由相应职能部门负责归口管理;另一方面是要在企业负责人的领导下层层对口,以设备资产的使用地点划分,由各级使用部门负责具体管理,并进一步落实到班组和个人,同岗位责任制结合起来,形成一个自上而下纵横交错的管理体系。

5.3.4　设备 ABC 分类管理法

ABC 分类管理法也称主次因素分析法或重点物资管理法,是现代设备科学管理的重要方

法之一,也是项目管理中的一种常用方法。由于工业企业中存在大量的设备资产,这些设备在生产中所起的作用以及重要性不同,在设备管理工作中给予它们同等对待显然不利于资源的合理配置。ABC 分类管理法可以根据设备在技术或经济方面的主要特征进行分类和排列,分清重点和一般设备,从而有的放矢地进行管理。一般认为,在企业生产中占重要地位或起重要作用的设备应列为企业的重点设备,并对其实行重点管理,以确保企业生产目标的顺利实现。

1)设备的 ABC 分类

(1)分类原则

运用 ABC 分类法,可根据设备发生故障后和修理停机时对生产、产品质量、成本、安全、维修等方面的影响程度和造成损失的大小等综合因素,将企业设备划分为三类。其中 A 类为重点设备,B 类为主要设备,C 类为一般设备。A 类设备的选定依据包括以下方面:

①质量方面:该设备为生产质量关键工序上的设备,其他设备无法替代,若发生故障,将对产品质量造成影响。

②生产方面:该设备是关键工序中必不可少且无法替换的设备,利用率高但频繁出现故障,影响生产效率。

③成本方面:该设备的价值较大,性能、效率、能耗较高,若停机维修,将对企业产量、产值产生严重影响。

④安全方面:主要考量运行风险大小。

⑤维修方面:结构复杂、精密、易损且不易恢复,停机维修耗时较长,配件供应困难。

⑥重型、大型、精密、稀缺设备一般应列为 A 级设备。

(2)A 类设备选定的方法

A 类设备的选定方法通常有经验判定法和分项评分法两种。经验判定法是指由设备管理部门通过对生产实际和历史维保情况进行综合考虑,对一些关键性的、影响生产能力大的设备进行初选,经相关部门讨论,选定 A 类设备报领导审定,在实施中再进行修改或补充。该方法简便易行,但在选择的准确性上有所欠缺。分项评分法是一种通过一系列具体划分依据确定设备重要程度的量化考核办法。重点设备划分依据中的 5 个方面分解为 8 项,按 3 种情况定出每项的评分标准及分值,再对每台设备进行实情评分,根据分值高低划分为 A、B、C 三类。设备分项评分标准见表 5.8。其中 A 类设备的数量不宜超过设备总量的 10%。企业可根据本单位具体情况拟订设备评分标准。

表 5.8　设备分项评分标准

序　号	项　目	评分标准	得　分
1	运转情况	每月超过 200 台次	5
		每月超过 100 台次	3
		每月不足 100 台次	1

续表

序 号	项 目	评分标准	得 分
2	可替代性	无替代	5
		有替代,但代价大,效率低	3
		有替代,对生产无影响	1
3	故障时对其他设备的影响程度	影响范围较大	5
		局部受影响	3
		无影响	1
4	对产品质量的影响	有决定性影响	5
		有一定影响	3
		无影响	1
5	修理难度	停休期>30 日	5
		10 日<停休期≤30 日	3
		停休期≤10 日	1
6	配件供应情况	不易购买且无法自制	5
		购买或制造周期长	3
		可随时购买或制造	1
7	故障影响面	容易造成设备或人身安全事故	5
		影响生产环境	3
		无影响	1
8	购置价格	原值>20 万元	5
		5 万元<原值≤20 万元	3
		原值≤5 万元	1

2) A、B、C 类设备的管理要求

A、B、C 三类设备的日常管理标准见表 5.9。通常情况下,应把主要工作放在 A 类设备和 B 类设备的管理上。对围绕 A 类设备进行的日常维护和故障排除、维修、配件准备、更新改造、承包与核算应优先安排进行。具体要求如下:

①建立内容齐备的重点设备台账和技术档案,并由专人管理。

②重点设备上应有明显标志,可在编号前加字母"A"。

③严格选拔重点设备操作维护人员,确保重点设备能够被正确操作和妥善维护。

④安排专职维修人员,落实定期点检和保养。

⑤对重点设备优先采用监测诊断技术,组织好重点设备的故障分析和管理。

⑥重点设备的配件应优先储备。

⑦对重点设备的各项考核指标与奖惩金额应适当提高。

⑧对重点设备尽可能实行集中管理,采取租赁和单机核算,力求提高经济效益。

⑨要优先安排,认真落实重点设备的修理、改造、更新等计划。

⑩加强对重点设备的操作和维修人员的技术培训。

表 5.9　设备日常管理标准一览表

设备类别 项　目	A	B	C
日常点检	√	×	×
定期点检	按高标准	按一般标准	×
日常保养	检查合格率为 100%	检查合格率为 95%	检查合格率为 90%
一级保养	检查合格率为 95%	检查合格率为 90%	检查合格率为 80%
凭证操作	严格定人、定机检查, 合格率为 100%	严格定人、定机检查, 合格率为 90%	×
操作规程	专用	通用	通用
故障率	≤1%	≤1.5%	≤2.5%
故障分析	分析维修规律	一般分析	×
账卡物相符	100%	100%	100%

5.4　设备资产价值管理

5.4.1　设备资产的计价

在设备资产核算过程中,对设备资产的实物数量、货币计量单位都应当进行计算和反映。设备资产的价值又称为设备资产的计价,通常以货币为计算单位来计算。设备资产综合核算是设备资产折旧折价的重要依据,对企业把握自身财产状况具有非常重要的指导意义。要做好设备资产综合核算,即应当按照设备资产的计价原则,对设备资产进行正确的货币计价。在设备资产核算中常计算以下几种价值。

1)设备资产原始价值

设备资产原始价值又称资产原值,是指企业对某项设备资产进行建造、购置、安装、改建、扩建、技术改造时所支出的全部货币总额。设备资产原始价值一般包括购入价、包装费、运杂费和安装费等。由于企业设备资产的产生渠道不同,其原始价值的确定方法也不尽相同。从取得设备资产的方式来看,有调入、购入、接受捐赠、融资租入等多种方式。下面分这几种情况进行说明。

(1)购入

购入是企业取得设备资产的一种基本方式。按照历史成本原则,购入的设备资产按实际成本入账,即按照实际所支付的购入价入账。因购入设备资产所产生的运费、装卸费、安装费、保险费、包装费等计入设备资产的原值。

(2)借款购建

借款购建设备资产项目的情况,在计价问题上应注意利息的计算。企业为购建设备资产而产生的借款利息支出和有关费用,以及外币借款的折算差额,在设备资产尚未办理竣工决算之前发生的,应当计入设备资产价值,在这之后发生的,应当计入当期损益。

(3)接受捐赠

接受赠款的设备资产计价应采用重置价值标准,按照所取得的设备资产同样或同类资产的市场价格和新旧程度估价入账。捐赠者能够提供相关凭据用以确认设备资产价值的,也可以根据捐赠者提供的相关凭据确定设备资产的价格。因接受设备资产捐赠而发生的其他有关费用,应当计入设备资产价值。

(4)融资租入

对于融资租入的设备资产,需考虑在一般情况下,融资租入期限较长,当期限届满时,设备的产权将转移到承租方,且租赁费中包括了设备的价款、手续费、价款利息等。因此,融资租入的设备资产应按租赁协议确定的设备价款、运输费、途中保险费、安装调试费等支出计账。

2)重置完全价值

重置完全价值是指以当前的价格水平和生产水平为条件,企业重新购建某项设备资产所需支出的全部费用。重置完全价值的作用在于对馈赠或盘点时无法确定原值的设备资产可以采用其重置完全价值进行计价。

3)净值

净值又称折余价值,是设备资产原值减去其累计折旧额所得的差额。资产净值能够比较好地体现出持续使用中设备资产尚未折旧部分的价值。通过净值与原值的对比,可以一般地了解设备资产的平均新旧程度。通常来讲,资产净值同资产投产时长成反比例关系。

4)增值

增值是指某项设备资产因进行改建、扩建或技术改造而增加的价值。增值额应计为由于改建、扩建或技术改造而支付的费用减去改建、扩建或技术改造过程中发生的变价收入。重大修缮工程不增加设备资产的价值,但如果在重大修缮的同时还进行了扩建或技术改造,那么进行扩建或技术改造的投入部分则应当计入设备资产的增值部分。

5)残值与净残值

设备资产报废后,从该设备资产中拆除出来的残体、零部件、可回收材料尚存有一定的价值。残值是指设备资产报废时所残余价值。净残值是指残值减去清理费用后的剩余部分价值。

5.4.2　设备折旧

在设备资产的使用过程中,同时存在着两种形式的运动:一是物质运动,设备资产在物质运动中同时经历着连续的磨损、修理改造和实物更新的过程;二是价值运动,设备资产依次经过价值损耗、价值转移和价值补偿的运动过程。设备资产在使用中因磨损而造成的价值损耗,随着生产过程的进行逐渐转移到工业产品的成本中去,形成价值的转移。转移的价值又通过产品的销售,从销售收入中得到价值补偿。因此,设备资产两种形式的运动是相互依存的。

设备资产的折旧是指设备资产在使用过程中所发生的价值损耗。因损耗而逐渐转移到产品成本或商品流通费中的那部分价值称为设备资产的折旧值。设备资产折旧的意义在于按照合理而系统的方式将企业为取得设备资产而付出的成本在设备资产的使用年限内进行摊配。应当意识到,设备资产的损耗分为有形损耗和无形损耗两种。有形损耗是设备资产因实际运行使用和受外力的影响而发生的在使用价值和价值上的损耗,其发生往往伴随着设备资产实体形态的损耗。例如因长期使用发生的设备老化、因人工操作不当发生的设备损坏。无形损耗则是指由于技术更新换代,更高效能的生产工具被广泛应用,从而使原有生产工具的效能相对降低而引起的损失;或者由于某种新的生产工具的出现,劳动生产率提高,社会平均必要劳动量相对降低,从而使这种生产工具发生贬值。例如,激光打印机面世后,喷墨式打印机的生存空间逐步被压缩。因此,在设备资产折旧中,不仅要考虑它的有形损耗,而且还要适当考虑它的无形损耗。

1) 计算提取折旧的意义

合理地对设备资产进行计算提取折旧,不仅是企业顺利生产经营的保障,更是国民经济持续向前发展的要求。设备资产折旧的意义主要有以下 3 点:

①折旧补偿了设备资产的价值损耗,折旧资金能够为设备资产的更新换代、企业的技术升级和持续发展提供资金上的支持。

②折旧费是构成工业品成本的要素之一。因此,正确计算提取折旧,不仅能够直观反映企业的投入和产出,也是正确评价企业经营状况的客观需要。

③折旧费也是社会补偿基金的重要来源。正确计算提取折旧可为社会总产品中合理划分补偿基金和国民收入提供依据,有利于安排国民收入中积累和消费的比例关系,搞好国民经济计划和综合平衡。

2) 确定设备折旧年限的一般原则

通常来讲,设备资产的折旧年限要与其设计平均使用年限一致。合理确定设备资产折旧年限,需对有形损耗和无形损耗两方面因素作充分考虑。确定设备折旧年限的一般原则如下:

①对历年各类报废设备的平均使用年限进行统计分析,其结果可以作为同类设备确定折旧年限的参考依据。

②设备制造业的技术改进周期和产品更新周期也是确定设备折旧年限的重要参考依据之一。科学技术是第一生产力,设备制造业的技术改进周期和产品更新周期将决定老旧设备的淘汰速度和新技术、新设备的投产速度。当前,工业水平发达的国家,其产品更新速度非常快,较大修设备而言,更新设备对企业来讲更加经济。因此,这些国家设备折旧年限比较短,

一般为 8~12 年。过去很长一段时间内,我国企业设备折旧年限普遍为 25~30 年,按照现在的情况来看,这样的折旧年限已经不能适应当前企业技术改造和产业升级的需要。因此,近年来,我国的设备折旧年限已经非常接近 15~20 年。随着工业技术的快速发展,我国设备折旧年限还将急速缩短。

③精密、大型、重型、稀有设备折旧年限一般长于普通设备。这是因为此类设备价值较高,且一般利用率较低,其使用规范和维保措施也相对完善。同时,精密、大型、重型、稀有设备的新产品开发成本高,周期长,故折旧年限应大于一般普通设备。

④热加工设备的折旧年限一般短于冷加工设备的折旧年限。这是因为热加工设备,如铸造、锻造设备,一般工作条件差,容易发生故障,出现明显的劣化,且需多次维保。因此,对于这些设备,如不及时更换,反而会给企业的生产经营造成影响。

⑤专用机床的产品更新换代频率较高,相应地其折旧年限也较短,才能适应产品换型的客观需求。

⑥设备生产负荷的高低、工作环境条件的好坏,也影响着设备使用年限。实行单项折旧时,应考虑这一因素。

设备折旧年限实际上就是设备投资计划回收期。投资计划回报期过长会导致投资回收慢,影响设备正常更新和改造的进程,不利于技术进步;投资计划回收期过短则会使产品成本提高,压缩利润空间,不利于企业发展。因此,财政部根据生产发展的状况和适应技术进步的需要,对设备资产的分类折旧年限进行修订,并批准少数特定企业或特定设备的折旧年限缩短。

3) 折旧的计算方法

根据折旧的依据不同,折旧费可以按效用或按时间计算。按效用计算折旧,就是按照设备实际的工作量或生产量进行折旧计算。按照这种方式计算出的折旧额比较接近设备的实际有形损耗。按时间计算折旧,就是根据设备实际运行的时长来计算折旧额。和按效用计算相比,按时间计算的方式比较简单直接。对某些价值大而运行时间不确定的设备,可先划定单位工作时间,再按每单位工作时间(例如每小时、每天)内的折旧费进行折旧。对某些能以工作量(如生产产品的数量)直接反映其磨损的设备,可按工作量提取折旧,如汽车可按行驶里程来计算折旧。从计算提取折旧的具体方法上看,我国目前主要采用平均年限法和工作量法。工业发达国家的企业为了较快地收回投资、减少风险,以利于及时采用先进的技术装备,普遍采用加速折旧法。

(1)平均年限法

平均年限法又称直线法,具体是指在设备折旧年限内,按年或按月平均计算折旧。设备资产的折旧率和折旧额的计算公式如下:

$$年折旧率 = \frac{1 - 预计净残值率}{折旧年限} \tag{5.1}$$

预计净残值率一般为 3%~5%。

$$月折旧率 = \frac{年折旧率}{12} \tag{5.2}$$

$$月折旧额 = 固定资产原值 \times 月折旧率 \tag{5.3}$$

（2）工作量法

对某些价值很高，而使用时间又不确定的设备，宜采取工作时间（或工作台班）计算折旧。对汽车、轮船等运输设备则采取按行驶里程计算折旧，这种计算方法称为工作量法。

按工作时间计算折旧的公式：

$$工作小时（或台班）折旧额 = \frac{固定资产原值 \times (1 - 预计净残值率)}{总工作小时（或台班）} \tag{5.4}$$

按行驶里程计算折旧的公式：

$$单位里程折旧额 = \frac{固定资产原值 \times (1 - 预计净残值率)}{总行驶里程} \tag{5.5}$$

（3）加速折旧法

加速折旧法放弃了在折旧年限内对折旧总额进行平均分配的做法，而是遵循设备折旧的一般规律，采用"先多后少、逐年递减"的方法进行折旧。加速折旧法的优势在于能够快速回收投资，具体又有以下两种操作方法：

①年限总额法

$$年折旧率 = \frac{折旧年限 - 已使用年数}{折旧年限 \times (折旧年限 + 1) \div 2} \times 100\% \tag{5.6}$$

$$月折旧率 = \frac{年折旧率}{12} \tag{5.7}$$

$$月折旧额 = (固定资产原值 - 预计净残值) \times 月折旧率 \tag{5.8}$$

②双倍余额递减法

$$年折旧率 = \frac{2}{折旧年限} \times 100\% \tag{5.9}$$

此时月折旧率和月折旧额的计算公式分别同式（5.7）和式（5.8）。

4）计提折旧的方式

我国企业计提折旧有以下 3 种方式：

（1）单项折旧

单项折旧是指按照单项设备资产的预定折旧年限或工作量定额进行计提折旧。这种方式适用于按工作量法计提折旧的设备，以及当设备资产发生调拨、调动和报废时分项计算已提折旧的情况。

（2）分类折旧

分类折旧是指按照设备折旧年限的长短，对设备资产进行归类并计提折旧。这是我国目前要求实施的折旧方式。

（3）综合折旧

综合折旧是指结合企业各项设备资产分别采用的折旧率，折算出企业设备所有设备资产的综合折旧率，并以此来计提总折旧额。这种方式计算简便，在过去曾被我国大部分企业所采用。但由于这种计提折旧方式过于简单又显得粗放，不能根据设备资产的性质、结构和使用年限不同而采用不同的折旧方式和折旧率，因此目前已基本弃用。

5.5 设备资产实物管理

资产实物管理和资产价值管理是企业资产管理工作的两大核心内容。加强设备资产的实物管理,有利于完善企业设备资产管理机制,充分调动资产活力,提高企业资产抗风险能力,助推企业资产保值增值,优化资源配置,为企业正常开展生产经营活动和健康发展保驾护航。

5.5.1 设备资产实物管理的主要职责

(1)企业实物资产主管部门的职责

为规范企业设备资产的实物管理,在设备资产总价值较高的企业中,一般都设有专门的设备资产实物管理部门。这些部门的主要职责包括以下几点:

①在国家相关法律、法规、政策的框架下,开展企业内部设备资产实物管理规章制度的制订工作。

②对企业设备资产实物管理规章制度的实施情况进行监督、检查、评价。

③负责组织建立企业设备资产实物账卡,对设备资产实物的使用情况、技术状态等进行宏观监管。

④负责审核批准设备资产实物处置相关事项,如新增、异动、闲置、报废、租赁、调剂等。

(2)设备资产使用单位的主要职责

各设备资产使用单位应明确本单位设备资产实物管理的责任领导和管理部门,根据设备资产实际使用状况的需要,设置设备的资产实物管理岗位,将相应人员配备到位,并制订该岗位的工作标准。设备资产使用单位的设备资产实物管理的职责主要有以下几个方面:

①严格执行企业关于设备资产实物管理的规章制度。

②保持本单位设备资产的既定功能和实物形态,保持设备资产实物形态和价值形态的统一。

③全面掌握本单位所使用的各项设备资产实物的技术状况和使用情况。

④具体负责进行设备资产实物新增和异动管理。负责核实新增和异动设备资产实物情况,提供准确的新增和异动资料,及时办理设备资产新增及异动手续。配合财务部门对更新改造调整价值的设备资产、接受捐赠的设备资产、融资租入的设备资产、计提减值准备的设备资产等的预计尚可使用年限进行判断。

⑤定期组织设备资产实物清查工作,认真分析清查结果。结合设备资产实物清查的结果,准备计提设备资产折旧申请资料。负责设备资产调剂、租赁、闲置、报废申报及实物账、卡处理工作,提出计提设备资产减值准备申请。

⑥协同上级设备资产主管部门及时办理闲置、报废设备资产处置申报手续,做好设备资产实物处置工作。

⑦做好设备资产管理基础工作,建立健全企业设备资产实物台账、原始记录存档、资产建卡工作流程和工作方法,按时填报设备资产实物管理专业报表,积极采用现代化管理手段和

管理方法推进设备资产实物管理网格化、网络化。

5.5.2　设备资产管理的基础资料

　　设备资产管理的基础资料包括设备资产卡片、设备编号台账、设备清点登记表、设备档案等。企业的设备管理部门和财务部门都有责任根据自身管理工作的实际,建立和完善必要的设备资产管理基础资料,并做好资产的新增和异动管理。

　　1)设备资产卡片

　　设备资产卡片是设备资产的"身份证"。在设备通过验收并移交生产时,设备管理部门和财务部门均应建立单台设备的设备资产卡片,将设备的名称、型号、资产编号、固有技术经济参数及变动记录等重要信息载于设备资产卡片之上,分门别类建立设备资产管理卡片册。在设备发生调动、调拨、新增和报废时,应将相应位置的卡片进行调整、补充或抽出注销。设备资产卡片样表见表5.10。

表5.10　设备资产卡片样表

(正面)

资产分类:　　　　　　　　　　　　　　　　　　设备资产编号:

明细类别:　　　　　　资金来源:　　　　　　工程项目:　　　　　　启用年月:

资产名称:		型号规格:			装置地点:		
制造厂:		计量单位:	数量:	重量:		新旧区分:	
电气总容量:		容量:	长度:	面积:		容积:	
资产价值	原始价值			其中建安费			
				设计选型部门			
折旧年限				资产性质			
				使用车间			
购入部门:		装备水平:		国家设备资产分类与代码:			
原始价值增减记录							
日　期	摘　要	增减金额	增减后的原始价值	日　期	摘　要	增减金额	增减后的原始价值

(反面)

附属设备

名　称	规　格	价　值	数　量	名　称	规　格	价　值	数　量

其他记录:

工程项目设计者:　　　　　购置人:　　　　设备资产经营人:

2）设备台账

编制企业设备台账能够反映企业各类型设备的拥有量、设备分布及变动情况,对于企业掌握设备资产状况有较高的参考价值。企业设备台账一般有两种编制方式:一种是按设备分类编号台账,以设备统一分类及编号目录为编制依据,按资产编号顺序排列,以不同种类的代号进行分篇分页。这种编号方式有利设备资产的分类分型号统计,能够直观的指向企业的生产重心。另一种是按车间、班组顺序排列编制使用单位的设备台账。这种形式便于生产维修计划管理及年终设备资产清点。两种台账可以采用同一表格式样。以上两种台账汇总,构成企业设备总台账。对精密、大型、重型、稀有设备以及机械工业生产关键设备,应分别另行编制台账。

企业财务部门、设备管理部门和使用保管单位应在每年年末指定人员共同组成设备清点小组,对企业所有的设备资产进行盘点。盘点中应做到账物相符,清点后须填写设备清点登记表。若查出实物与台账不符的情况,应查明不符的原因,提出盈亏报告,交由财务部门处理。

3）设备档案

设备档案是指贯穿设备的开发阶段、制造阶段、流通阶段、投产阶段直至报废全过程所形成的图样、方案说明、凭证和记录等文件资料。设备档案是设备一生技术状况的集合,为分析、研究设备在使用期间的使用状况、探索磨损规律和检修规律、提高设备管理水平、对反馈制造质量和管理质量信息均提供了重要依据。属于设备档案的资料有:设备计划阶段的调研、经济技术分析、审批文件和资料,设备选型的依据,设备出厂合格证和检验单,设备装箱单,设备入库验收单、领用单和开箱验收单等,设备安装质量检验单、试车记录、安装移交验收单及有关记录,设备调动、借用、租赁等申请单和有关记录,设备历次精度检验记录、性能记录和预防性试验记录等,设备历次保养记录、维修卡、大修内容表和完工验收单,设备故障记录,设备事故报告单及事故修理完工单,设备维修费用记录,设备封存和启用单,设备普查登记表及检查记录表,设备改进、改装、改造申请单及设计任务通知书。其他设备技术资料,如设备说明书、设计图样、图册、底图、维护操作规程、典型检修工艺文件等,通常由设备资料室保管和复制供应,不纳入设备档案袋管理。

设备档案资料按每台单机整理,存放在设备档案袋内。档案编号应与设备编号一致,实行"一机一档"。设备档案袋的管理工作一般属于企业的设备动力管理维修部门职责范围,由设备管理员直接负责管理。设备档案袋保存在设备档案柜内,按编号顺序排列,定期进行登记和资料入袋工作。设备档案的管理工作应做到"五个明确",具体包括:

①明确责任。设备档案应由专门人员进行分时段、分班次管理,档案管理部门不得出现无人值守的情况。

②明确收入。对于纳入设备档案的各项资料,应明确其归档路线(包括资料来源、归档时间、交接手续、资料登记等),即对档案资料从哪里来进行详细记载。

③明确借出。明确借阅历史(包括借阅单位、借阅人、借阅时间、交接手续等),即对档案资料到哪里去进行详细记载,防止档案资料丢失和损坏。

④明确管理。制订程序严格、切实可行的设备档案管理办法,明确规定需要登记的内容

和负责登记的人员,严格落实"谁签字,谁负责"。

⑤明确重点。对于重点管理的设备档案材料,要做到资料齐全,登记及时、正确。

5.6　设备资产评估管理

设备资产评估按照设备资产现有形态对其所有的价值进行评估。设备资产评估不是简单的"估计",而是由有资格的评估人按照特定目的,遵循法定或公允标准和程序,运用科学的方法,对被评估设备的现时价格进行的评定和估算。

5.6.1　设备资产评估的特点与要素

1)设备资产评估的特点

①设备属于固定资产,单位价值高,使用期限长,评估者应充分认识其功能适用性和风险性。

②设备资产评估要以专业的技术检测手段作为支撑。设备资产具有较高的专业性、技术性,所涉及的专业面广泛,在其寿命周期内价值的变动较复杂,非普通人依靠自身知识储备和社会经验可以评估。因此,设备资产评估需借助专业的监测技术,以保证设备的技术状态和实际价值能够得到科学、客观的评估。

③设备资产评估要以对设备合理分类作为基础。设备资产品类庞杂,不同设备的性能与用途各异,且价值差异较大,为评估工作带来诸多不便。因此,设备资产评估要以对设备的合理分类作为基础,以单台、单件设备作为评估对象,以减少变量,设置合理的参照标准,使评估结果能够尽量接近设备现时的真实价值。但这也并不排除对不可细分的机组、成套设备以整体作为评估对象的情况。

④多种评估方法并用。如上文所述,设备种类繁多、规格型号各异,且各类设备的单项值、使用时间、性能等差别较大,因此,在评估中不可能采用单一的评估方法,而应当对不同设备选用不同的评估方法。

⑤正确评估设备的贬值。设备资产除了有随着使用时间的推移不仅在实体上有折旧的情况,同时也存在着功能性贬值和经济贬值。对于同类型设备更新换代快,以及按照国家法律、法规和政策规定不允许使用的高能耗、低效能、污染大的设备,即使实体新度较高,也应当按低值甚至报废处理。

⑥正确测定设备的寿命。设备的损耗包括有形损耗和无形损耗,评估时要认真搜集有关资料,综合各种相关因素,正确确定设备的物理寿命、技术寿命和经济寿命。

2)设备资产评估的要素

设备资产评估包括以下 6 个要素:

(1)评估主体

评估主体也就是由谁来进行评估。由于设备资产评估工作政策性强,涉及多方面的专业知识,如工程技术、会计学、市场学、物价学、数学等,因此评价主体必须具备广博的学识和丰富的实践经验,经过严格的考试或考核,取得评估管理机构确认的资格。根据《国有资产评估管理办法》第九条规定,资产评估公司、会计师事务所、审计事务所、财务咨询企业必须获得省级以上管理部门发的国有资产评估资格证书,才能承接国有资产评估业务。

（2）评估客体

评估客体就是被评估的设备资产,是指国家、企业、事业或其他单位所拥有的各种设备。

（3）评估目的

评估的职能是为设备资产业务提供公平的价格尺度。评估的目的即为什么要进行评估,是评估的价值指向。在我国社会主义市场经济条件下,设备资产评估的目的包括:建立中外合资合作企业;股份经营和企业兼并、企业联合;承包经营与租赁经营;抵押借款;破产清算;以企业的资产为另一家企业作经济担保;企业经营评价;当企业参加保险和国家行政机构,事业、企业单位在性质上相互发生转变时也要对设备资产进行评估。

（4）评估标准

在评估中要执行统一的标准,特别是统一的价格标准。

（5）评估程序

程序性原则是现代企业管理所公认的原则。严格有序的工作程序能够为工作取得良好的实体结果提供保障。严格地按照科学的程序进行评估,是减少评估工作中的误差,防止营私舞弊现象发生,保证评估质量的基本条件。因此评估工作必须按一定的程序进行,否则就会影响评估的质量。

（6）评估方法

评估方法是指评估设备资产工作中所采用的价值准则和技术手段。评估方法不仅因价格标准而不同,也由于评估对象的状态而不同,因而评估方法也是多种多样的。

5.6.2　设备资产评估的原则与程序

1）设备资产评估的原则

设备资产评估工作政策性很强,涉及交易各方和国家的经济利益,评估时必须遵循以下原则:

(1)公平性原则

评估工作必须秉持公平的原则进行,力求使评估值尽量靠近评估对象的真实值。

(2)科学性原则

评估程序标准规范,选取科学、适宜的评估方法,评估结果合理、准确。

(3)客观性原则

设备资产价值评估所依据的信息必须是客观的,信息的来源必须是可靠的,对数据资料的分析应是实事求是的,评估结论要经得起检验。

(4)独立性原则

设备资产评估机构及工作人员有权依据国家制定的法规、政策和可靠的数据、资料,对被评估的设备资产价格作出完全独立的评定,不受其他因素干扰。

（5）系统性原则

设备资产的评估是一项系统性的工作,具有整体性、集合性、相关性、目的性、动态性和适应性等特征。评估工作人员应当具备系统观念,在设备资产评估工作中,要综合利用各种方式方法进行系统分析。在评估一个企业总体设备资产价值时,要充分考虑企业各要素的整体功能、管理水平、适应市场发展的能力以及适应整个国民经济和社会发展的能力。

（6）替代性原则

替代性原则的基本内涵在于,若同时有多种相类似的或同等的商品或服务可供选择,买方往往选择既能满足需求,价格又较低的商品或服务。把这条原则运用于设备资产价值评估,就要求在评估中对多种方案进行比较,选择一个适当的。

（7）有效性原则

有效性原则是指评估工作人员对被评估设备资产价值最后得出的结论应当是合法的、有效的、可信的,且评估工作人员要在评估报告有效期内对其负责。

2）设备资产评估的基本程序

（1）接受委托

对于有意向委托评估机构对设备资产进行评估的客户,应向其了解该设备资产的评估目的、现状等与评估工作相关的情况。确认评估标的后,双方应对评估工作的具体方案进行讨论,并签订委托评估合同。

（2）评估准备

明确评估标的之后,评估机构和评估人员就应着手进行评估的准备工作,具体包括以下几个方面:

①围绕待评估设备资产,指导委托人做好评估前的基础材料准备工作。例如,待评估设备资产清册及分类明细表的填写,被评估设备资产的自查和盈亏事项的调整,设备资产产权资料、有关经济技术资料的准备等。

②组织对委托方所提供的被评估资产清单及相应资料进行分类整理,分析研究,提前找出评估中可能遇到的重点和难点,制订评估方案,对时间推进、人员安排及主要设备的评估及路线进行落实。

③大量搜集与本次评估内容有关的材料,并进行数据整理归纳,有条件的可以建立数据库,方便数据的随时取用。

（3）现场调查

现场调查是设备资产评估工作中的关键环节。通过现场调查,能够核实设备数目,厘清设备权属关系,并对设备技术状况形成直观印象。现场调查环节需要重点关注的工作有以下几项:

①对待评估设备资产进行逐个清点查验,对现场清查情况进行记录,以确保评估对象真实可靠。将查验情况告知委托人,要求其根据现场清查核实的结果,对其所提交的待评估设备资产资料进行调整,并以清查核实后的设备资产作为评估对象。

②对设备所在地、用途等属性进行分类,确定评估重点、难点并落实人员安排。

③设备鉴定,这是评估现场调查工作的重点。对设备进行鉴定包括对设备的技术鉴定、

使用情况鉴定、质量鉴定以及磨损鉴定等,具体内容可参见本书第4章。设备的生产厂家、出厂日期、设备负荷和维修情况等是进行鉴定的基本素材。

（4）评定估算

根据评估目的、评估价值类型的要求以及评估时的各种条件,选择适宜的评估方法。查阅设备管理档案和其他技术资料、财会资料,对被评估的设备资产进行深入了解。评估中遇到问题和困难时应与委托人保持沟通,争取委托人的全力配合,确保评估进展顺利。资料搜集和调查分析要贯穿整个评估过程。查阅有关法律、法规,如税法、环境保护法、车辆报废标准等,以便在评估涉及这些规定的设备中考虑法律、法规的影响。对设备尚存在租赁关系和担保物权的情况要进行充分考虑,选择合理的方法估算评估值。

（5）撰写评估报告及评估说明

（6）评估报告的审核和报出阶段

评估报告完成以后应进行必要的审核,经审核确认评估报告无重大错漏后,方可将评估报告送达委托人及有关部门。

5.6.3　设备资产的评估方法

设备资产评估的主要方法有成本法、市场法和收益法。

（1）成本法

成本法是通过估算被评估设备的重置成本和各种贬值,用重置成本扣减各种贬值作为资产评估价值的一种方法,它是设备资产评估中最常使用的方法。

（2）市场法

市场法是通过分析最近市场上与被评估设备类似的设备的成交价格,并对其之间的差异进行调整,由此确定被评估设备价值的方法。市场法比较适用于有成熟的市场、交易比较活跃的机器设备的评估,如汽车、飞机和计算机等。

（3）收益法

收益法是通过预测设备的获利能力,即估算未来收益并将其折算为现值,据以评估设备资产价值的评估方法。

本章小结

本章主要介绍了设备资产管理的相关内容。设备资产是企业的重要固定资产,其管理应遵循固定资产管理的一般原则。学习本章,应重点了解并掌握设备资产管理的基本内容,掌握设备的编号、登记、档案管理以及设备 ABC 分类管理法,了解设备资产评估的基本知识。

复习思考题

1.指出设备三段式编号中各部分的含义。
2.设备编号时有哪些注意事项?
3.简述设备 ABC 分类管理法的分类原则。
4.简述设备资产登记的主要内容。
5.简述新增设备资产入账的基本流程。

第 **6** 章
设备的润滑管理

教学目标

1.了解设备润滑的概念；

2.了解设备润滑管理制度的基本内容；

3.熟悉设备润滑的意义和作用；

4.熟悉设备润滑管理的组织机构、任务和职责；

5.熟悉设备润滑管理应达到的基本要求；

6.掌握润滑剂的分类、作用和应用场合。

教学重点

1.润滑剂的分类、作用和应用场合；

2.润滑的概念、意义和作用；

3.设备润滑工具的正确使用。

6.1　润滑管理概述

设备的润滑是设备维修保养工作中的一个重要环节。如果能正确、合理并且及时地对设备进行润滑管理，就能有效地减少部件间的摩擦和磨损，降低能源消耗，达到延长设备的使用寿命，最大限度发挥设备使用效能的目的。

润滑的作用，就是在摩擦副之间加入润滑剂，形成润滑膜，以承受部分或全部载荷，并将两个表面隔开，使金属与金属之间的摩擦转换为具有较低剪切强度的油膜分子之间的内摩擦。从而降低运动时的摩擦阻力、表面磨损和能量损失，达到使摩擦副运动平稳，提高效率和延长机械设备使用寿命的目的。除此之外，润滑剂还能够起到降低摩擦表面温度，冲洗污染物及碎屑，减小振动，防止表面腐蚀的作用。对于设备的正常运转与维护，润滑工作显得非常重要。做好润滑工作，能使其处于良好的状态，无论对提高产品质量，还是保证工业生产顺利进行，都具有非常重要的意义。

设备的润滑管理,就是用管理的手段,按照技术规范要求,实现设备的合理润滑并节省润滑成本,使设备能够安全、正常、高效地运行。设备的润滑管理包括:建立和健全润滑管理组织,制订并贯彻各项润滑管理工作制度,开展润滑工作计划与额定管理,强化润滑状态的技术检查,以及做好废油的回收与再利用等。设备的润滑管理是企业设备维护保养工作的重要组成部分,也是企业提高设备利用率,降低维修成本,保证生产持续、均衡进行的重要环节。

现代化设备正向着超大型化、高度自动化、智能化、高精度保持性、高生产效率、高速运行、高寿命方向发展,而良好的润滑是保证设备能够正常运转的基本条件。忽视设备润滑管理工作,会使设备故障与事故频繁发生,加速设备技术状态劣化,从而使产品的质量和产量受到影响。因此,加强企业设备的润滑管理工作,并把该工作建立在科学管理的基础上,对促进企业的发展,提高企业的社会效益和经济效益,都具有极其重要的意义。

6.2 摩擦与磨损

阻止两物体接触表面作相对切向运动的现象称为摩擦;固体摩擦表面上物质不断发生损耗的过程称为磨损,具体表现为物体尺寸和(或)形状的改变,一般还伴随着表面质量的变化。磨损是伴随着摩擦产生的必然结果,是诸多因素相互影响的一个复杂过程。目前,研究摩擦、磨损和润滑在工业中的应用已经形成了一门新的科学——摩擦学,开始对设备的磨损进行较深入的研究,但关于磨损的机理研究,现阶段还显得不够深透。

研究摩擦与磨损有着重大的意义。据估计,每年消耗在磨损上的能源大约占世界能源消耗的 1/3,大约有 80% 的零件损坏是由于磨损造成的。磨损不仅是材料消耗的主要原因,也是设备状态变坏和寿命减短的重要因素。当今社会,先进的设备对生产和企业经营的影响日益扩大,因此,对磨损的研究吸引了人们极大的关注。

6.2.1 摩擦的分类

根据摩擦副的运动状态、运动形式和表面的润滑状态,将摩擦进行分类,如表 6.1 所示。

表 6.1 摩擦的类型及特点

分类方法	类型	特点
按运动形式	静摩擦	一物体沿另一物体表面,只有相对运动的趋势; 静摩擦力随外力变化而变化; 当外力克服最大静摩擦力时,物体才开始宏观运动
	动摩擦	一物体沿另一物体表面有相对运动时的摩擦
	滑动摩擦	两接触物体之间的运动摩擦,其接触表面上切向速度的大小和方向不同
	滚动摩擦	两接触物体之间的运动摩擦,其接触物表面上至少有一点切向速度的大小和方向均相同

续表

分类方法	类 型	特 点
按润滑状态	干摩擦	物体接触表面无任何润滑剂存在的摩擦,它的摩擦因数极大
	边界摩擦	两物体表面被一层具有层结构和润滑性的极薄边界膜分开的摩擦
	流体摩擦	两个物体表面完全被润滑剂膜隔开时的摩擦,摩擦发生在固体间的润滑剂内部,摩擦因数最小
	混合摩擦	摩擦表面同时存在干摩擦和边界摩擦,或同时存在流体摩擦,或同时存在流体摩擦和边界摩擦的总称

6.2.2　摩擦的实质

机械中相互接触并有相对运动的两个构件称为"运动副"或者"摩擦副"。当两个固体的表面相互接触的时候,由于在各自的表面上只有凸峰相互接触,接触的面积很小。当正压力作用,接触面做切向运动时,将出现如下情况:

①在正压力的作用下,各凸峰的接触点会产生很大的接触应力,会引起材料表面的塑性变形,破坏表面膜。同时,在塑性变形后,材料有可能发生再结晶,使两个表面的金属形成新生晶格,使接触点产生粘粘。当他们作相对运动的时候,这些粘着点会发生撕脱或者剪断,这时需要的作用即是摩擦力。

②若两种物体的材料的硬度相差很大,硬质材料的凸峰会嵌到软质材料中去。它们做相对运动的时候,硬的凸峰就会在软的材料上切削出沟槽,所以摩擦力以切削阻力的形式出现。

③当两个物体的实际接触表面紧密相接时,分子层面会产生引力。两表面发生相对运动时需要克服这种引力。

以上这些相互作用就是摩擦力产生的基础。

6.2.3　摩擦的机理

摩擦现象的机理尚未形成统一的理论,目前的几种理论如下所述:

①机械理论。摩擦的过程中,由于表面存在一定的粗糙度,凹凸不平处会相互产生啮合力。

②分子理论。当分子间接近到一定的距离时,会产生分子间作用力,相互吸引。所以,当表面粗糙时,随着表面粗糙度的下降,摩擦减小;而当表面粗糙度很小的时候,摩擦反而加大。这种行为是机械理论解释不了的。

③粘着理论。接触表面在载荷的作用下,某些接触点会产生很大的单位压力和局部高温,从而发生粘着,运动中会产生运动阻力。

④能量理论。大部分摩擦能量消耗于接触表面的弹性和塑性变形、凸峰的断裂、粘着与撕开,大部分都会表现为热能,其次是发光、辐射、振动、噪声及化学反应等一系列能量消耗现

象。能量平衡理论就是从综合的观点,从摩擦学系统的概念出发来分析摩擦的过程。影响能量平衡的因素有材料、载荷、工作截止的物理和化学性质,以及摩擦路程等因素。

影响摩擦的因素有材料、载荷、速度、温度、表面粗糙度、表面膜等。

6.2.4　磨损的实质

1)磨损是物体在摩擦中相互作用的结果

零件的工作表面,在摩擦的时候会产生磨损。磨损后,零件不仅会改变外形和尺寸,从摩擦表面上分离出材料颗粒,或者在表面上产生残留变形,并且发生各种物理、化学和机械的现象。

摩擦表面的粗糙不平,相互接触时的相互作用,形成了不同的摩擦边界点,导致表面微观体积的变化和破坏,造成了表面的磨损。摩擦连接不断地产生和消失,以及从一种连接变为另一种连接,对磨损过程有重要的影响。

表面摩擦重复连接多次,会使材料的接触表面产生疲劳裂纹和微观的鳞状物,并以颗粒的形式脱落下来。润滑剂的作用、氧化反应和摩擦热效应等都会影响疲劳过程的进展。

2)使摩擦的表面发生变化

摩擦时,零件表面微观凹凸不平的接触处会发生弹性或塑性变形,会产生和伴随着一系列的物理、化学和力学的变化,主要有热作用、氧化作用、机械作用、疲劳作用和吸附现象,从而使材料磨损。摩擦表面发生的变化有:

①表面微观裂纹的生成及其破坏作用。表面材料受到重复性的机械作用和热应力作用而出现微观裂纹,并向设备内部发生衍生纹且连接在一起,导致材料从设备表面上整块脱落。

②化学反应的过程。材料的表面会与周围空气中的介质形成化合物,还会和润滑油和材料中分离出来的氢原子相互作用,发生氢脆。这些化学作用会使材料表面层的性质和主体金属的性质大不相同。

③润滑剂的作用。在很多情况下,润滑剂决定了磨损的程度。但它除了减少摩擦和降低磨损以外,有时会浸入材料的微裂纹中,在契挤作用下裂纹会进一步扩大,使表面的材料破裂脱落。

④摩擦表面材料的转移。摩擦时,材料会从一个表面转移到另一个表面,通常塑性大的材料由于分子的粘着和涂抹作用而转移到较硬的材料上去。转移材料的脱落就是材料的磨损。这是摩擦温度的升高,金属软化、熔融、黏附、转移造成的结果。

6.2.5　磨损的规律

机械设备运转时,摩擦副作相对运动。由于有摩擦的存在,摩擦的表面不断有微粒脱落,导致设备表面性质、几何尺寸发生改变,这种现象称为磨损。如图 6.1 所示,整个磨损过程可分为 3 个阶段,即初期磨损阶段、稳定磨损阶段和剧烈磨损阶段。

①初期磨损阶段。零件加工后的表面较粗糙,加之制造和安装过程中存在误差,机件在这一时期磨损速度较快。在这一阶段,机械设备能够通过运转自行调整,所以又称为磨合磨损阶段。

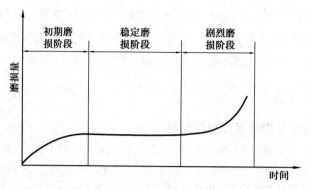

图 6.1 设备磨损过程示意图

②稳定磨损阶段。调整以后磨损速度变缓,逐渐接近于稳定磨损阶段。稳定磨损阶段的机件磨损速度缓慢并且恒定,所以通常将稳定磨损阶段寿命的长短定义为机械设备寿命的长短。在这期间,对设备要做到合理地使用和正确地维护保养,尤其是合理润滑。要建立、健全和严格遵守设备操作规程。在这一阶段的后期,磨损的进程会相对地加快。

③剧烈磨损阶段。在较长时间的稳定磨损期后,由于摩擦表面间隙的增大和表面形状的改变,会产生疲劳磨损等现象,磨损速度增加迅速,直至摩擦副不能正常运转。这一阶段容易发生故障和事故,最后导致零件完全失效。因此,对这一阶段要进行及时的控制,采取合理的修理措施和检测手段,防止设备精度和效率显著下降。

6.2.6 磨损的分类

表 6.2 所示是磨损的基本类型、内容和特点等。而表 6.3、表 6.4 分别是粘着磨损的类别和磨粒磨损的多种形式。

表 6.2 磨损的基本类型

类 型	内 容	特 点	举 例
粘着摩擦	摩擦副相对运动,由于固相焊接,接触表面的材料从一个表面转移到另一个表面的现象	接触点粘着剪切破坏	缸套—活塞、轴瓦—轴、滑动轨副
磨粒磨损	在摩擦过程中,因硬的颗粒或凸出刮擦微切削摩擦表面而引起材料脱落的现象	磨粒作用于材料表面而破坏	球磨面衬板与钢球、农业和矿山机械零件
疲劳磨损	两接触表面滚动或滚滑复合摩擦时,因周期性载荷作用,使表面产生变形和应力,导致材料产生裂纹和分离出微片或颗粒的磨损	表面或次表层受接触应力反复作用而疲劳破坏	滚动轴承、齿轮副、轮副、钢轨与轮箍
腐蚀磨损	在摩擦过程中,金属同时与周围介子发生化学或电化学反应,产生材料损失的现象	有化学反应或电化学反应的表面腐蚀破坏	曲轴轴颈氧化磨损、化工设备中的零件表面

表 6.3　粘着磨损的分类

类　别	破坏现象	损坏原因	实　例
轻微磨损	剪切破坏发生在粘着结合面上,表面转移的材料极轻微	粘着结合强度比摩擦副的两基体金属都弱	轴与滑动轴承、缸套与活塞环
涂抹	剪切破坏发生在离粘着表面不远的软金属浅层内,软金属涂抹在硬金属表面	粘着结合强度大于较软金属的剪切强度	磨机主轴轴颈与巴氏合金轴瓦、重载涡轮副
擦伤	剪切破坏,主要发生在软金属的亚表层内,有时硬金属亚表层内也有划痕	粘着结合强度比两基体金属都高,转移到硬面上的粘着物质又拉削软金属表面	减速器齿轮表面、内燃机铝活塞壁与缸体
撕脱	剪切破坏发生在摩擦副一方或两方金属较深处	粘着结合强度大于任一基体金属的剪切强度,切应力高于粘着结合强度	主轴—轴瓦摩擦副的表面经常可见
咬死	摩擦副之间咬死,不能相对运动	粘着结合强度比任一基体金属的剪切强度都高,且粘着区域大,切应力低于粘着结合强度	齿轮油泵中的轴与轴承、齿轮副、不锈钢螺栓与螺母

表 6.4　磨粒磨损的分类

分　类	产生条件	破坏形式	实　例
凿削式	磨粒对材料表面产生高应力碰撞	从材料表面上凿下大颗金属,被磨金属有较深的沟槽	挖掘机斗齿、破碎机锤头、鄂板
高应力碾碎式	磨粒与金属表面接触处的最大压应力大于磨粒的压溃强度	一般材料被拉伤,韧性材料产生变形或疲劳,脆性材料发生裂碎或剥落	磨机衬板与钢球、破碎机的滚齿、轧碎机滚筒
低应力擦伤式	磨粒作用表面的应力不超过磨料的压溃强度	材料表面产生擦伤或微小切削痕、累积磨损	磨机的衬板、犁铧、溜槽、料仓、漏斗、料车

6.2.7　影响磨损的因素

影响磨损的因素有很多,主要有零件材料、运转条件、几何因素、环境因素等。各因素包含的内容详见表 6.5。

表 6.5　影响磨损的因素

材　料	运转方式	几何因素	环境因素
成分、组织机构、弹性模量、硬度、润滑剂类型、润滑剂黏度、工作表面物理和化学性质	载荷/压力、速度、滑动距离、滑动时间、循环次数、表面温升、润滑膜厚度	面积、形状、尺寸大小、表面粗糙度、间隙、对中性、刀痕	总的润滑剂量、污染情况、外界温度、外界压力、湿度、空气成分

6.2.8 减少磨损的途径

（1）合理润滑

尽量保证采用液体润滑，注意使用合适的润滑材料和采用正确的润滑方法，采用润滑添加剂，注意保持良好的密封。

（2）正确选择材料

这是提高耐磨性的关键。提高设备的抗磨损性能，要求使用的钢材质量好，钢中有害杂质的含量要得到有效控制。采用抗疲劳的合金材料，如采用铜铬钼合金铸铁做气门挺杆，采用球墨铸铁做凸轮等，可使其寿命得到大大延长。

（3）表面处理

为了改善零件表面的耐磨性，一般可采用多种表面处理的方法，如采用滚压加工表面强化处理，各种化学表面处理，塑性涂层、耐磨涂层、喷钼、镀铬，使用等离子喷涂等。

（4）合理的结构设计

正确合理的结构设计，是减少磨损和提高耐磨性的有效途径。结构的设计必须满足有利于摩擦副间表面保护膜的形成和恢复、压力的均匀分布、摩擦热的散逸、磨屑的排出，以及防止外界磨粒和灰尘的进入等。在结构设计中，可以应用置换原理，即允许系统中一个零件磨损，但可以保护另一个重要的零件；也可以使用转移的原理，即使摩擦副中另一个零件快速磨损，较贵重的零件却能够得到保护。

（5）改善工作条件

要尽量避免过大的载荷、过高的运动速度和工作温度，创造良好的环境条件。

（6）提高修复质量

提高机械加工质量、修复质量、装配质量以及提高安装质量是防止和减少磨损的有效措施。

（7）正确地使用和维护

要加强科学的管理和人员的培训，严格执行操作规程和有关的规章制度。机械设备在使用初期要进行正确的磨合，要采用先进的监控和测试技术。防止或减少磨损的方法与途径如表 6.6 所示。

表 6.6 防止或减少磨损的方法与途径

磨损类型	防止或减少磨损的方法与途径
粘着磨损	1.正确选择摩擦副材料，如适当选用脆性材料、互溶性小的材料、多相金属； 2.合理选用润滑剂，保证摩擦面间形成流体润滑状态； 3.采用合理的表面处理工艺
磨粒磨损	1.选用硬度较大的材料； 2.控制磨粒的尺寸和硬度； 3.根据工作条件，采用相应的表面处理工艺； 4.合理选用并供给洁净的润滑剂

续表

磨损类型		防止或减少磨损的方法与途径
疲劳磨损		1.合理选用摩擦副材料； 2.减小表面粗糙度，消除残余内应力； 3.合理选用润滑剂的黏度和添加剂
腐蚀磨损	氧化磨损	1.当接触载荷一定时，应控制其润滑速度，反之则应控制接触载荷； 2.合理匹配氧化膜硬度和基本金属硬度，保证氧化膜不被破坏； 3.合理选用润滑油黏度，并适量加入中性极压添加剂
	特殊介质腐蚀磨损	1.利用某些特殊元素与特殊介质，形成化学结合力较高、结构致密的钝化膜； 2.合理选用润滑剂； 3.正确选择摩擦副材料

6.3　材料及润滑工具

6.3.1　润滑剂的分类

在机械设备的摩擦副之间加入的具有润滑作用的某种介质，称为润滑剂。选择合适的润滑剂，是降低摩擦、减少磨损、保持设备正常运行的重要手段之一。按润滑剂的物质形态可将润滑剂分为气体润滑剂、液体润滑剂、半固体润滑剂和固体润滑剂。

（1）气体润滑剂

采用空气、蒸汽、氮气等惰性气体作润滑剂，可使摩擦表面被高压气体分隔开，形成气体摩擦。

（2）液体润滑剂

液体润滑剂包括矿物润滑油、合成润滑油、溶解油或复合油、液体金属等。

（3）半固体润滑剂

半固体润滑剂是一种介于流体和固体之间的状态的润滑剂，包括各种矿物润滑脂、合成润滑脂、动物油脂等。

（4）固体润滑剂

当处于高温、高负荷、超低温、强辐射等工作环境时，为了实现有效润滑，常采用固体润滑剂。常见的固体润滑剂有石墨、二硫化钼、塑料等。

6.3.2　润滑油与润滑脂的质量指标

（1）润滑油的质量指标

润滑油是最常见的润滑剂，其中最主要的质量指标有黏度、黏温特性、闪点、酸值、凝固点。

①黏度。黏度就是液体受到外力作用发生流动的时候,液体分子之间产生的内摩擦阻力。黏度是润滑油的主要技术指标,大多数润滑油是根据黏度来划分牌号的。润滑油的黏度越大,能够形成的压力油膜就越厚,承载能力越强。但黏度越大,流动性会变小,摩擦阻力会增加。

②黏温特征。黏温特性是指润滑油的黏度随温度变化的程度。黏度随温度的变化越小,该油品的黏温特性越好。

③闪点。在一定的条件下加热油品,油蒸气与空气混合后,发生闪火现象的最低温度即为该油品的闪点。闪点是表示油品蒸发性的一项指标,蒸发性越大的油品,闪点越低。一般认为闪点高于使用温度 20 ~ 30 ℃ 即为安全。轻质油的闪点降低 10 ℃,重质油的闪点降低 8 ℃,就应该换油。

④酸值。中和 1 g 油中的酸所需要的 KOH 的毫克数,称为酸值。酸值越高,油品内所含的酸性物质就越多,越易氧化变质。对于新油,酸值是判断油品精制程度的方法,精制的程度越深,酸值就越低。

⑤凝固点。在规定的实验条件下,试管内的油品会发生冷却并倾斜,经过冷却以后,油面不再移动的最高温度称为凝固点。当油品凝固的时候会失去流动性和润滑性,对液压系统和润滑系统的影响很大。

(2)润滑脂的质量标准

润滑脂是由基础油、稠化剂和改善性能的添加剂所制成的一种半固体的润滑剂。其中,基础油的含量最多,是润滑的主要物质。稠化剂的作用是使基础油被吸附和固定在结构骨架之中,稳定剂的作用是使稠化剂和基础油稳定地结合而不出现析油现象。而润滑脂的主要质量指标如下:

①锥入度。锥入度又称为针入度,这是衡量润滑脂稠度的一项重要指标。在规定的负荷、时间和温度条件下,标准锥体沉入润滑脂的深度即为该种润滑脂的锥入度。锥入度越大,润滑脂越稀、越软;反之越稠、越硬。

②滴点。将润滑脂试样装入点滴计中,在规定条件下加热,脂杯中开始滴落第一滴油时的温度称为滴点。滴点的高低是决定润滑脂最高使用温度的指标之一。一般润滑脂的使用温度应低于滴点 20 ℃ 以上,以免润滑脂变软或者变稀而发生流失。

③皂分。润滑脂中脂肪酸皂称为皂分。皂分含量越高,润滑脂越硬,内摩擦力就越大,消耗的能量就越多;但皂分太少,润滑脂的骨架就不稳定,容易流失。

④安定性。润滑脂的安定性包括胶体的安定性、化学安定性和机械安定性。胶体安定性是指润滑脂在储存和使用的过程中抑制析油的能力;化学安定性是指润滑脂抵抗氧化的能力;机械安定性是指润滑脂受到机械剪切时稠度下降,剪切作用停止后稠度恢复的能力。

除上所述,润滑脂还有外观、水分、腐蚀性、保护性、耐水性等指标。

6.3.3 常用润滑剂品种及应用

(1)常用润滑油品种及应用

①L-AN 全损耗系统用油。全损耗系统用油是精制矿物润滑油,用来代替机械油使用,适

用于一般全损耗润滑系统。

②主轴油。以精制的矿物油馏分为基础油,添加抗氧化剂、防锈剂和抗磨剂等调制而成。主要适用于精密机床主轴轴承的润滑,以及其他压力润滑、飞溅润滑、油雾润滑的滑动轴承或滚动轴承的润滑。

③L-HL 液压油。这是一种较好的抗氧化和防锈的矿物型液压油,主要适用于机场和其他设备的低压齿轮泵、抗氧化防锈的轴承和齿轮等的润滑。也可用于镀银钢-铜摩擦副和青铜-钢摩擦副的柱塞泵或者有精密伺服阀和过滤器的其他类型液压泵的润滑。

④L-HG 液压导轨油。这是一种具有良好抗氧化、防锈、抗磨和黏-滑性能的矿物油型液压油,主要适用于各种机床导轨的润滑系统和机床液压系统的润滑。

⑤L-HM 抗磨液压油。它具有良好的抗磨、抗氧化、防锈、抗泡沫等性能,适用于中、高压液压系统的润滑。

⑥32SK-1 数控液压油。该种润滑油以黏度指数较高的精制矿物油为基础油,具有抗磨、抗泡沫、防腐等性能,适用于数控机床液压系统的润滑。

⑦导轨油。这种润滑油以精制矿物油为基础油,加入抗氧化、油性、防锈等添加剂制得,适用于各种精密的机床导轨或冲击振动摩擦点的润滑,能降低机床导轨的"爬行"现象。

⑧工业齿轮油。这种润滑油以精制的润滑油组分做基础油,加入抗磨、抗氧化、防锈、抗泡沫等添加剂调制而成,适用于工业设备齿轮的润滑。

(2)常用润滑脂品种及应用

①钙基润滑脂。这是以钙皂为稠化剂而制成的润滑脂,含有少量的水,以水为稳定剂而形成网纹结构,外观光滑类似奶油状,耐水性优良,但滴点较低(80~99 ℃),工作温度不允许超过 75 ℃。根据其耐水性,适用于食品厂、污水处理厂或船用设备的润滑。

②钠皂基脂。钠皂基具有纤维或海绵状织构,这种织构与所用的脂肪酸或甘油酯皂的类型及工艺有关。它的滴点为 120~230 ℃,结构的稳定性尤其是高温时的稳定性好,但耐水性差。用于滚动轴承中的钠皂基脂通常含有氧化剂,但为了提高其承载能力,还应添加极压剂。一般不需添加防腐剂和增稠剂。

③铝皂基脂和复合铝皂基脂。铝皂基是由硬脂酸铝粉与基础油混合而成的,滴点为 66~104 ℃,耐水性好,起动力矩低,结构稳定,常用于食品加工机械、纺织机械和办公机械的润滑。复合的铝皂基脂是用低分子有机酸与高分子复合酸复合成铝皂,然后与各种黏度的矿物油复合制成。在 120~200 ℃的高温下仍有良好的润滑效果,机械的安定性好,纤维细而短,适用于电机、汽车等各种重载中速机械、冶金机械及与水接触的或潮湿环境下工作的机械的润滑。

④锂皂基脂。多数锂皂基脂是用 12-羟基硬脂酸或甘油酯制备的。它具有非常优异的机械安定性、较强的抗析油性,而且具备钙皂基脂的耐水性和钠皂基脂的耐高温性能。因此被广泛用作多效汽车用脂和各种工业用多效脂。

⑤钡皂基脂。钡皂基脂的滴点温度高,高温性能好,并有很好的耐水性,故常用在车辆轴承、球形接头和转向装置的构件上。

⑥钙钠皂混合基脂。其最高的工作温度可达到 120 ℃,耐水性较差,常用于高速滚动

轴承。

⑦复合钙皂基脂。它具有较高的增稠剂含量,滴点高于 180~240 ℃,机械的安定性和耐水性较好,可用于高温(150 ℃)工况。

⑧钙铝复合皂基脂。它具有光滑的结构,良好的机械安定性和较低的析油倾向。脂中因为有铝的化合物,滴点增高至 180~240 ℃。它可用于高温设备的润滑,钙铝复合皂基脂在一般的温度下是耐水的,因此已在多种工业中被应用。

6.3.4　润滑剂的管理

正确管理设备的润滑剂,是做好润滑工作,保证设备正常工作的基础。润滑剂的及时检验、合理保管和正确使用是润滑剂管理工作的重要内容。

(1)润滑剂的检验

①凡是进场的各类材料,不论有无出厂化验单和质量合格证,企业检查验收部门均应取样化验。

②未得到检验合格证时,润滑剂不得入库,更不能擅自发放违规使用。

③若油品在库房保存时间较长,应定期抽样送检,或在使用前抽检,发现有不合质量要求的品种,应及时停止发放使用。

④各个油库调配短缺油品时,应先由试验部门调检合格后,方能按合格工艺进行大批调配。并且在检验合格后才能发放使用。

(2)润滑剂的保管

①进厂的润滑剂在检验前后均应妥善保管,不能混装,也不能在无覆盖的露天场所存放。闪点在 45 ℃以下的油品及木桶装的润滑剂更应该注意保管。

②所有用于储存润滑剂的容器必须清洁、完整、不漏、不锈,大型储油设施清洗的周期不能过长。

③一切润滑剂均应在室内保管。暂在露天场所存放时,应用不易燃烧的材料进行遮盖。

④保管油品的库房必须设有完善的防火设备。不能使用铁质工具开启油桶盖,以免引起火灾。

⑤易燃、易爆的油品应与一般的油脂分库保管。

⑥库房管理员应具有足够的油品安全消防知识和润滑油的质量检验知识。

6.3.5　常用润滑装置

常用的润滑装置有油杯、油枪、加油泵、润滑泵与滴油装置等。

(1)油杯

油杯是手工给油的润滑装置。由操作工人用油壶或油箱向油杯注油,再用油杯向润滑点供油,主要用于低速、轻载和间歇工作的滑动面、开式齿轮、链条及其他单个摩擦副,注油量往往由工人的感觉和经验控制。标准的油杯有直通式压注油杯(图 6.2)、接头式压注油杯(图 6.3)、压配式压注油杯(图 6.4)、旋盖式油杯(图 6.5)、弹簧盖油杯、针阀式注油杯(图 6.6) 6 种。

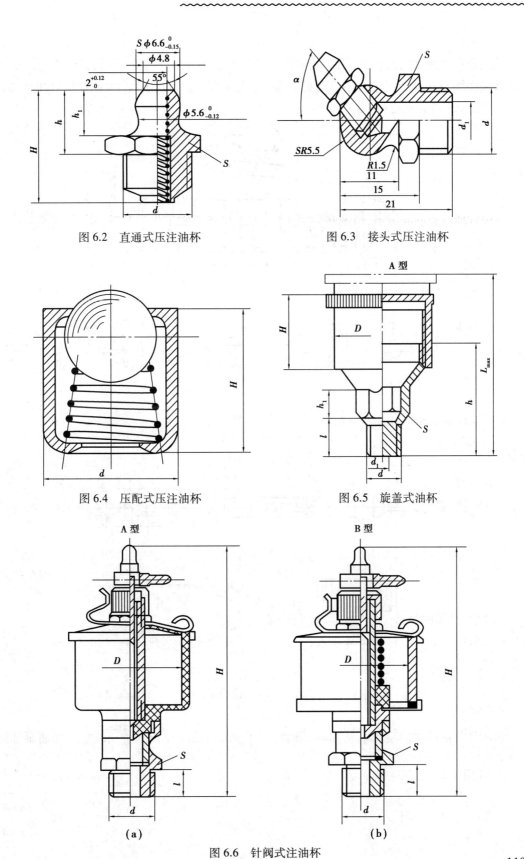

图 6.2　直通式压注油杯

图 6.3　接头式压注油杯

图 6.4　压配式压注油杯

图 6.5　旋盖式油杯

（a）

（b）

图 6.6　针阀式注油杯

（2）油枪

油枪是一种手动的储油桶,用于将油注入油杯或直接注入润滑部位进行润滑。使用时,其注油嘴必须与润滑点上的油杯相匹配。油枪的类型较多,标准的手动操纵油枪有压杆式油枪(图6.7)和手推式油枪(图6.8)两种。

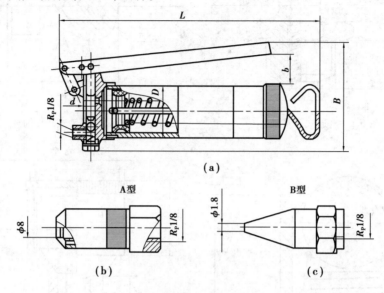

图 6.7   压杆式油枪

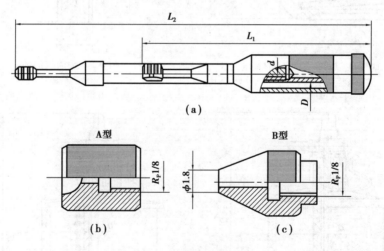

图 6.8   手推式油枪

（3）加油泵

加油泵有手动加油泵和电动加油泵两种。手动加油泵如图6.9所示,电动加油泵如图6.10所示。

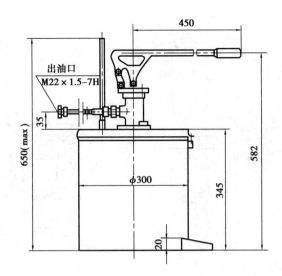

图 6.9　手动加油泵

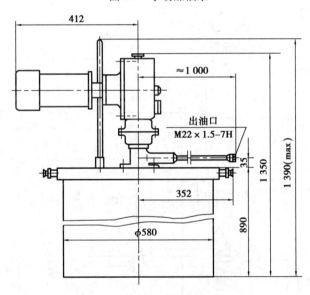

图 6.10　电动加油泵

（4）润滑泵

常用的润滑泵如下：

①电动润滑泵（40 MPa）如图 6.11 所示，它适用于锥入度 220（25 ℃，150 g）1/10 mm 的润滑脂，应使用高压柱塞泵，工作压力在公称压力范围内，可任意调整，具有双重过载保护，储油桶具有油位自动报警装置；

②多点润滑泵（31.5 MPa）如图 6.12 所示；

③单线润滑泵（31.5 MPa）如图 6.13 所示；

④定流向摆线转子润滑泵。

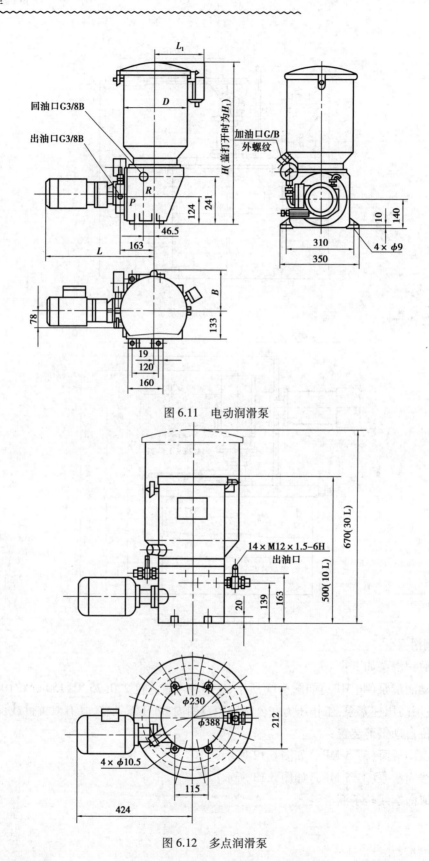

图 6.11　电动润滑泵

图 6.12　多点润滑泵

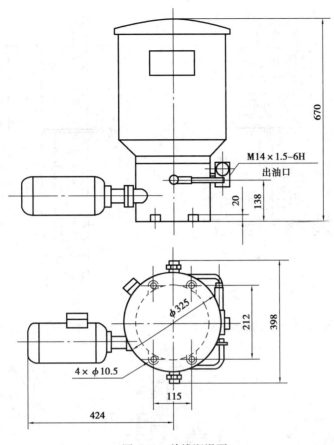

图 6.13　单线润滑泵

（5）滴油装置

这里所说的滴油装置是一些没有列入标准的油杯,它们能够实现自动供油,如压力作用滴油油杯、跳针式润滑油杯、热膨胀油杯、连续压注油杯、均匀滴油油杯等。

①压力作用滴油油杯。如图 6.14 所示,这种油杯的底面有一个针阀,其阀杆通过油杯上的操作缸伸出外部,连接调节螺母。这种装在透平式压缩机上的滴油杯,阀的起闭由压缩机的排气通过弹簧压着的活塞加以控制,并可用阀杆上的螺母来调节油杯的滴油量。

②跳针式润滑油杯。如图 6.15 所示,这种润滑油杯一般直接装在摩擦副上,通过摩擦副轻微的垂直振动产生泵送的作用,使油沿着跳针下降而去润滑摩擦副。

③热膨胀油杯。如图 6.16 所示,油杯的供油由摩擦副的温度变化来控制。摩擦副的温度变化会通过油杯中的金属管传到油杯的上腔,使其中的空气膨胀或者收缩。当空气发生膨胀时,油杯上部空腔内的气压会增大,促使少量润滑油流出油杯送入摩擦副;而空气收缩时,油的流出停止,如此反复。但这种油杯不能应用于某些要求先加油后启动的摩擦副上。

④连续压注油杯。如图 6.17 所示,这种连续压注油杯由于其下面的储油器能够保持恒定的油压,故能保证自动且均匀地给油。

⑤均匀滴油油杯。如图 6.18 所示,润滑油从上面的储油器经过连在浮漂上的阀补充到下面的储油器中,送往摩擦副的油量靠针阀来调节。

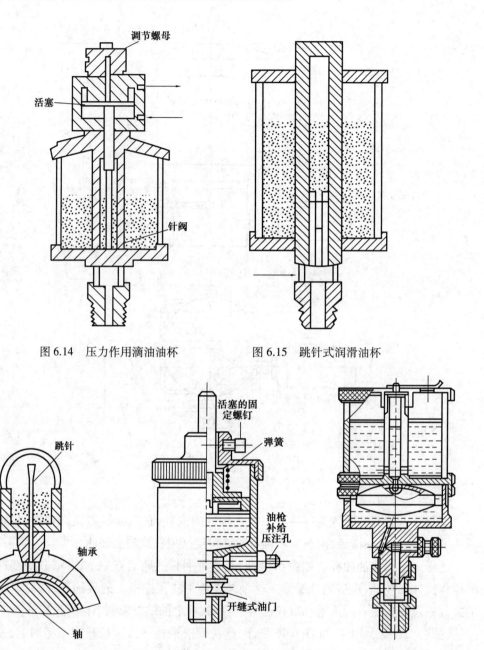

图 6.14　压力作用滴油油杯　　　　图 6.15　跳针式润滑油杯

图 6.16　热膨胀油杯　　　图 6.17　连续压注油杯　　　图 6.18　均匀滴油油杯

6.4　润滑方式与设备润滑图表

　　为了将润滑剂顺利送入机械的各个运动副摩擦面之间,以达到良好的润滑效果所采取的一切手段和物质保证,称为润滑方式和润滑装置。良好的润滑方式和装置对于节约润滑材料、降低零件的磨损、延长设备的使用寿命、提高企业的经济效益有着重要的意义。

6.4.1　常用的润滑方式与装置

（1）手工加油润滑

手工加油润滑是由设备操作人员利用便携式润滑工具定期给油杯、油嘴等润滑点加油的润滑方式，操作最简单，应用也最广泛。

手工加油润滑为间歇给油，油量进给不均匀，只能用于低速、低负荷、工况不苛刻的摩擦部位，如开式齿轮、链条、钢丝绳、导轨面等设备和零件。

（2）油绳润滑

如图 6.19 所示，油绳润滑是将油绳等浸入油中，利用油芯的虹吸作用吸油，并通过油绳将润滑油连续供到摩擦面上。使用这种方法能够均匀润滑，且对润滑油有一定的过滤作用。使用时要避免油绳与摩擦面接触，防止油绳被卷入摩擦面之间。

（3）油环润滑

油环润滑是将油环套在轴上，当轴转动时，靠摩擦力带动与油接触的油环旋转，由油环把油带到轴颈表面，达到润滑的目的。使用中注意保持油位。油环润滑常用于转速较高的滑动轴承，如电动机、机床及传动装置轴承的润滑。

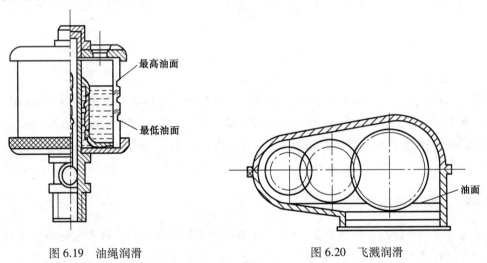

图 6.19　油绳润滑　　　　　　　　图 6.20　飞溅润滑

（4）飞溅润滑

如图 6.20 所示，飞溅润滑是在密闭的油箱内，浸在油中的旋转零件或甩油盘、甩油片等零件将油溅散到润滑部位进行润滑。通常箱体内壁会开有集油槽或加装有挡油板，以保证能够充分润滑。飞溅润滑的润滑油可循环使用，油料消耗较少，润滑效果较好，一般广泛用于中小型齿轮减速器、机床主轴箱、空压机等设备的润滑。

（5）强制给油润滑

如图 6.21 所示，该装置利用油箱上的小型液压泵将压力油送入润滑部位，但润滑剂不再流回循环使用。机床导轨、丝杠、活塞式空气压缩机一般采用这种润滑方式。

（6）油雾润滑

油雾润滑装置如图 6.22 所示。油雾润滑是一种比较新的润滑方式，它是通过油雾发生器使润滑油与压缩空气碰撞,将油液吹散变成油雾,再通过凝缩嘴把油雾凝缩成油滴,从而润滑摩擦表面。

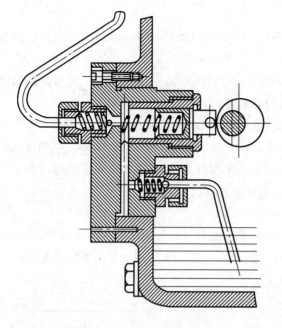 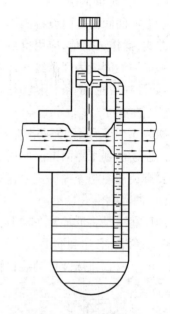

图 6.21　强制给油润滑图　　　　　　图 6.22　油雾润滑装置

（7）压力循环润滑系统

压力循环润滑系统能够为一台或多台设备的各个润滑部位提供润滑,其供油的压力、流量和温度均可控制,出现不正常现象时会自动报警。这是一种较完善的润滑方式。我国从 20 世纪 80 年代开始生产压力循环润滑系统,已逐步进入标准化、系列化阶段,这种润滑系统广泛应用于机床、矿山、冶金等设备中。

6.4.2　设备润滑图表

设备润滑图表是指导操作工、维修工和润滑工对设备进行正确合理润滑的重要基础技术资料,它以润滑"五定"为依据,兼用图文显示出"五定"的具体内容。

（1）设备润滑图表的内容

①润滑剂的品种、名称、数量;

②润滑部位、加油点、油标、油窗、油孔、过滤器等;

③标出液压泵的位置、润滑工具和注油方式;

④标明换油期、注油期和过滤器清洗期;

⑤注明适合本厂实际的润滑分工。

（2）润滑图表形式的选择

常用润滑图表一般有 3 种形式,即表格式、框式和图式,根据设备外观形状、润滑点在设备上的分布及集中分散情况确定设备应选择哪种形式的润滑图表。

①表格式润滑图表。如图 6.23 所示,这种形式的润滑图表可以较详细地提出润滑"五

定"要求。对于润滑部位不易在设备视图上表示清楚,或对添加润滑剂有一定要求的设备,可选用表格式润滑图表。

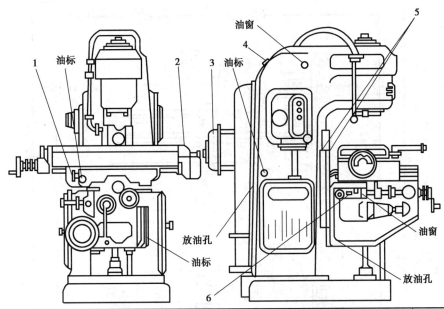

6	进给变速箱	油壶	L.AN46 全损耗系统用油	5	半年更换一次	润滑工
5	升降台导轨	油枪	L.AN46 全损耗系统用油	数滴	每班一次	操作工
4	主轴变速箱	油壶	L.AN46 全损耗系统用油	24	半年更换一次	润滑工
3	电动机轴承	填入	2 号锂基脂	2 月 3 日	半年更换一次	电修工
2	工作台丝杆轴承	油枪	L.AN46 全损耗系统用油	数滴	每班一次	操作工
1	手拉泵	油壶	L.AN46 全损耗系统用油	0.2	每班两次	操作工
序号	润滑部位	润滑方式	润滑剂	油量/kg	周期	润滑工人
五定	定点		定质	定量	定期	定人

图 6.23 表格式润滑图表

②框式润滑图表。如图 6.24 所示,这种图表较为直观,润滑点比较集中的设备可采用这种润滑图表。

③图式润滑图表。如图 6.25 所示,这种图表清晰、直观,但因要求套色,所以制作成本较高。如果能用设备视图清晰地表示出全部润滑点的位置时,应尽量采用图式润滑图表。

(3)编制润滑图表的要求

①统一格式。制图应符合国家标准《机械制图》的有关规定,图幅采用 A3,A4 两种。

②标准化、规范化。必须参照设备说明书中的润滑规范,按润滑"五定"要求编绘,要求图面清晰、引线有序、观看明白、便于记忆。

③简洁明了。以表达清楚、正确为准,视图应尽可能少。

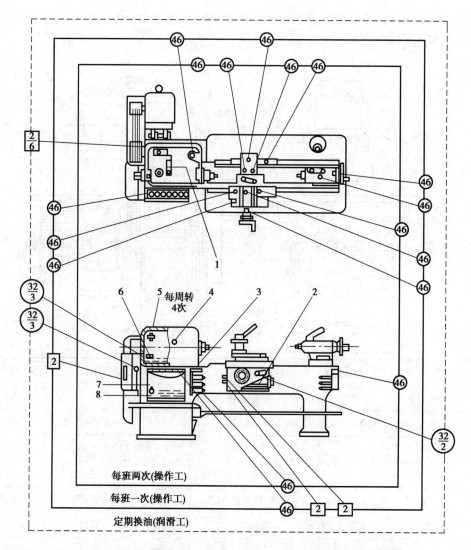

1—柱塞式油泵　2,3,8—放油孔　4—输油观察孔　5—片式过滤器　6—最高油面标准　7—油平面
——表示 L-AN46 全损耗系统用油　---表示 2 号锂基润滑脂

$\dfrac{32}{3}$:分子表示油类,分母表示换油期限(月)(两班制)

图 6.24　框式润滑图表

（4）设备润滑的"目视管理"

为了使操作工、润滑工、维修工对具体设备润滑的"五定"一目了然,常用塑料薄膜制成润滑标记,粘贴在距润滑点约 10 mm 处。这种直观方法的应用称为设备润滑的目视管理。

而润滑标记的样式可由各厂自定,但在厂内应保持一致。推荐的统一标准是:

128

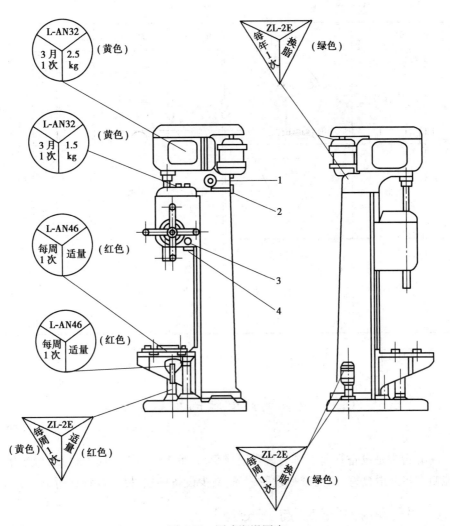

图 6.25　图式润滑图表

①圆形标记为润滑油,三角形标记为润滑脂;

②圆的直径及三角形的边长均为 25 mm;

③红色表示由操作工加油,黄色表示由润滑工加油,绿色表示由维修电工加油;

④标记中间按国家规定标准标出油脂牌号或统一代号,具体见表 6.7。

表 6.7　润滑图表符号意义

项　目	名　称	图　例	项　目	名　称	图　例
定点	标线指出		定期		3月一次

续表

项　目	名　称	图　例	项　目	名　称	图　例
定质	油牌号	L-AN32	定人	操作工	（红色）
	脂牌号	ZG-3		润滑工	（黄色）
定量	油的重量	2.5 kg		维修电工	（绿色）

6.5　设备润滑管理的组织与制度

设备润滑管理是设备管理工作的重要组成部分,它是利用摩擦磨损与润滑技术,通过管理的职能使设备润滑良好,从而减少设备故障,减少设备磨损,提高设备利用率。

6.5.1　设备润滑的"五定"与"三过滤"

设备润滑的"五定"与"三过滤"是我国机械工业设备管理部门总结多年来润滑技术管理的实践经验提出的,它把日常润滑技术管理工作规范化、制度化,内容精练,简明易记。贯彻与实施设备润滑"五定"和"三过滤"工作,是搞好设备润滑工作的重要保证。

1)"五定"

(1)定点

定点即根据润滑图表上指定的润滑部位、润滑点、检查点(油标、油窗)等,实施定点加油、换油,检查液面高度及供油情况。

(2)定质

定质即按照润滑图表规定的油脂牌号用油,润滑材料和掺配油品须经检验合格,润滑装置和加油器具必须保持清洁。

(3)定量

定量即按润滑图表上规定的油、脂的数量对各润滑部位进行润滑,做好添油、加油和油箱清洗换油时的数量控制及消耗定额。

（4）定期

定期即按润滑图表上规定的间隔时间进行添油、加油和换油。对储油量大的油箱，按规定时间进行抽样化验，视油质状况确定清洗换油或循环过滤以及下次抽验和换油时间。

（5）定人

定人即按润滑图表上的规定，明确操作工、维修工、润滑工对设备日常加油、添油和清洗换油分工，各负其责，互相监督，并确定取样送检人员。设备润滑分工原则一般为：

①操作工负责每周加油（脂）或多次监视油窗来油及油位等；

②润滑工负责为储油箱定期添油，清洗换油，向机动、手动润滑泵内添加油脂，为输送链、装配带等共同设备定期加油（脂），按计划取油样送检等；

③维修工负责润滑装置与过滤器的修理，负责大修与检修中拆卸部位的清洗换油（脂）及治理漏油等。

2）"三过滤"

"三过滤"亦称"三级过滤"，是为了减少油液中的杂质含量，防止尘屑等杂质随润滑油进入设备而采取的措施，包括入库过滤、发放过滤和加油过滤。

①入库过滤。润滑油经运输入库泵入油罐储存时要经过过滤。

②发放过滤。润滑油发放注入润滑容器时要经过过滤。

③加油过滤。润滑油加入设备储油部位时要经过过滤。

6.5.2　设备润滑管理的基本任务

①根据企业设备管理的方针、目标，确定设备润滑管理的方针和目标；

②建立健全设备润滑管理组织机构，拟订设备润滑管理的规章制度，建立各级润滑管理人员的工作职责，正常开展企业设备润滑管理工作；

③绘制润滑工作所需的各种技术管理资料，绘制润滑管理用图表；

④实施润滑"五定"和"三过滤"，使设备得到正确、合理、及时的润滑；

⑤做好设备润滑状态的定期检查与监测工作，及时采取改进措施，完善润滑装置，治理设备漏油，杜绝油品浪费；

⑥收集新油品信息，逐步做到进口设备用油国产化，做好短缺油品的代用和掺配工作；

⑦组织废油的回收、再生和利用；

⑧组织润滑工作人员进行技术培训，学习国内外润滑管理先进经验，推广应用润滑新技术、新材料和新装置，不断提高企业润滑管理工作的水平。

6.5.3　设备润滑管理的组织形式

为实施设备润滑管理工作，企业应根据生产规模和生产类型，合理设置相应的润滑组织形式，配备具有专业技术知识和工作能力的润滑技术人员和工人。

（1）大型企业的润滑管理组织形式

对大型企业和车间分散的中型企业，可实行二级管理，即设置厂级设备部门和分厂（车间）设备管理维修部门两级。其特点是由厂级设备部门负责统筹安排，对外联系，对内指导、协调和服务;分厂(车间)设备管理维修部门负责现场润滑管理。

(2)中型企业的润滑管理组织形式

中型企业的车间与厂房一般比较集中,厂区不大,其润滑管理多采用集中的形式,即由设备动力科一管到底。润滑组织形式及工作关系如图6.26所示,图中实线表示行政领导关系,虚线表示业务联系关系。

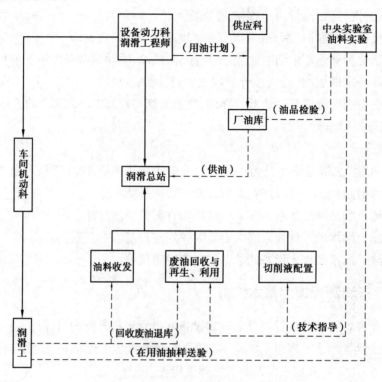

图6.26　中型企业润滑组织形式及工作关系图

(3)小型企业的润滑管理组织形式

小型企业一般由供应科(股)所属的厂油库兼管润滑站的职能,设备动力科(股)可不设润滑站,车间(工段)不设分站。

(4)润滑工作人员的配备

一般企业在设备管理部门内设置专职润滑技术员,大型企业应配备润滑工程师,而润滑工可根据企业设备总机械修理复杂系数进行配备。

润滑工程技术人员应受过高职以上机械或摩擦学润滑工程专业的教育,能够正确运用润滑材料,掌握有关润滑新材料、新技术的信息,并具备操作一般油品的分析和监测、鉴定油品优劣程度的能力,能不断改进企业设备润滑管理工作。润滑工是技术工种,除要掌握润滑工应有的技术知识外,还应具有五级以上维修钳工(原八级工制中的二级工或初级工)的技能。

6.5.4　设备润滑管理制度

为使设备润滑管理工作有章可循,避免混乱,企业应建立健全各项设备润滑管理制度。

（1）润滑材料供应的管理制度

①供应部门根据设备管理部门提供的年度或季度润滑材料申请计划，按时、按质、按量采购供应；

②润滑材料进厂后，应经检验部门按油品质量指标抽样化验合格后方可入库；

③润滑材料按其品种、牌号用专用容器盛放入库，容器应封盖严密，不得露天堆放；

④做好润滑材料入库、发放的登记统计工作；

⑤润滑材料库存1年以上的，应由检验部门重新化验，未合格者严禁发放使用。

（2）润滑站管理制度

①油库的各种设施必须符合有关安全规程规定，按特级防火区要求设置防火设施；

②油桶实行专桶专用，标明牌号，分类存放，封盖严密；

③严格执行油品"三过滤"制度；

④做好收发油品的登记统计工作，每月定期按要求汇总上报设备管理部门；

⑤保持站内清洁整齐，地面无油液，所用的储油箱（桶）每年至少清洗2次；

⑥有条件的企业要进行废油再生工作，再生油经化验合格后方可发放使用；

⑦按工艺要求配置切削液，并由中央试验室进行业务指导，定期检查其质量的稳定性；

⑧对站内润滑工具、器皿及油品、油质、油量定期（如一季度）进行检查。

（3）设备清洗换油制度

①采取集中维修管理的企业，由企业设备管理部门润滑技术员编制设备清洗换油计划；采取分级维修管理的企业，由车间机械员编制设备清洗换油计划，并抄送设备管理部门润滑工程师。

②设备清洗换油计划应尽量与设备的定期维护和修理计划相结合进行编制。

③新设备和大修后的设备，第一次清洗换油时间一般安排在运行30个班次之后，以后纳入正常换油周期。

④对容油量大的油箱（油池）进行计划换油前，应先抽样化验，如油质未达到换油指标规定，则可延长油品使用时间。

⑤设备清洗换油工作一般以润滑工为主，操作工与维修钳工必须配合，车间设备员或润滑技术员检查验收，并按规定填写设备换油卡片。

（4）废油回收及再生管理制度

①企业所有废油应统一回收，集中处理，防止浪费及污染环境。

②废油回收和再生工作应严格按下列要求进行：

a.回收的废油必须去除明显的水分和杂质；

b.不同种类的废油应分别回收保管；

c.污染程度不同的废油或混有切削液的废油应分别回收保管，以利于再生；

d.储存废油的容器应有明显的标志，防止混淆，封盖严密，防止灰沙及水混入油内；

e.废油再生场地应清洁整齐，安全防火；

f.再生油经化验合格后方可发放使用；

g.废油回收、再生，再生油发放均应记录在账，按日定期汇总上报企业设备管理部门。

6.5.5 润滑管理用表

（1）设备换油卡片

设备换油卡片由润滑技术人员编制，润滑工记录，供检查储油部位正常油耗与非正常泄漏情况以及换油周期的执行情况用，如表6.8所示。

表 6.8　设备换油卡片

设备编号、名称			型号、规格			所在车间			
储油部分									
油（脂）牌号									
代用油牌号									
储油量/kg									
换油周期/月									
换油及添油记录（换油标记为△）	日期	油量/kg	日期	油量/kg	日期	油量/kg	日期	油量/kg	日期	油量/kg

（2）年度设备清洗换油计划表

表6.9所示为年度设备清洗换油计划表，由润滑技术人员或计划员编制。

表 6.9　年度设备清洗换油计划表

序号	设备编号	设备名称	型号规格	储油部位	用油（脂）牌号	蓄油量/kg	开动班次	最后一次换油时间	计划换油月份					执行人	验收签字	备注
									1	2	3	…	12			

①根据设备换油卡片的记载资料，以最后一次换油时间为准，参照换油周期的规定和设备的开动班制，确定各台设备的清洗换油月份；

②计划预修设备按检修月份编制一次换油计划；

③当计划换油月份与计划预修月份相差不超过两个月时，应将计划换油时间调整到计划预修月份来编制清洗换油计划；

④每次换完油都应在年度设备清洗换油计划表中予以注明。

（3）月清洗换油实施计划表

月清洗换油实施计划表是润滑工执行清洗换油工作的依据,由润滑技术人员或计划员参照年度换油计划编制,由维修润滑工实施,如表6.10所示。

表6.10　月设备清洗换油实施计划表

序号	设备编号	设备名称	型号规格	储油部位	用油牌号	代用油品	换油量/kg	清洗材料		工时/h		执行人	验收签字	备注
								名称	数量	计划	实际			

（4）年、月换油台次、换油量、维护用油量统计表

表6.11所示为年、月换油台次、换油量、维护用油量统计表,按车间、班组汇总统计,其作用是:

①为编制年、月用油量计划提供总需用量;

②平衡年度换油计划,使月换油量大致平衡;

③便于计划与实际用量进行对比分析。

表6.11　年、月换油台次、换油量、维护用油量统计表

月份	换油台次		换油量/kg		维护用油量/kg		用油量合计/kg		备注
	按年计划	实际	按年计划	实际	按年计划	实际	按年计划	实际	
1									
2									
⋮									
12									
全年									

（5）润滑材料需用申请表

润滑材料需用申请表由企业设备管理部门的润滑技术管理人员负责汇总编制,供各分厂（车间）有关人员向设备管理部门提送用油量计划时使用,如表6.12所示。

表 6.12　润滑材料需用申请表

序号	材料名称	牌号	生产单位	需用量/kg					单价/元	总金额/元	备注
				全　年	一季度	二季度	三季度	四季度			

（6）年、季度设备用油、回收综合统计表

年、季度设备用油、回收综合统计表是按油品牌号进行季用量及年总用量的综合统计表，可与年度润滑油需用申请表作比较，又可为编制下年度需用量计划作参考，如表 6.13 所示。

表 6.13　年、季度设备用油、回收综合统计表

润滑材料		全　年		一季度		二季度		三季度		四季度		备　注
名称	牌号	使用	回收	使用	回收	使用	回收	使用	回收	使用	回收	

6.5.6　润滑工作岗位组织机构和岗位职责

1）设备润滑管理的组织机构

针对不同规模的企业，设备润滑管理组织机构有两种设置方式：

（1）集中管理方式

集中管理方式的优点是可以把全企业的设备润滑专业人员全部划归设备动力管理部门直接领导和统一调配。这样便于合理设置润滑专业机构，合理使用润滑工具和材料，开展润滑工作。这样也便于组织互相协作，充分发挥专业人员的积极性和创造性，便于推广先进润滑技术，提高润滑队伍的技术水平。集中管理式的设备润滑组织机构如图 6.27 所示。

（2）分级管理方式

分级管理方式是在设备动力管理部门建立总的润滑机构，在各车间建立润滑分站。润滑分站行政上由车间领导，业务上受设备动力管理部门领导。这种管理形式有利于发挥车间各级人员对设备润滑工作的主动性和积极性，可使润滑工人与车间维修工人在工作上的配合更加密切和灵活。分级管理式的设备润滑组织机构如图 6.28 所示。

2）润滑人员的分类

随着科学技术的发展，摩擦、磨损与润滑方面的新技术、新材料在生产中的应用日益广泛，生产上对设备润滑工作的要求也越来越高，因此，必须配备适当的专职工程技术人员和专

业润滑技术工人来担负设备的润滑管理工作。

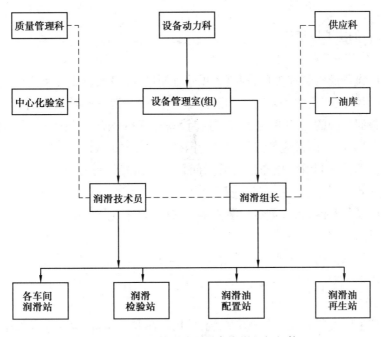

图 6.27　集中管理式的设备润滑组织机构

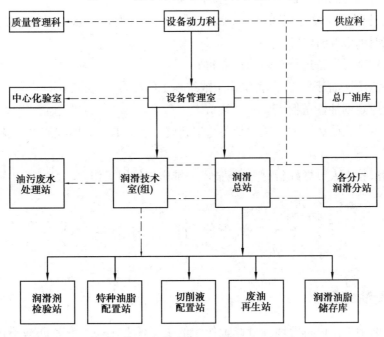

图 6.28　分级管理式的设备润滑组织机构

①工程技术与管理人员。大型或较大型企业应设立润滑技术室(组),配备工程师、检测员、化验员、统计员等。中小型企业也应设立专职或兼职润滑工程师负责指导全厂的设备润滑管理工作。

②润滑操作工人。生产企业一定要配备和培训具有较强专业素质的润滑操作工人来从

事润滑工作,以适应润滑技术发展的需要。其名额可根据企业设备总体的复杂程度和技术性能的高低来确定。

3) 润滑人员的主要职责

(1) 润滑工程师、技术员的职责

①组织全厂设备润滑管理工作,拟订各项管理制度、各级人员职责及检查考核办法。

②编制润滑规程、润滑图表和有关润滑技术资料,供润滑工、操作工和维修工使用。

③负责设备润滑油的选用和变更,对进口设备应做好国产油品的代用和用油国产化工作。暂时无法做到的,应向供应部门提出订购国外油品申请计划。

④分析和处理设备润滑事故与油品质量问题,向有关部门提出改进意见,并检查改进措施的实施情况和效果。

⑤组织治理设备漏油,制订重点治漏方案,检查实施进度与效果。

⑥指导润滑站工作。

⑦学习国内外设备润滑管理工作的经验,掌握新技术、新材料、新装置的运用情况,组织推广业务技术培训。

(2) 润滑工的职责

①熟悉管辖范围内所有设备的润滑系统、所用油品及需用量,掌握设备的润滑状态。

②贯彻执行设备润滑"五定"和"三过滤"的规定。

③按规定巡回检查设备,及时做好设备添加油工作;发现设备润滑装置缺陷,应及时修复、补齐;发现漏油应及时治理。

④督促操作工对设备进行正确的日常润滑。

⑤按设备清洗换油计划,在设备操作工或维修工的配合下,负责做好设备清洗换油工作;设备油箱油量应定期抽样送检。

⑥每台设备油箱的换油量和耗油量要登记到设备换油卡上。回收的废油及时退库,每月统计上报。

⑦配合润滑技术人员做好新材料、新技术的推广与使用工作。

6.6　润滑油的防漏与治漏

6.6.1　漏油的治理

设备漏油的治理是设备管理及维修工作中的主要任务之一。设备漏油不仅浪费大量油料,而且污染环境,增加润滑保养工作量,严重时甚至造成设备事故而响生产。因此,治理漏油是改善设备技术状态的重要措施之一。设备漏油的防治是一项涉及面广、技术性强的工作,尤其是近年来密封技术有了很大发展,许多密封新材料、新元件、新装置、新工艺的出现,既对漏油治理提供了条件,也对治理技术提出了更高的要求,所以要加强其研究和应用以及人员的配备。漏油的治理除少数可在维护保养中解决外,多数需要结合计划检修才能进行,严重泄漏设备必须预先制订好治理方案。

（1）漏油及其分级

对单台设备而言，设备无漏油的标准应达到下列要求：

①油不得滴落在地面上，机床外部密封处不得有渗油现象（外部活动连接处虽有轻微的渗油，但不流到地面上，当天清扫时可以擦掉者，可不算渗油）；

②机床内部允许有轻微渗油，但不得渗入电气箱内和传动带上；

③冷却液不得与润滑系统或工作液压系统的油液混合，也不得漏入滑动导轨面上；

④漏油的处数不得超过该机床可能造成漏油部位的5%。

设备漏油一般分为渗油、滴油、流油3种：

①渗油。对于固定连接的部位，每0.5 h滴1滴油者为渗油。对活动连接的部位，每5 min滴1滴油者为渗油。

②滴油。每2~3 min滴1滴油者为滴油。

③流油。每1 min滴5滴以上者为流油。

设备漏油程度等级又分为严重漏油、漏油和轻微漏油3种。

（2）漏油防治的途径

造成漏油的因素是多方面的，有先天性的，如设计不当，加工工艺、密封件和装配工艺中的质量问题；也有后天性的，如使用中的零件，尤其是密封件失效，维修中修复或装配不当等。由于零部件结构形式多种多样，密封的部位、密封结构、元件、材料千差万别，因此治漏的方法也就各不相同，应针对设备泄漏的因素，从"预防入手，防治结合，对症下药"进行综合治理。治理漏油的主要途径有以下几种：

①封堵。封堵主要是应用密封技术来堵住界面泄漏的通道，这是最常见的泄漏防治方法。

②疏导。疏导的方法主要是使结合面处不积存油，设计时要设回油槽、回油孔、挡板等。

③均压。存在压力差是设备泄漏的重要原因之一，因此，可以采用均压措施来防治漏油。如机床的箱体因此原因漏油时，可在箱体上部开出气孔，造成均压以防止漏油。

④阻尼。流体在泄漏通道中流动时，会遇到各种阻力，因此可将通道做成犬牙交错的各式沟槽，人为地加大泄漏的路程，加大液流的阻力，如果阻力和压差平衡，则可达到不漏（如迷宫油封）。

⑤抛甩。截流抛甩是许多设备上常用的方法，如减速器安装轴承处开有截油沟，使油不会沿轴向外流，有的设备上装有甩油环，利用离心力作用阻止介质沿轴向泄漏。

⑥接漏。有的部位漏油难以避免，除采用其他方法减少泄漏量外，可增设接油盘、接油杯，或流入油池，或定时清理。

⑦管理。加强漏油治漏的管理十分重要，制订防治漏油的计划，配备必要的技术力量，治理工作列入计划修理中，落实在岗位职责中，在维护和修理中加强质量管理，做到合理拆卸和装配，以不致破坏配合性和密封装置，加强设备泄漏防治骨干的培训和普及防治泄漏的知识。

6.6.2　设备治漏计划

设备管理人员和润滑管理技术人员对漏油设备要做到详细调查,对漏油部位和原因登记制表,并根据漏油的严重程度安排治漏计划和实施方案。

治理漏油、实施治漏方案不仅是设备维修管理工作的一项任务,也是节能降低消耗的内容之一,治漏工作应抓好查、治、管 3 个环节:

①查。查看现象,寻找漏点,分析原因,制订规划,提出措施。

②治。采用堵、封、接、修、焊、改、换等方法,针对实际问题治理漏油。

③管。加强管理,巩固查、治效果。在加强管理上,应结合做好有关工作。比如建立健全润滑管理制度和责任制,严格油料供应和废油回收利用制度,建立健全合理的原始记录并做好统计工作,建立润滑站,配备专职人员加强巡检并制订耗油标准。

一些企业在润滑管理中总结出了治理漏油的 10 种方法,即勤、找、改、换、缠、回、配、引、垫、焊的设备治漏十字法。

①勤。勤查、勤问、勤治。

②找。仔细寻找漏油部位和原因。

③改。更改不合理的结构和装置。

④换。及时更换失效的密封件和其他润滑元件。

⑤缠。在油管接头处缠密封带、密封线等。

⑥回。增加或者扩大回油孔,使回油畅通,不致外溢。

⑦配。对密封圈及槽沟结合面做到正确选配。

⑧引。在外溢、外漏处加装引油管、断油槽、挡油板等。

⑨垫。在结合面加专用纸垫或涂密封胶。

⑩焊。焊补漏油油孔、油眼。

此外,做好密封工作对防止和减少漏油也会起到积极作用。

本章小结

设备的润滑是设备维修保养工作中的一个重要环节。如果能正确、合理并且及时地对设备进行润滑管理,就能有效减少部件间的摩擦和磨损,降低能源消耗,达到延长设备的使用寿命,最大限度发挥设备使用效能的目的。

本章主要介绍了摩擦与磨损、材料及润滑工具、润滑方式与设备润滑图表、设备润滑管理的组织与制度、润滑的防漏与治漏等相关内容。

复习思考题

一、填空题

1.摩擦按润滑状态分为_____、_____、和_____。其中,_____摩擦因数最小。

2.磨损的基本类型分_____、_____、_____和_____。影响磨损的主要因素有_____、_____、_____、_____等。

3.润滑剂按照其物理状态可分为_____、_____、_____、和_____四大类。

4.在润滑油的性能指标中,_____是各种润滑油分类分级的指标,对质量鉴别和确定有决定性意义;_____是间接表示润滑油储运和使用时低温流动性的指标;_____主要是润滑油储运及使用时安全的指标。

5.润滑油的质量指标有_____、_____、_____、_____、_____等。

6.润滑脂的质量标准有_____、_____、_____、_____等。

7.润滑管理的组织形式目前主要有两种,即_____和_____。

8.设备润滑管理的"五定"是指_____、_____、_____、_____、_____。设备润滑管理的"三过滤"是指_____、_____、_____。

二、判断题

1.黏温指数越高的润滑油,其工作温度范围越宽。

2.研究零件的磨损规律及特点,是制订合理维修策略的基础。

3.润滑油各有其使用性能,要求正确合理选用润滑油,避免代用。

4.乳化液在轴承等处析出水分时,可能破坏油膜。

5.铜片腐蚀试验可判断油品中是否含有腐蚀金属的活性硫化物并预判在使用时对金属腐蚀的可能性。

三、简答题

1.画出机械零件磨损特性曲线,简述其不同磨损阶段的特点。

2.减少磨损的途径有哪些?

3.润滑油、润滑脂在选用时要考虑哪些要素?

4.油、脂润滑方式各自的优缺点是什么?

5.什么是设备的润滑管理? 其主要工作内容是什么?

6.合理润滑应达到哪些基本要求?

7.要认真做好设备的润滑管理工作,应建立哪些管理制度?

第7章

设备备件的管理

教学目标

1.了解设备备件管理的重要性；

2.了解设备备件管理的目标；

3.了解备件采购的程序；

4.掌握备件库存的管理方法；

5.了解备件资料管理的步骤和方法。

教学重点

1.备件的采购程序；

2.备件库存的 ABC 分类管理法；

3.备件资料的收集整理。

7.1 备件管理概述

设备在使用过程中,其零、部件间由于相对运动所产生的摩擦必然产生磨损、疲劳或事故性损伤。为了维持和恢复设备的性能和精度,就必须对设备进行维修。除清洗、检查、调整外,大部分工作是将已经损坏或即将损坏的影响设备精度和性能的零、部件拆下,用新制的或修复的零部件来更换损坏的旧件,以维持或恢复设备的原有功能。为了及时满足设备维修的需要,缩短维修停机时间,减少停机损失,尽快恢复设备原有功能,需要事先加工、采购和储备好设备中容易磨损的各种零、部件。这些根据设备磨损规律和零件使用寿命事先按一定数量储备的零部件称为备件。

设备备件管理的目的是既要保证设备检修的需求,保质、保量、保时间供应,又不应积压浪费。这就要求设备管理工作者认真细致地积累有关数据与经验,并应用技术经济基础分析的有关理论知识找出相应规律,切实做好有关备件的相关工作。

7.1.1　备件的范围

①所有的维修用配套产品,如滚动轴承、带、链条、继电器、低压电器开关、热元件、皮碗、油封等;

②设备结构中传递主要负荷、负荷较重结构又较薄弱的零件;

③保持设备精度的主要运动件;

④特殊、稀有、精密设备的一切更换件;

⑤因设备结构不良而产生不正常损坏或经常发生故障的零件;

⑥因受热、受压、受冲击、受摩擦、受交变载荷而易损坏的一切零、部件。

库存备件应与设备、低值易耗品、材料、工具等区分开来,但是,少数物品难以准确划分,各企业的划分范围也不相同,只能在方便管理和领用的前提下,根据企业的实际情况确定。

7.1.2　备件的分类

备件的分类方法很多,下面主要介绍 3 种常用的分类方法。

(1)按备件传递的能量分类

①机械备件是指在设备中通过机械传动传递能量的备件;

②电器配件是指在设备中通过电气传递能量的备件,如电动机、电子元件。

(2)按备件的来源分类

①自制备件。这是企业自行加工制造的专用零件。

②外购备件。指设备制造厂生产的标准产品零件,均有国家标准或具体的型号规格,有较为广泛的通用性。这些备件通常由设备制造厂和专门的设备制造厂供应。

(3)按零件使用特性分类

①常备件。指使用频率高、设备停机损失大、单价比较便宜的,需经常保持一定储备量的零件,如易损件、消耗量大的配套零件、关键设备的保险储备件等。

②非常备件。指使用频率低、停机损失小和单价昂贵的零件。

7.1.3　设备备件管理的目标与任务

备件管理是指备件的计划、生产、订货、供应、储备的组织与管理,是设备维修资源管理的主要内容。

(1)设备备件管理的目标

备件管理的目标是在保证提供设备维修需要的备件,提高设备的使用可靠性、维修性和经济性的前提下,尽量减少备件资金,也就是要求做到以下 4 点:

①设备计划修理的停歇时间和修理费用减少到最低程度;

②把设备突发故障所造成的生产停机损失减少到最低限度;

③把备件储备压缩到合理供应的最低水平;

④把备件的采购、制造和保管费用压缩到最低水平。

（2）设备备件管理的主要任务

备件管理的主要任务是：

①及时供应维修所需的合格备件，为此，必须建立相应的备件管理机构和必要的设施，科学合理地确定备件的储备形式、品种和定额，做好保管、供应工作。

②重点做好关键设备的备件供应工作，保证关键设备正常运行，尽量减少停机损失。

③做好备件使用情况的信息收集和反馈工作。备件管理人员和维修人员要经常收集备件使用中的质量信息、经济信息，及时反馈给备件技术人员，以便改进备件的使用性能。

④保证备件供应的前提下，尽量减少备件的储备资金。影响备件管理成本的因素有备件资金占用率，库房占用面积，管理人员数量，备件制造采购的质量、价格，以及库存损失等。因此，应努力做好备件的计划、生产、采购、供应、保管等工作，压缩备件储备资金，降低备件管理成本。

7.2 备件的技术管理

备件的技术管理也称为备件的定额管理，主要包括编制、积累备件管理的基础资料，据此掌握备件的需求，预测备件的消耗定额，确定合理的备件储备定额和储备形式。为备件的生产、采购、库存提供科学合理的依据。备件的技术管理，首先要做的就是落实备件消耗定额，进而确定储备定额。既要千方百计地降低备件的消耗与储备，又要根据生产计划、设备运行与内外部环境的变化情况，及时、适当地调整相应的消耗与储备，因此备件的技术管理工作的重点在于制订合理的备件储备定额。

7.2.1 备件的储备原则

备件的储备应遵循以下原则：

①使用期限不超过修理间隔期的全部易损零件。

②使用期限大于修理间隔期，但同类型设备多的零件。

③生产周期长的大型、复杂的锻、铸零件（如带花键孔的齿轮、锤杆、锤头等）。

④需外厂协作新造的零件和需外购的标准件（如 V 带、链条、滚动轴承、电气元件以及需向外订货的配件、成品件等）。

⑤重、专、精、动设备和关键设备的重要配件。

7.2.2 备件的储备形式

（1）按备件的管理体制分类

①集中储备：是按行业或地区组建备件总库，对于本行业或本地区各企业的通用备件，集中、统一、有计划地进行储备，其优点是可以大幅度加快备件储备资金的周转，降低备件储备所占用的资金。但如果组织管理不善，可能出现不能及时有效地提供企业所需的备件，影响

生产。

②分散储备:是各企业根据设备磨损情况和维修需要,分别各自设立备件库,自行组织备件储备。

(2)按备件的作用分类

①经常储备(又称周转储备):是为保证企业设备日常维修而建立的备件储备,是为满足前后两批备件进厂间隔期内的维修需要的。设备的经常储备是流动的、变化的,经常从最大储备量逐渐降低到最小储备量,是企业备件储备中的可变部分。

②保险储备(又称安全裕量):是为了在备件供应过程中,防止因发生运输延误、交货拖欠或收不到合格备件需要退换,以及维修需用量猛增等情况,致使企业的正常储备中断、生产陷于停顿,从而建立的可供若干天维修需要的备件储备。它在正常情况下不动用,是企业备件储备中的不变部分。

③特准储备:是指在某一计划期内超过正常维修需要的某些特殊、专用、稀有、精密备件以及一些重大科研、试验项目需用的备件,经上级批准后储备的。

(3)按备件的储备形态分类

①成品储备:在设备的任何一种修理类别中,绝大部分备件要保持原有的精度和尺寸,在安装时不需要再进行任何加工的零件,可采用成品储备的形式进行储备。

②半成品储备:有些零件须留有一定的修配余量,以便在设备修理时进行修配或作尺寸链的补偿。对这些零件来说,可采用半成品储备的形式进行储备。

③毛坯储备:对某些机加工工作量不大的以及难以决定加工尺寸的铸锻件和特殊材料的零件,可采用毛坯储备的形式进行储备。

④成对(成套)储备:为了保证备件的传动精度和配合精度,有些备件必须成对(成套)制造和成对(成套)使用,对这些零件来说,宜采用成对(成套)储备的形式进行储备。

⑤部件储备:对于生产线(流水线、自动线)上的关键设备的主要部件,或制造工艺复杂、精度要求高、修理时间长、设备停机修理综合损失大的部件,以及拥有量很大的通用标准部件,可采用部件储备的形式进行储备。

7.2.3　备件的储备定额

(1)备件储备定额的构成

备件的储备量随时间的变化规律可用图7.1描述。当时间为O时,储备量为Q;随着时间的推移,备件陆续被领用,储备量逐渐递减。储备量递减至订货点Q_d时,采购人员会以Q_p批量订购备件,并要求在T时间段内到货(T称为订货的周期);当储备量降至Q_{min}时,新订购的备件会入库,备件储备量增至Q_{max},从而走完一个"波浪",又开始一个新"波浪"。因此,备件储备定额就包括最大储备量Q_{max}、最小储备量Q_{min}、每次订货的经济批量Q_p、订货点Q_d。

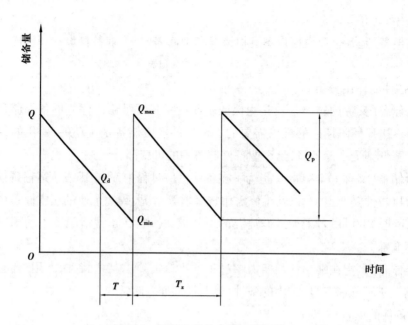

图 7.1 通常备件储备量变化规律

实际情况下,备件储备量的变化情况不会像图 7.1 那样有规律,而是如图 7.2 所示。实际情况下,最小储备量定得越高,发生缺货的可能性越小;反之,则发生缺货的可能性越大。因此,最小储备量实际上就是保险储备量。

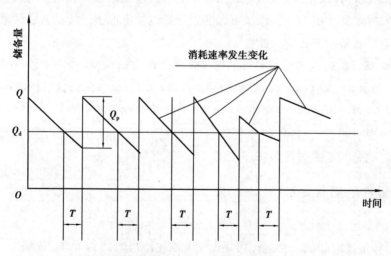

图 7.2 实际备件储备量变化规律

一般来说,最小储备量在正常情况下都是闲置的,而企业还要为它储备一定的流动资金和持有费用,但不能为了降低成本而盲目地降低最小储备量,否则在特殊情况下,可能会发生备件缺货等情况。如果希望降低最小储备量,就需要企业能够对未来备件消耗量作出准确的预测。

通过对备件过去的消耗量进行统计和分析,可以预测备件将来的消耗趋势。但目前还没有一种通用的方法可以让企业根据实际情况灵活地制订预测办法。

（2）预测备件消耗量

已知某备件的消耗量如表 7.1 所示。

表 7.1 备件消耗量表

时 间	第 1 天	第 2 天	第 3 天	…	第 n 天	第 $n+1$ 天	第 $n+2$ 天	…	第 $t-2$ 天	第 $t-1$ 天	第 t 天
消耗量	N_1	N_2	N_3		N_n	N_{n+1}	N_{n+2}		N_{t-2}	N_{t-1}	N_t

由于备件每天的消耗量具有偶然性，导致统计数据随机波动，采用移动平均法消除数据随机波动的影响，移动期数为 n。n 的大小要合理选择，n 越大，消除随机波动的效果越好，但对数据最新变化的反应就越迟钝。为简化预测公式，推荐 n 取订货周期 T 的整倍数，在此取 $n=T$。

第 n 天的备件消耗量移动平均值：

$$M_n = \frac{N_1 + N_2 + N_3 + \cdots + N_n}{n}$$

第 $n+1$ 天的备件消耗量移动平均值：

$$M_{n+1} = \frac{nM_n + N_{n+1} - N_1}{n}$$

第 $n+2$ 天的备件消耗量移动平均值：

$$M_{n+2} = \frac{nM_{n+1} + N_{n+2} - N_2}{n}$$

以此类推，第 t 天的备件消耗量移动平均值：

$$M_t = \frac{nM_{t-1} + N_t - N_{t-n}}{n} \tag{7.1}$$

式（7.1）还可写成：

$$M_t - M_{t-1} = \frac{N_t - N_{t-n}}{n} \tag{7.2}$$

或者

$$M_t - M_{t-1} = \frac{N_t - N_{t-n}}{T} \tag{7.3}$$

将备件消耗量移动平均值与时间的关系绘成二维曲线图（见图 7.3 中的实线部分），可以找出备件消耗的变化规律，从而预测备件消耗趋势。

假设备件用到第 t 天就要订购新备件。此时备件的储备量称为订货点 Q_d，它要足够用到新备件进库，即 Q_d 要大于在订货周期 T 内备件的消耗量 N_H，N_H 就是所要预测的量。

再假设未来的备件消耗量移动平均线是以往消耗量移动平均线的自然延伸（见图 7.3 中）的虚线部分。对虚线部分进行数学分析，得 N_n 的近似值：

$$N_H = TM_t + \frac{T(1 + T)(M_t - M_{t-1})}{2} \tag{7.4}$$

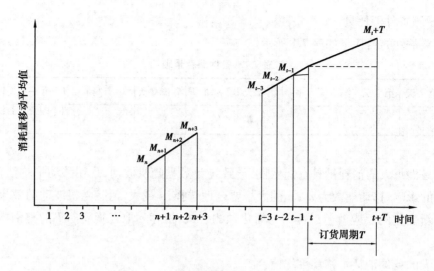

图7.3　备件消耗量移动平均值变化规律

将式(7.3)代入式(7.4)得

$$N_H = TM_t + \frac{(1+T)(N_t - N_{t-n})}{2} \tag{7.5}$$

式(7.5)就是在订货周期内备件消耗量的预测公式,适用于对生产比较均衡的设备的备件进行预测。

(3)备件储备定额的确定

确定备件订货点应以订货周期内备件消耗量的预测值(用 N_H 表示)为依据,要求订货点储备量必须足够用到新备件进库,即订货点 Q_d 必须大于订货周期内备件消耗量。

备件订货点:

$$Q_d = kN_H \tag{7.6}$$

式中　k——保险系数,一般 $k = 1.5 \sim 2$;

　　　N_H——订货周期内备件消耗量的预测值。

备件的最小储备量为

$$Q_{min} = (k-1)N_H \tag{7.7}$$

备件订货的经济批量为

$$Q_p = \sqrt{\frac{2NF}{IC}} \tag{7.8}$$

式中　N——备件的年度消耗量;

　　　F——每次订货的订购费用;

　　　I——年度的持有费率,以库存备件金额的百分率来表示;

　　　C——备件的单价。

备件的最大储备量为

$$Q_{max} = Q_{min} + Q_p \tag{7.9}$$

例 7.1 某厂有 2 台啤酒装箱机和 2 台卸箱机,它们都使用同一种备件——夹瓶罩(橡胶制品)。夹瓶罩的单价为 1 元,年持有费率为 20%,年消耗量为 500 件(往年统计数字),订货周期为 30 天,订货周期内夹瓶罩消耗量的预测值为 120 件,每次订货费为 30 元。试确定夹瓶罩的储备定额。

解 已知 $N_H = 120$ 件,$N = 500$ 件,$F = 30$ 元,$I = 20\%$,$C = 1$ 元/件。另外,取 $k = 1.8$。

备件的订货点

$$Q_d = kN_H = 1.8 \times 120 = 216(件)$$

备件的最小储备量

$$Q_{min} = (k - 1)N_H = (1.8 - 1) \times 120 = 96(件)$$

备件订货的经济批量

$$Q_p = \sqrt{\frac{2NF}{IC}} = \sqrt{\frac{2 \times 500 \times 30}{0.2 \times 1}} \approx 387 \text{件}$$

备件的最大储备量

$$Q_{max} = Q_{min} + Q_p = 96 + 387 = 483(件)$$

7.3 备件的计划管理

备件的计划管理是备件的一项全面、综合性的管理工作,企业根据检修计划以及技术措施、设备改造等项目计划,编制好备件采购计划后,如何有效监控和调整各环节信息,就是备件计划管理的核心内容。

备件计划管理的任务就是在备件储备定额的基础上编制备件供应计划,并对备件库存与供应两方面的信息进行监控,使备件实际库存量始终在储备定额要求范围内变动,以达到既保证生产维修的需要,又不积压浪费的目的。

高效的备件计划管理可以在最大程度上确保设备正常运行,加强备件计划性及质量管理,提高计划命中率,充分保证备件按需到位。同时,为防止不合格的备件进厂,杜绝因备件质量问题造成检修延时或生产不能正常进行,备件计划管理也有着重要意义。

7.3.1 备件计划管理流程

备件计划管理一般是指从提出订购和制造备件计划开始,直到备件入库为止这一段时间的工作,其管理流程如图 7.4 所示。一般由基层使用部门提出备件的需求计划,管理职能部门结合调研情况,按照企业总体成本控制的目标,参考上一周期的实际备件需求情况作出合理性分析,从而形成优化的库存模型,进行汇总和部分调节后,执行备件采购计划。

由上述流程可以看出,备件计划管理工作的重点主要包括备件计划的编制和组织实施。其中如何通过合理性分析来编制备件计划尤为重要。

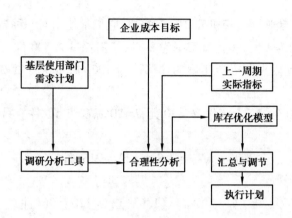

图 7.4　备件计划管理流程

备件计划的申报与审批管理流程如图 7.5 所示。

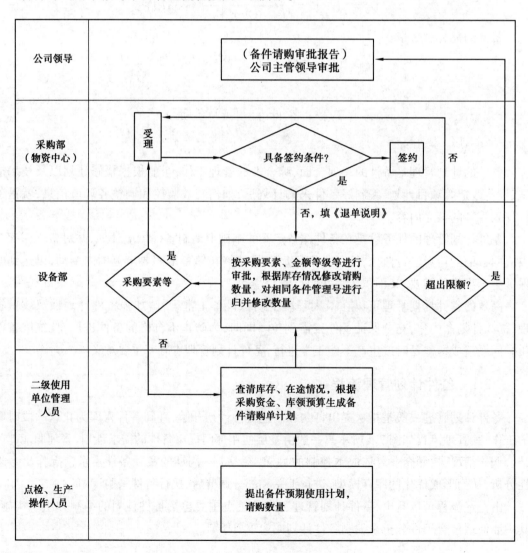

图 7.5　备件计划申报和部门审批流程

7.3.2　备件计划管理部门职责划分

在备件计划管理的各工作节点,一般涉及设备部、采购部(物资中心)和二级使用单位,各部门的管理职责划分如下:

(1)设备部

设备部是公司备件归口管理部门,其主要的工作职责包括:

①负责制(修)订备件管理制度。

②负责备件计划的审核、审批,控制备件计划的申报量。

③负责定额消耗件、集中管理的通用备件计划的申报及审批。

④审定关键设备备件的清单及组织二级部门等相关部门制订技术、质量要求和检验标准。

⑤参与备件质量异议的分析,并对异议处理进行全过程的跟踪管理。

⑥负责公司设备综合管理信息系统备件部分功能的完善并实施管理。

⑦对二级部门执行本制度的情况进行评价。

(2)采购部(物资中心)

采购部是公司各类备件采购的归口管理部门。其管理职责主要包括:

①负责对备件计划的受理并按请购委托单上的采购要素及时采购满足技术要求的备件,确保备件按需到位。

②负责按类编制备件制造(或供应)周期的基础数据。

③选择可靠的备件供应厂商,对供应厂商进行资质评估。

④负责将备件的技术、质量、包装要求和检验标准纳入合同条款并督促供应厂商严格执行。

⑤对二级部门提出的质量异议进行处理,并组织商务及技术谈判,并向供方提出索赔要求。

⑥负责进口备件采购代理协议的签订。

(3)二级使用单位

二级使用单位为备件计划申报部门,其管理职责主要包括:在年度预算范围内自行规划、申报备件制造、采购计划,请购委托单上的采购要素必须准确、齐全,并综合考虑设备状况、设备检修模型、备件加工周期及使用寿命等因素,制订关键设备备件的清单及最低库存量;备件到货后及时安排上机,发生质量异议时及时申报,并做好有关质量异议资料的收集工作。

(4)备件计划员

在备件计划管理人员中,备件计划员处于非常关键的岗位,其职责如下:

①制订备件采购计划并实施。

②保障及时供货,以满足企业对备件的需求。

③保持合理的备件库存,跟踪、解决缺件问题。

④保证使用最新的技术情报,收集工作中的问题和处理建议,报告部门经理。

⑤负责向供应商进行备件索赔工作。

⑥负责备件订货发票的审核及备件订货资料的存档。

⑦负责对备件及辅料的库存统计和盘点工作。

⑧负责编制备件日报表、月报表。

7.3.3 备件计划的编制、实施与调整

（1）备件计划的分类

按备件的来源，可将备件计划分为自制备件生产计划和外购备件采购计划。

按备件的计划时间，可将备件计划分为年度备件生产计划、季度备件生产计划和月度备件生产计划。

（2）编制备件计划的依据

①年度设备修理需要的零件，以年度设备修理计划和修前编制的更换件明细表为依据，由承修部门提前 3~6 个月提出申请计划。

②各类零件统计汇总表，包括备件库存量，库存备件领用、入库动态表，备件最低储备量的补缺件等。

③定期维护和日常维护用备件，由车间设备员根据设备运转和备件状况提前 3 个月提出制造计划。

④本企业的年度生产计划及机修车间、备件生产车间的生产能力、材料供应等情况分析。

⑤本企业备件历史消耗记录和设备开动率。

⑥临时补缺件。设备在大修、项修及定期维护时，临时发现需要更换的零件，以及已制成和购置的零件不适用或损坏的急件。

⑦本地区备件生产、协作供应情况。

（3）备件生产的组织程序

①备件管理员根据年、季、月度备件生产计划与备件技术员进行备件图样、材料、毛坯及有关资料的准备。

②备件技术员（或设计组）根据已有的备件图册提供备件生产图样（若没有备件图册，应及时测绘制图，审核后归入备件图册），并编制出加工工艺卡，一式二份，一份交备件管理员，一份留存。工艺卡中应规定零件的生产工序、工艺要求、工时定额等。

③备件管理员接工艺卡后，将图样、工艺卡、材料领用单交机修车间调度员，便于其及时组织生产。

④对于本单位无能力加工的工序，由备件外协员迅速落实外协加工。

⑤各道工序加工完毕后，经检验员和备件技术员共同验收，合格后开备件入库单并送交备件库。

（4）备件计划的监控和调整

由于种种原因，特别是原定的消耗定额与实际的消耗速度不符时，若仍希望备件储备量控制在要求范围内，就有必要对原计划进行调整。实际上，行业备件订货会一般也是一年两次，其中秋冬间订货会确定的备件供应计划，经过约半左右的运作，应可对计划的准确性有所检验，故可按其差异程度，在春夏间的订货会上进行补充和调整。

要确定差异，就需对计划进行监控。备件计划的监控有两方面：一是对计划本身进行监控，看供应单位是否已履行合同；二是对实际消耗情况进行监控，从仓库库存提取信息，与原定定额对比。根据对这两方面资料的综合，便可确定"差异"，从而对供应计划进行适当调整。

调整的依据是消除监控预测的"差异",确保备件库存量在要求的最大库存量和最小库存量之间变化。

供应计划的调整一般必须与供应单位协商并得到同意之后才能进行。这就要求做好协作工作,一般情况下,供应商会同意少量调整,在市场经济多处于买方市场的情况下更是如此。

做好备件计划要有长期的统计和跟踪数据作基础,具体可借鉴的方法有:

①分类处理。不同的备件使用频率、产地来源各不相同,应对专用、进口、重点设备的重点工序备件、非标准备件等给予重点关注。

②统计不同种类备件的购买周期,对购买周期较长的和较短的重点进行分类。采购周期较长的备件定期跟踪使用情况,做到使用、库存、采购三不误。采购周期较短的备件尽量做到零库存。

③统计备件使用时间,跟踪不同供应商产品的使用质量,对质量较差、寿命较短的备件的供应商采取筛选方法淘汰。

根据以上三点,企业在备件计划采购中就能确定轻重缓急,平衡每月的备件计划。

7.3.4　备件质量异议的处理

备件质量异议,是指新制作的备件或经修复的备件因与所供制造图上的尺寸、精度、材质等不符,不能完全达到技术要求,不能使用而影响检修;或由于制造、修复工艺不当等原因引起其使用寿命缩短,增加非计划检修时间;或由于制造、修复的质量引起使用性能差等原因造成设备故障而影响生产。

备件质量异议的处理原则是谁采购,谁负责处理质量异议。原则上采用现金索赔制,即采购部门负责处理采购备件质量异议,设备部门负责处理修复备件质量异议。

质量异议的处理应依据合同条款中的约定,采购部门、设备部门应在合同中明确异议的处理方式。开检或上机使用过程中出现的备件质量异议,责任部门必须及时到现场确认。企业对质量异议的处理一般是在质量异议提出后一个月内处理完毕,最迟两个月内必须处理完毕。

二级使用单位在备件使用过程中发生质量异议的,也应书面(紧急情况下可以通过电话)报告给设备部门或采购部门,以便及时处理。

7.4　备件的采购管理

在企业的生产经营计划和设备管理维修计划的统一指导下,结合生产维修的基本需要,再根据市场的情况来编制备件的采购管理流程。

7.4.1　国内备件订货计划的编制与订货

(1)编制订货申请计划

以下备件应列入外购订货计划:

①本企业不具备制造技术和设备的备件。

②外购成本低于自制成本或外购质量优于自制质量的备件。

③本企业机修车间生产能力负荷已满,需通过外购补充才能满足需要的备件。

④外购备件申请计划应当采用表单的形式,备件的品种、规格、数量、需要时间等要填写清楚,并按照归口部门规定的表格式样、份数、时间报送有关单位。

（2）签订订货合同

签订订货合同前,首先要选好供货单位(卖方单位)。选择供货单位时应考虑以下几点:

①供货单位的经济状况、可信赖程度;

②供货单位的技术与管理水平;

③供货单位的生产能力;

④供货单位经营者的人格、能力和服务态度;

⑤供货单位的协作能力。

选定供货单位以后,就要签订备件订货合同。在订货合同中要详细注明备件名称、型号、规格、质量标准、图样编号、订货数量、价格、交货日期、运输方式、付款方式和银行账号等。

（3）执行订货合同

合同一经双方签章后,便具有法律效力,双方都必须按照合同严格履行。采购方在执行合同的过程中必须严格进行检查和验收,尤其要注意供货单位的交货期和交货质量。

7.4.2 国外备件订货计划的编制与订货

对于进口设备所需要的备件,要尽可能在国内进行解决。企业能自行加工的,应自行加工解决;能在其他企业或其他地区协作的,应就地、就近协作解决;能在国内订货的,应在国内订货解决;能选国内相同型号或规格的备件代用的(如滚动轴承、电气元件等),应尽可能代用;能自行进改、改装的,可以改装解决。只有在国内确实无法解决或者自行解决很不经济的备件,才申请向国外订货。

向国外订购备件的一般流程如下:

（1）订货申请

①由企业设备部门提出申请,并将进口设备的国别、名称、图号、规格、数量等内容详细列出,经企业主管和财务部门审批、会签后,报主管部门审批,然后委托有关进出口公司办理订货。

②根据进口设备需要的外汇金额和外汇来源及支付方式,向有关单位申请外汇,或使用本企业的留存外汇。

③根据国外企业的报价和提供的技术指标及交货日期,研究是否能够接受其基本条件。若接受,则可以委托有关进出口公司与外商详细协商协议条款,签订正式合同。

（2）填写进口备件订货卡片及说明

①订货是申请进口备件及委托进出口公司办理订货的依据,要按规定格式、内容和份数进行认真填写,字迹要清楚,内容要准确。

②要将申请单位、主机制造厂、型号、规格、国别、地址、出厂时间、主机合同号等,以及备件名称(已知备件供应厂家的可直接提出)、规格、质量标准、图样编号、订货数量和价格、交货

日期、运输方式、到货港口等填写清楚。

③订货卡片各栏都要用中、英两种文字写明,人民币货款总额(计划数)及结算开户银行和账号都要填写清楚。

④金额用美元计算,预计单价时要考虑涨价因素。

⑤所有表格应加盖公章和财务章,并将联系人员的姓名和电话填写清楚。

⑥如有需要特殊说明的事项,一定要用文字或者图表达清楚。

(3)注意及时索赔

进口备件到货后,应及时仔细检查和进行技术鉴定,如果数量、重量、质量出现与合同不符的情况时,必须索取商检证明和运输部门证件,按照规定向有关部门索取赔偿。办理索赔必须迅速,要在规定的时限内提出。如果超过了规定的期限,负责索赔的部门将不予受理赔偿事宜。

7.4.3　备件的采购方式

(1)定量订货方式

定量订货方式就是每次订货量保持不变,但每次订货时间可以变更的订货方式。它的基本形式是订货点方式。

订货点方式就是在库存量下降到某一规定数量(称为订货点)时,就主动按照事先规定的数量订货,使库存量经常保持在计划最高储备定额和最低储备定额之间的库存方式,如图 7.6 所示。这种方式适用于每年发出次数多而单价又较低的零件,如各种通用零件、标准件、轴承、密封件等。其安全系数值如表 7.2 所示。

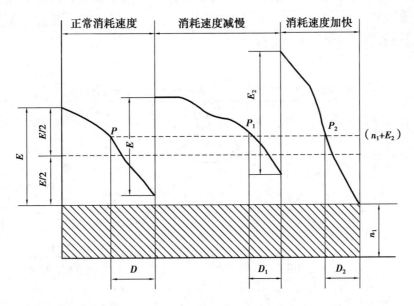

图 7.6　定量订货方式

P—订货点;E—订货量;D—到货期;n_1—保险储备量

表 7.2 安全系数值

到货期和使用量同时滞纳的危险率/%	主要程度	t 值
15	大	1.28
10	中	0.76
5	小	0.48

订货点 P 的计算公式为

$$P = \overline{X}D + n_1 \tag{7.10}$$

$$N_1 = t\delta_x\sqrt{D} = t(X - \overline{X})\sqrt{D} \tag{7.11}$$

式中
$\overline{X}$——月平均消耗量;

X——月最大消耗量;

D——到货期,月;

t——安全系数;

δ_x——月消耗量的偏差。

（2）定期订货方式

定期订货方式是每次订货时间不变,但每次订货量可以根据多种因素变化。按事先规定的订货时间,每月、每季或每年按期向供货企业进行订货,其中订货量根据下一次到货前这段时间的需要量和当时的库存量而定,如图 7.7 所示。它适用于价值较大和需用量变化幅度较大,项目比较少和到货期比较短的备件。

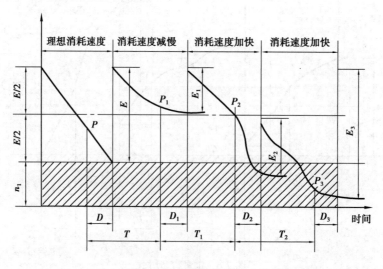

图 7.7 定期订货方式

P—订货点;E—订货量;D—到货期;n_1—保险储备量;T—订货周期

其中:①订货点 P 和订货量 E 的值是按消耗量和消耗速度变化的,即 $P \neq P_1 \neq P_2 \neq P_3$, $E_1 \neq E_2 \neq E_3 \neq E$。②由于到货期 D 较短,因此在一般情况下不变化,但有时也因某种客观原因发生波动。③订货的周期始终保持不变,即 $T = T_1 = T_2$。④消耗速度变化大。

（3）使用量订货方式

使用量订货方式又称维持库存量订货方式,是指每次订货时间和订货量都可变化,把已发生的数量（使用量）作为订货量,并使库存量达到最高储备定额的订货方式。这种方式要首先确定某一数量为最高库存量,使用后再开始按使用量的多少进行灵活订货,使库存量经常保持在所规定的最高库存量水平之上,如图 7.8 所示。这种订货方式适用于每年发出次数少而价格昂贵,使用后需要立即补充的备件。

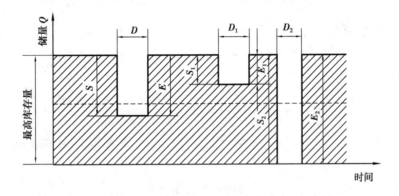

图 7.8　使用量订货方式
D—订货期;S—消耗量;E—订货量

7.5　备件的经济管理

（1）备件的储备资金

备件的储备资金是指企业用于购置备件、储存备件、管理备件及其他相关工作的资金总称,属于企业的流动资金。核定企业备件储备资金定额的方法一般有以下几种:

①按备件库存管理卡上规定的储备定额核算。该方法的合理程度与备件库存管理卡的准确程度密切相关,缺乏本行业企业间的可比性。

②按照设备原购置总价值的 5%～15% 估算。该方法计算简单,通过设备固定资产原值就可以估算出备件储备资金,也便于企业间进行比较。其中,设备和备件储备品种较多的大中型企业可取下限,设备和备件储备品种较少的小型企业可取上限。但是该核算指标偏于笼统,不能清晰地反映企业设备的运转和维修状况。

③依据本企业典型设备进行估算。该方法准确性差,仅适用于设备和备件储备品种较少的小型企业,并且需要在实际中逐步修订完善。

④根据历年统计的备件消耗金额估算。结合历年（特别是上年度）的备件消耗金额及本

年度的设备维修计划,核算本年度的备件储备资金定额。

⑤按资金周转期进行核算。用本年度的备件消耗金额乘以备件资金预计的资金周期(年),再乘以修正系数来核算下年度的备件储备金额。通常,修正系数为下年度预计修理工作量与本年度实际修理工作量的比值。

(2)备件经济管理考核指标

①备件储备资金定额。它是考核期内所有备件的平均储备资金总额,也即企业财务部门给设备管理部门规定的备件库存资金限额。它与备件 i 的单价 X_i、备件品种数量 n、备件的最低储备定额 C_{min} 和最高储备定额 C_{max} 等有关,其计算公式为

$$备件储备资金定额 = \sum_{i=1}^{n} \frac{1}{2}(C_{max} + C_{min}) X_i \tag{7.12}$$

②备件资金周转期。备件资金周转期一般为一年半左右。减少备件资金的占用和加速周转具有很大的经济意义,也是反映企业备件管理水平的重要经济指标,因此应不断压缩周转时间。其计算公式为

$$备件资金周转期(年) = \frac{年均备件库存资金}{年消耗备件资金} \tag{7.13}$$

③备件资金占用率。它用来衡量备件储备占用资金的合理程度,以便控制备件储备的资金和资金占用量。其计算公式为

$$备件资金占用率 = \frac{备件储备资金总额}{设备原购置总值} \times 100\% \tag{7.14}$$

$$备件资金重置资产占用率 = \frac{备件平均储备资金}{重置设备资产价值} \times 100\% \tag{7.15}$$

④备件资金周转率。它是用来衡量库存备件占用的资金实际上满足设备维修需要的效率。其计算公式为

$$备件资金周转率 = \frac{年消耗备件资金总额}{年均备件库存资金} \times 100\% \tag{7.16}$$

7.6 备件的库存储备管理

备件管理工作要紧紧围绕合理储备备件这个中心展开,只有科学合理地储备与供应备件,才能使设备的维修任务完成得既经济又迅速。否则,如果备件储备过多,造成积压,不但会增加库房的面积,增加保管费用,而且会影响企业流动资金的周转,增加产品成本;备件储备过少就会影响备件的及时供应,妨碍设备的修理进度,延长停歇时间,使企业的生产活动受到影响,经济效益遭受损失。因此,如何做到合理储备是备件技术管理要研究的主要课题。

7.6.1   备件库存管理工作的重要性

制造或采购来的备件,在入库建账后应当按照相关程序和有关制度认真地保存、精心维护,保证备件的库存质量。通过对库存备件的发放、动态使用信息的统计和分析,可以摸清备件使用期间的消耗规律,逐步修正储备定额,使备件储备合理化。同时,对库存进行管理在及时处理备件积压、加速资金周转等方面也有重要的作用。做好备件库存优化,对当代企业实施维修成本战略十分重要。适当的备件库存又是生产流畅运行的保障,若管理不善,将会给企业带来一定损失,如:

①备件超储,容易积压资金;

②库存备件品种不全,数量不足,影响设备维修工作的顺利进行,延长停机时间,造成停产损失;

③备件生锈变形、变质劣化,影响使用,造成损失。

由此可见,只有科学合理地储备和供应备件,才能使设备的维修工作顺利进行,从而提高企业的经济效益。如何做到合理储备,是备件管理研究的主要问题之一。

7.6.2   备件库的要求

①备件库应符合一般仓库的技术要求,做到干燥、通风、明亮、无尘、无腐蚀气体,有防汛、防火、防盗设施等;

②备件库的面积应根据各企业对备件范围的划分和管理形式自定,一般按每个设备修理复杂系数 $0.01\sim0.04$ m² 范围参考选择;

③备件库除配备办公桌、资料柜、货架、吊架外,还应配备简单的检验工具、去污防锈材料和涂改设施、手推车等运输工具。

7.6.3   备件库存管理的内容

(1)备件入库

入库备件必须逐件进行核对与验收。

①有申请计划并被列入备件计划的备件方可入库,计划外备件需经设备管理负责人和备件管理员批准才能入库;

②入库备件必须符合申请计划和生产计划规定的数量、品种、规格,并有合格证明,才可办理入库手续;

③备件入库必须由入库人填写入库单(见表7.3)并附有质量合格证,保管员应做外观、数量等抽检,并核查入库单;

④备件入库后应及时登记上账,涂油防锈,挂上标签,并按用途、设备属性、型号分类进行存放。

表7.3　备件入库单

工作号发票/合同号				备件来源				
设备名称/型号	备件名称	图号或规格	单　位	数　量	单　价	总　价	质量情况
实际价格			计划价格			备　注
发票价格	运杂费	总金额	单　价		总　价	

财务审核：　　　　　　　　交库人：　　　　　　　　　　　　库保管：
　　　　　　　　　　　　　　　　　　　　　　　　　　　　　年　　月　　日

（2）备件的保管

①仓库管理员要保管、维护好入库备件，做到不丢失、不损坏、不变形、不变质，要定期检查涂油，做好梅雨季节的防潮工作，防止备件生锈。

②账目清楚，账、卡、物三者相符。入库登账，出库记账，每月结账。定期对备件进行盘点，随时向有关人员反映备件动态。

③备件码放整齐，做到"三清"（规格清、数量清、质量清）、"两齐"（库容整齐、码放整齐）、"三一致"（账、卡、物一致）、"四号定位"（区号、架号、层号、件号定位）、"五五码放"（按五件一组码放整齐）。

（3）备件领用

①备件领用一律实行以旧换新的制度，由领用人填写领用单，注明用途、名称、数量，以便对维修费用进行统计核算。

②发放备件需凭领用单，对不同备件，要按各厂规定执行领用的审批手续。

③备件领出后要及时登记和销账减卡，并办理相关财务手续。大修、中修需要预先领用的备件，应根据批准的备件更换清单领用，大修、中修结束时一次性结算，并要求将旧件如数交回。

④支援外厂的备件必须经过设备管理负责人批准后，才可办理出库手续。

（4）备件的处理

备件管理员应经常了解设备情况，凡符合下列条件之一的备件，准予及时处理，办理注销手续：

①因设备报废、设备技术改造或设备外调而导致本企业不再需要的备件，要及时处理，做到尽可能回收资金，不造成随意浪费；

②因图样错误、工艺不当等制造错误或保管不善而造成的备件废品，且经备件管理人员组织有关技术人员鉴定无修复价值的，要查明原因，提出防范措施和处理意见，呈报有关部门批准后报废。

7.6.4　备件库存的 ABC 管理法

备件库存的 ABC 管理法是物资管理中 ABC 分类控制法在备件中的典型应用。它是根据备件品种规格多、占用资金多和各类备件库存时间、价格差异等因素,采用 ABC 分类控制的原则,对品种繁多的备件进行分类排队,实行资金重点管理的库存管理办法。这种管理办法既能简化备件的管理工作,又能提高备件管理的经济效益。

1)备件的 ABC 分类方法

一般,按照备件品种和占用资金的多少将备件分成 A,B,C 3 类,各类备件所占的品种数及库存资金如表 7.4 和图 7.9 所示。

表 7.4　备件的 ABC 分类参考表

备件分类	品种数占库存品种总数的比重/%	占用资金占总库存资金的比重/%
A	约 15	约 70
B	约 25	约 20
C	约 60	约 10
合　计	100	100

2)备件的 A,B,C 3 类管理方法

从表上可知,A,B,C 3 类备件各有以下特点:

（1）A 类备件

此类备件是指库存品种数量少,占用资金多,储存期长(周转速度慢)、重要程度高、采购和制造困难,价格高的备件。对于 A 类备件要重点控制,应在保证供应的前提下控制进货,尽量按最经济、最合理的批量和时间进行订货和采购;采取定时、定量进货供应,保证生产的正常需要。

（2）B 类备件

此类备件的库存品种数量较 A 类多,占用资金比 A 类少。对于 B 类备件,可根据维修的需要,适当控制这类备件的储存量,延长订货周期,减少采购次数。

（3）C 类备件

C 类备件的品种很多,占用资金很少。为了简化物资管理,对于 C 类备件,应以充分保证维修需要为前提,适当增大储备量,延长订货周期,减少对这类备件的管理量,将管理重点主要放在 A 类备件上。

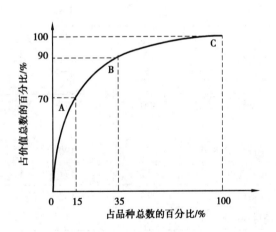

图 7.9　各类备件的品种、价值分布曲线

例 7.2 有 10 种备件,这些备件的单价以及在一个年度内的消耗数量、消耗金额见表 7.5。试对这些备件做 ABC 分类。

步骤如下:

①计算在 1 年内各品种备件的消耗金额,计算式如下:

某备件的消耗金额 = 单价 × 该备件的全年消耗量

②计算 1 年内各品种备件累计消耗总金额:

各备件累计消耗总金额 = $\sum$ 各品种备件消耗金额

③按备件消耗金额大小降序排列;

④按照 A,B,C 各类备件占库存品种总数的比重和占用资金占总库存资金的比重进行分类。

分析:如表 7.5 所示,10 个品种中,A 类应占 2 个左右。根据 A 类备件的特点(品种少、所消耗资金多),所以应选择备件消耗金额最大的丁备件和葵备件为 A 类备件,并计算两种备件的消耗资金占总库存资金的比重为 72%,确定丁备件和葵备件属于 A 类备件。同样通过计算得到乙备件、甲备件和戊备件属于 B 类备件,而剩余的戊备件、己备件等 5 种属于 C 类备件。

表 7.5 备件 ABC 分类计算表

品种目录	单价①	消耗数量②	消耗金额/元③ =①×②	累计消耗金额/元④ = $\sum$③	占品种总数的比重/%	占库存资金的比重/%	ABC分类
丁备件	760	5	3 800	3 800	20	72	A
葵备件	380	8	3 040	6 840			
乙备件	47.5	20	950	7 790	30	20	B
甲备件	28.5	20	570	8 360			
戊备件	10	38	380	8 740			
庚备件	5	38	190	8 930	50	8	C
己备件	3	57	171	9 101			
丙备件	2	76	152	9 253			
壬备件	1	133	133	9 386			
辛备件	2	57	114	9 500			

7.7 备件资料的管理

备件技术管理工作的主要内容是编制、积累备件管理的基础资料。通过对这些资料的积累、补充和完善,可以掌握备件的需求,预测备件的消耗量,确定比较合理的备件储备额,为备件的生产、采购、库存提供科学、合理的依据。

7.7.1　备件技术资料的内容

备件技术资料的内容见表7.6。

表 7.6　备件技术资料内容

类　别	技术资料名称和内容	资料来源	备　注
备件图册维修手册	机械备件零件图、主要部件装配图、轴承系统分布图、传动系统图、液压系统图、电气系统图	①向制造厂索要；②自行测绘；③机械行业编制的备件图册；④设备使用说明书的易损图或零件图；⑤向描图厂购买；⑥向兄弟行业借用	①外来资料应与实物校核；②编制图册的图样应在图样适当位置标出原厂符号
备件卡片	机械备件卡（自制备件卡、外购备件卡）、轴承卡、液压元件卡、传动带、链条卡、电器备件卡等	①备件图册；②设备使用说明书；③机械行业有关技术资料；④向兄弟行业借用；⑤自行绘制、编制	
备件统计表	备件型号、规格统计表 备件类别汇总表	①备件卡、备件图册；②设备说明书；③同行业互相交流；④设备台账；⑤机械行业有关资料	

注：1.备件汇总表一般应按国家物资供应目录进行分类，如轴承（深沟球轴承、调心球轴承、圆柱滚子轴承）、传动带、链条、皮碗油封、液压元件（如泵类、阀类）等统计汇总。

2.关于备件卡：

(1)5个复杂系数以下的设备或不需要大修的设备可不编制备件卡；

(2)如果编制备件卡的设备占全部生产设备的比重很小，根据备件卡整理出的汇总表（主要指配套产品如轴承），就不能正确反映设备拥有量。这就要求整理这些备件汇总表时，应考虑备件卡的设备数量要占应编设备台数（或复杂系数）的75%以上；

(3)各类备件卡和汇总表中所列备件应按顺序排列，以便查找。

7.7.2　备件统计报表

备件库是提供备件统计资料的中心，要通过报表及时反映备件库存量、备件资金周转情况、备件实际消耗情况等。常用的统计表有以下几种：

(1)备件入库单(表7.3)

此单必须由交货人填写,入库的备件必须附有质量合格证。

（2）备件消耗情况月报表

将备件的月消耗量以表格的形式报给备件技术员，以便其了解备件消耗情况及作为修改备件定额的依据。备件消耗情况月报表如表 7.7 所示。

表 7.7　备件消耗情况月报表

序号	设备型号名称	备件名称	图号或规格	消耗数量					备注
				合　计	大　修	项　修	日常维修	事　故	

制表人：　　　　　　　　　　　　　　　　　　　　　　　　　　　　　　年　　月　　日

（3）备件订货表

将消耗到订货点的各种备件以表格的形式报给备件技术员，以确定下月备件自制或外购计划。备件订货表如表 7.8 所示。

表 7.8　备件订货表

序号	备件名称	图号或规格	现有库存量	储备定额		申请量	要求到货期	备　注
				最　小	最　大			

制表人：　　　　　　　　　　　　　　　　　　　　　　　　　　　　　　年　　月　　日

（4）呆滞备件表（表 7.9）

将储存时间一年以上，尚未动用过及超过最大储备量的备件以表格的形式报给备件技术员，以便进行调剂和处理。

表 7.9　呆滞备件表

序号	备件名称	图号或规格	库存量	金额/元	最大储备量	主机名称型号	上次动用年月	呆滞原因分析	处理意见	备注

制表人：　　　　　　　　　　　　　　　　　　　　　　　　　　　　　　年　　月　　日

（5）备件资金动态表

表7.10为备件资金动态表,它用于反映备件储备资金的周转情况,有利于财务部门核对资金。

表 7.10　备件资金动态表

备注类别	入库备件金额/元			出库备件金额/元			备　注
	自　制	外　购	合　计	自　制	外　购	合　计	

月末库存备件金额/元：　　　　　　　　　　　　　　　　本月备件资金周转期/天：

制表人：　　　　　　　　　　　　　　　　　　　　　　　　年　　月　　日

7.7.3　备件仓库的信息反馈

备件仓库内的备件有成百上千个品种,能够及时进行信息反馈对备件的管理非常重要。仓库一般应反馈以下信息:

①最低储备量的信息反馈。每种备件规定了最低储备量,当库存降低到最低储备量时,应将此信息进行及时反馈(可按周、按月反馈一次),并根据这一信息,按最大储备量提出备件计划进行第二次备件订货或制造。

②备件入库信息反馈。备件入库后需要将这一信息及时反馈给有关人员,以便其掌握备件计划执行情况,并供执行维修计划时参考。

③备件仓库资金活动情况的信息反馈。这类反馈信息包括资金变动的月报、年报等。

本章小结

设备备件管理的目的是既保证设备检修的需求,保质、保量、及时供应,又不积压浪费。这就要求设备管理工作者认真细致地积累有关数据和经验,并应用技术经济基础分析的有关理论知识找出相应规律,切实做好有关备件相关工作。

本章主要介绍了备件的技术管理、备件的计划管理、备件的采购管理、备件的经济管理、备件的库存储备管理和备件资料的管理。

复习思考题

一、填空题

1.备件管理是指备件的_____、_____、_____、_____、_____的组织与管理,它是设备维修资源管理的主要内容。

2.备件按传递的能量分为_____和_____;按备件的来源分为_____和_____;按零件使用特性分为_____和_____。

3.备件的采购方式分为_____、_____和_____。

4.备件的储备形式按备件的作用分为_____、_____和_____。

5.备件计划按时间分为_____、_____和_____。

6.备件经济管理的考核指标有_____、_____、_____、_____。

二、简答题

1.备件管理的目标和任务是什么?

2.如何确定备件的储备定额?

3.编制备件计划的依据有哪些?

4.备件库存管理的基本工作内容是什么? 降低备件库存有哪些常用措施?

第 **8** 章
设备故障与维修管理

教学目标

1.熟悉设备故障的典型模式；

2.熟悉设备事故管理的基本原则；

3.熟悉设备维修管理的工作内容。

教学重点

1.设备故障产生的原因；

2.设备事故管理的基本要求；

3.减少和延迟设备故障的方法。

8.1　设备故障诊断

8.1.1　设备故障诊断技术的发展

在最近 20 多年的发展历程中,设备现代化的水平有了显著提高,逐步迅速地向更加大型化、电子化、自动化、高速化方向发展,设备的工作效率和使用效益也获得了大幅度增长。与此同时,设备的价格也愈发昂贵,因故障造成的直接和间接损失也日益加大。由此可见,如何保持设备在运行过程中的良好状态,对故障征兆的检测和诊断,以及对设备故障和事故的防止与控制是设备管理工作中的主要课题之一。

工业领域中设备诊断技术的发展从 20 世纪 70 年代以来,在发达国家中得到了大力研究和发展。最近几年来,我们国家各个行业也在大力发展和推行设备故障诊断和设备状态监测技术,尤其是在石油化工和冶金等行业已经初见成效。目前各行业也在积极开发设备状态监测软件,使设备故障诊断技术朝着更加深入的方向发展。

8.1.2 设备诊断技术的含义与内容

设备诊断技术是一门综合性学科,主要涉及物理、化学、数学、力学、电子技术、声学、机械、计算机技术、信号处理技术和传感技术等学科。设备诊断技术主要通过在线检测技术和传感技术对设备的动态特征信息进行采集和分析处理,进而确认设备是否存在异常状态,并对其发展趋势进行预测,同时查明异常状态部位、原因和严重程度,提出针对特定问题和状态的维护措施和解决方法。这也就是现代设备管理制度中的按状态维修的方法。

目前,机械设备的功能在逐步增加,设备的复杂程度也在增加,同时设备的零部件数目也正在以等比级数增加。设备中的各个零部件之间的运行状态和受力情况存在着差异,例如腐蚀、变形、冲击、疲劳和磨损等情况的出现和相互作用,使各个零部件具有不同于其他零部件的失效原因和周期,因此造成了设备故障。机械设备的故障诊断实际上就是利用设备运行过程中零部件由磨损增大的间隙所造成的振动引发的二次效应,通过设备产生的不同效应来判断故障的本质,通过局部状态来推测整体状态,通过设备的当前状态来预测其未来状态。设备诊断技术实际上是一门以机械设备为对象的行为科学,目的是使设备发挥出其寿命周期内的最大效益。

在设备管理中,设备诊断技术占据着重要的地位和作用。

①设备诊断技术可以对设备的状态进行检测,能够及时发现设备的异常状态,进而预防设备故障和避免事故的发生,有利于开展预知性和改善性维修;

②设备诊断技术能够支持管理者科学地制订设备维修间隔期和维修内容;

③设备诊断技术能够较科学地预测零部件的寿命,促进备件生产和管理制度的建立与执行;

④设备诊断技术能够做到依据诊断信息,对设备的先天质量进行评价,从而为设备的研发、设计、生产、安装和更新提供质量依据。

目前,国内外主要应用于设备故障诊断的技术检测方法包括磨损残留物、振动和噪声诊断法,温度、泄漏物诊断法,压力、流量和功率变化诊断法,应变、裂纹及声发射诊断法等。其中,振动和噪声诊断法在国内外应用得最为广泛。

在实际应用中,采用按状态维修的方法时必须注意根据不同设备的特点,恰当地选择设备诊断方法。一般情况下,多以一种诊断方法为主,通过实践经验和原始数据的不断积累逐步完善诊断方法的应用。

8.1.3 设备诊断技术的分类

按诊断方法的完善程度可以将设备诊断技术分为简易诊断技术和精密诊断技术,如图 8.1 所示。

（1）简易诊断技术

简易诊断技术是通过便携式工况监视仪表和诊断仪器,对设备有无故障及其严重程度进行判断。简易诊断技术的优点在于可以高效率地对设备是否存在异常进行诊断,费用低。因而,简易诊断技术是判断设备状态的初级技术,主要由现场作业人员实施。简易诊断技术在对设备进行高效率和高效果的评价过程中应当具备以下功能:

①检测出设备所受应力的趋向控制和异常;

②早期发现并控制设备的故障趋势和劣化;

③检测和控制设备的性能、效率的趋向和异常;

④对设备提供有效的监测和保护;

⑤判断并指出有问题的设备。

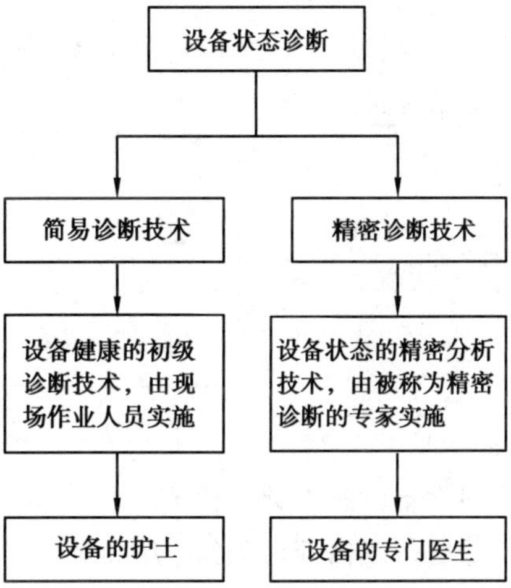

（2）精密诊断技术

图 8.1　设备诊断技术的基本系统

精密诊断技术通过使用较复杂的分析仪器和诊断设备,在对设备作出有无故障及其严重程度判断和区分的同时,在有经验的工程技术人员指导下,能够对部分特殊类型的典型故障作出判断和预测,其中包括故障的类别、性质、原因、部位和发展趋势等。精密诊断技术费用较高,通常情况下需由专业技术人员实施。

实施精密诊断技术的目标就是在简易诊断技术作出异常判定的基础上进行精密诊断,用以决定需要采取哪些必要措施。故精密诊断技术应具备的功能包括:

①能够确定设备异常的类别和形式;

②能够了解并确定设备异常的原因;

③能够了解设备故障的危险程度,并对其发展趋势进行预测;

④能够让技术人员了解改善设备异常的方法。

8.1.4　设备诊断过程及技术

（1）设备诊断过程

设备诊断过程如图 8.2 所示。

在对设备进行故障诊断的过程中,首先需要对各种参数进行定量检测,并考虑不同参数该采取何种方法进行有效检测,例如有些参数可以直接通过测量获得,但是也存在许多检测部位的参数不能通过直接测量获得。同时也要考虑监测的时间长短,判定哪些状态参数需要长期监测,哪些需要短期监测,以及哪些状态参数需要结合修理过程进行监测等。对于不需要长期监测的量,通常可采取定期停机检测;对于不能直接测到的数据,可转换为与之密切相关的数据进行检测。同时注意在检测过程中,尽量选用设备在运行过程中不拆卸零部件的情况下就可检测的方式;在能够达到相同检测效果的时候,尽量选择最少的检测参数。

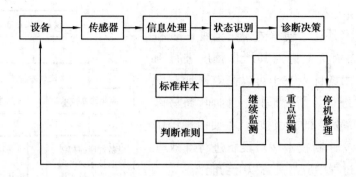

图 8.2　设备诊断过程

在设备状态参数的检测过程中,如何正确选择与应用合适的传感器也不容忽视,有些参数不需要传感器便可测得,例如设备或产品的表面温度。但是有些参数则需要传感器,甚至需要连续监测。

(2)信号处理技术

信号是设备状态的反应,也是设备故障诊断的依据。如果所获取的信号能够直接反映设备的状态,则将其与正常状态的参数进行比较,便可得出设备状态的结论。但现实生产中往往需要注意有些信号常常伴有干扰,如振动和声波信号等,因此要求在实际监测过程中对信号进行滤波。通过对数据进行压缩和形式变换等,获取与设备状态相关的特征量,即为信号处理。

(3)识别技术

通过特征量识别设备的状态和故障,首先要建立判别函数,并确定判别标准,再将特征量与设备标准样本、历史资料和标准进行比较分析,进而得到设备状态或设备故障的部位、类型、原因和发展趋势等信息和结论性意见。

(4)预测技术

预测技术就是通过对设备故障发展过程进行预测,判断其何时达到何种危险程度,并对设备的寿命和可靠性进行推断的技术。

(5)振动和噪声诊断技术

振动和噪声诊断就是通过测量并分析设备表面的振动和噪声信息,运用仪器对运转中设备的振动和噪声状态进行监测,以防止由于振动所造成的对运转设备产生的不良影响。振动和噪声诊断是在不停机的情况下对设备的振动情况进行采集,分析振动信号,对设备的状态和故障进行判断,从而进一步预防设备故障和事故的发生。由于该方法应用的广泛性、无损性、方便性和实用性,使其发展为目前国内外最重要的设备诊断技术。

(6)润滑油磨粒检测技术

磨粒检测技术包括光谱分析技术、铁谱分析技术、磁塞分析法和过滤分析法等。在这些润滑油磨粒检测技术中,目前铁谱分析技术应用最多。

铁谱分析技术也称为"铁屑技术"或者"铁相学",是一门通过对润滑油中的铁磁磨粒进行分析来判断设备故障的技术。其工作过程包括以下环节:首先,带有铁磁性磨粒的润滑油在流过一个高强度、高磁场梯度的磁场时,利用磁场力使铁磁性磨粒从润滑油中分离出来,并且按照磨粒的大小沉积在玻璃基片上,制成铁谱基片,最终通过观察磨粒的形状和材质判断磨粒产生的原因,并通过检测磨粒的数量和分布判断设备磨损程度。

(7)无损探伤技术

无损探伤是在不损伤物体构件的前提下,借助各种检测方法,对物体构件的材质状态和内部结构进行了解的方法。无损探伤技术包括射线探伤、超声波探伤、渗透探伤、磁粉探伤以及声发射检测等技术。其中超声波探伤技术在工业生产和故障诊断中应用最为广泛。

超声波探伤法是通过电振荡在探头中激发高频声波,高频声波入射到构件中,若遇到构件存在缺陷,则会发生散射、反射、衰减等现象,再经探头接收转换为电信号,进而放大显示,根据波形对缺陷的部位、性质、大小和危害程度进行确定的方法。

(8)温度监测技术

温度监测技术是一种利用测量设备某些部位的温度来检测温度变化的技术,例如红外监测技术等,对设备上某些部位的发热状态进行监测,从而判断设备是否存在异常状态和征兆,进而判断设备的运行状态和故障程度。其中,红外监测技术具有非接触式、范围广、灵敏度高、远距离、测量速度快、动态测量等优点,在化工、工业窑炉、高低压电器、热工以及电子设备等特殊工作状态的设备监测和运行故障诊断中具有不可替代的优势。并且在机械设备故障诊断中,该检测方法也常可作为其他诊断方法的补充,有着广泛的应用领域。

8.1.5　设备诊断工作的开展

近年来,设备状态监测与诊断工作在我国各大中型企业中逐步开展起来,但是由于各企业性质、工艺流程等不同,设备技术人员配备和管理水平的不同,使得目前设备诊断工作发展尚不平衡。各企业在设备诊断工作中开展的规模和程序也各不相同。为了更加有效地开展设备诊断工作,现把开展设备诊断工作的步骤归纳如下:

①清楚企业的生产设备现状。包括设备的结构、性能、工作条件、工作能力、使用状态和重要程度等信息。

②明确需要进行诊断和监测的设备。例如设备停机对生产会产生重大影响或损失的重点关键设备。

③确定需诊断和监测设备的监测点、基准值和测定参数,以及相应的监测周期(间断监测还是连续监测,间隔周期是每月、每周还是每天等)。

④根据诊断和监测内容,确定监测的结构和方式,并选择适当的监测仪器和监测方法。

⑤完善组织机构和人员、记录报表等管理程序和责任制度的建立。

⑥对操作人员和监测人员进行相关培训,包括设备的结构、性能、监测技术、仪器的使用方法、故障分析及信号处理技术等。

⑦不断总结和分析工作中的经验,巩固成果,并分析各类设备和故障的规律、原理。促进设备的维修性和可靠性相关研究,为研发和设计部门提供更加实际和可靠的数据信息,不断提高我国技术装备素质,提高设备诊断技术的应用水平和应用范围。

8.2 设备的故障管理

设备故障是指设备或系统在使用过程中降低或丧失其规定功能的事件或现象。设备是企业为了完成工程项目的预计功能或者满足某种生产对象的工艺要求而配置的。在现代化生产制造过程中,由于设备自动化程度越来越高、设备结构日益复杂,设备各系统、各部分的联系非常紧密,如果设备出现故障,或是局部失灵,都可能造成整个设备停机,甚至造成整条流水线、整个车间停产,由此可见,设备故障会直接影响企业的生产数量和生产质量。因此,国内外企业都十分重视设备故障及其管理的问题研究,20世纪80年代初,我国一些大中型企业也开始了对故障发生规律的探索,通过记录故障,对故障机理进行分析,进而采取有效的措施来预防故障和控制故障,这就是设备故障管理。

8.2.1 设备故障的分类

常见的设备故障分类如下:

①材料性能方面的故障主要分为开裂、断裂、蠕变、裂纹、过度弯曲变形、击穿、剥落等类型;

②化学物理方面的故障主要分为油质变质、腐蚀、绝缘绝热性能差、蒸发、导电导热性能差等类型;

③机械运动故障主要分为渗漏、异常振动、运转速度不稳、堵塞、制动装置不灵、异响等类型;

④其他综合故障主要分为设备润滑系统无法正常供油,整机或子系统功能异常、无法起动、性能不稳,机械零部件磨损严重,紧固装置松动和失调等类型;

设备故障是多种多样的,可以从不同角度对其进行分类。

(1)按故障的发生状态进行分类

①渐发性故障:渐发性故障主要是由于设备初始参数发生劣化而产生的,这类故障包含了大部分机器的故障。渐发性故障的发生与材料的腐蚀、磨损、蠕变及疲劳等过程密切相关。

②突发性故障:突发性故障是由于偶然的外界影响和各种不利因素共同作用而产生,使之超出了设备所能承受的固有限度。例如:因机器出现超负荷或使用不当引起的零件折断;因设备参数达到极值而引起的零件变形或断裂。突发性故障往往是事先无任何征兆而突然发生的,其发生时间多处于设备的初期使用阶段,往往是由于研发设计、生产制造、装配以及材质等方面存在缺陷,或者由于现场工人操作失误或者违章作业而造成。

(2)按故障性质进行分类

①间断性故障:是指设备在短期内丧失某些功能,但是通过短暂的修理调试就能恢复而不需要更换零部件的现象。

②永久性故障:是指设备某些零部件已损坏,需要更换或修理才能恢复设备的正常使用的现象。

(3)按故障的影响程度进行分类

①完全性故障:是指导致设备完全丧失功能的故障。

②局部性故障:是指导致设备丧失某些功能的故障。

(4)按故障发生的原因进行分类

①磨损性故障:是指由于设备正常磨损而造成的故障。

②错用性故障:是指由于操作错误、维护不当而造成的故障。

③固有的薄弱性故障:是指由于设备的研发设计问题而使设备出现薄弱环节,故在正常使用时产生的故障。

(5)按故障的发生和发展规律进行分类

①随机故障:是指故障发生的时间是随机的。

②有规则故障:是指故障的发生具有一定的规律性。

每一种故障都有其主要特征,即所谓故障状态或模式。各设备所表现出的故障状态是相当繁杂的,但可归纳为以下种类:磨损、异常振动、疲劳、破裂、裂纹、腐蚀、过度变形、渗漏、堵塞、油质劣化、剥离、黏合、材料劣化、绝缘老化、松弛、异常声响、污染及其他。

8.2.2　设备故障的分析方法

在故障管理中,不仅需要对每一个具体的故障进行分析,查明原因和发生的机理,并采取预防措施,防止该故障重复出现,同时,还需要对本系统的所有设备故障的基本状况、主要问题、发展趋势等进行全面了解,找出管理中的薄弱环节,进而从本企业设备着手,采取有针对性的预防措施,减少设备故障,改善设备的技术状态。由此可见,对故障的统计分析是故障管理中不可或缺的内容,是制订设备故障管理目标的主要依据。

1)故障信息数据收集与统计

(1)故障信息的主要内容

①故障对象的数据,包括系统、编号、设备的种类、使用经历、生产厂家等;

②故障识别的数据,包括故障类型、故障时间、故障现场的形态表述等;

③故障鉴定的数据,包括故障现象、测试数据、故障原因等。

④故障设备的历史资料。

(2)故障信息的来源

①故障现场的调查资料;

②故障的专题分析报告;

③故障修理单;

④设备使用情况报告;

⑤定期检查的记录;

⑥设备的状态监测和故障诊断记录；

⑦产品说明书和设备的出厂检验、试验数据；

⑧设备的安装和调试记录；

⑨设备的修理检验记录。

(3)收集故障数据资料的注意事项

①按规定的程序和方法收集数据；

②对故障类型的识别要有具体的判断标准；

③数据必须准确、可靠、真实、完整，要对记录人员进行教育和培训，并建立健全管理责任制；

④收集信息要及时。

(4)做好设备故障原始记录的要求

①跟班维修人员要做好检修记录，要详细记录设备故障的全过程，包括故障部位、故障产生的原因、故障停机时间、处理情况等。同时也要记录清楚不能立即处理的故障隐患。

②操作工人要按照要求做好设备点检记录。每班按照点检要求对设备做逐点检查，并逐项记录。对点检中发现的设备隐患，除按规定要求进行处理外，对隐患处理情况也要按要求认真记录。

③填好设备故障修理单。当有关技术人员会同维修人员对设备故障进行分析处理后，要把详细情况填入作为主要信息源的故障修理单。

2)故障分析内容与方法

(1)故障原因分类

开展故障原因分类时，对故障原因种类的划分应按照统一的原则。因此，应先规范本企业的故障原因种类，明确每种故障所包含的内容。划分故障原因种类时，要结合本企业故障管理的实际需要和本企业拥有的设备种类。根据划分的故障原因种类，容易看出每种故障的主要原因或存在的问题。当设备发生故障后，在进行鉴定时，需按同一规定确定故障的原因。当每种故障所包含的内容已有明确规定时，便不难根据故障原因的统计资料发现设备产生故障的主要原因。

(2)典型故障分析

在进行故障原因分类分析时，由于不同原因造成故障的后果不同，因此，通过故障原因分类分析来改善管理的经济效果并不明显。

典型故障分析则是从故障造成的后果出发，抓住影响经济效益的主要因素进行分析，采取有针对性的措施，并抓住重点进行改进管理，以求取得较好的经济效益。这样不断地循环，效果更加显著。

影响经济效益的3个主要因素是故障频率、停机时间和修理费用。故障频率是指某单台设备或者系统在统计期内(如一年)发生故障的次数；故障停机时间是指每次故障发生后单机或者系统停止生产运行的时间。这两个因素都会直接对产品的生产输出产生影响，降低企业的经济效益。修理费用是指修复设备故障的直接费用损失,包括材料费和工时费。

典型故障分析就是将一个时期内企业或者车间内所发生的故障情况,根据上述 3 个主要因素的记录数据进行分析,提出 3 组最高数据,对重点问题进行特定分析和改善管理。

(3)MTBF 分析法

设备的 MTBF(Mean Time Between Failure,平均故障间隔时间)是一项在设备投入使用后较易测定的可靠性参数,被广泛应用于评价设备使用期的可靠性。可通过进行 MTBF 分析,对设备故障是怎样发生的有所了解。MTBF 分析一般按下述步骤进行。

①选择分析对象。为了分析同一规格和型号,并且使用条件相似的多台设备的故障规律,首先所选分析设备应具有代表性。使用中的各种条件,如加工产品、使用环境、切削负荷、台时利用率、操作人员、维修保养等条件都应处于设备允许范围的中间值。分析对象 MTBF 不应太悬殊,否则,应认真检查原始记录有无问题。其次是对使用条件、故障内容等作详细研究分析,确定是否是由起支配作用的故障造成的,若查不出原因,就只能将 MTBF 分析结果作废。

②规定观测时间。记录下观测时间内该设备的全部故障。观测时间应不短于该设备中寿命较长的磨损件的修理(更换)期,一般连续观测记录 2~3 年,可充分发现影响 MTBF 的故障。要记录下观测期内发生的全部故障,包括突发故障和预测中将要发生故障的部位、有关数据资料、发生日期、处理方法、修理工时、停机时间、修理人员数等,并保证数据的准确性。

③数据分析。在观测期内,设备的故障间隔和维修停机时间按发生时间的先后依次排列,形成图 8.3。

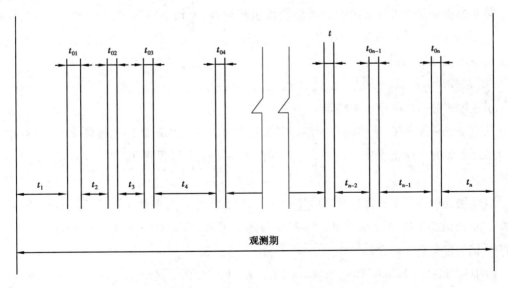

图 8.3　观测期内设备的故障间隔和维修停机时间分布

将各故障间隔时间 $t_1, t_2, \cdots, t_n$ 相加, 除以故障次数 n_0, 即可得

$$MTBF = \sum_{i=1}^{n} \frac{t_i}{n_0}$$

将各次修理的停机时间 $t_{01}, t_{02}, \cdots, t_{0n}$ 相加, 除以修理故障次数 n_0, 即可得到平均修理时间为

$$MTTR = \sum_{i=1}^{n} \frac{t_{0i}}{n_0}$$

如果 MTBF 分析的目的是为了了解故障发生的规律, 则应把所有原因造成的故障, 包括非设备本身原因造成的故障都统计在内。如果测定 MTBF 的目的是求可靠性数据, 则应在故障统计中剔除那些非正常情况造成的故障, 如明显的人为破坏、自然灾害、超设备性能使用等原因造成的设备故障。

如果把故障记录工作一直进行下去, 当设备进入使用的后期(损耗故障期), 将会出现故障密集现象, 不仅仅是易损件, 就连一些基础件也连续发生故障而形成故障流, 且故障流的间隔时间也会显著缩短。通过对多台相同设备的故障记录分析, 就可以科学地估计出该设备进入损耗故障期的时间, 为合理地确定预防修理的时间创造条件。

(4)统计分析法

通过统计某一设备或同类设备的零部件因某方面技术问题, 如腐蚀强度等所发生的故障, 占该设备或该类设备各种故障的百分比, 进而分析设备故障发生的主要问题, 为修理和经营决策提供依据的一种故障分析法, 称为统计分析法。

(5)分步分析法

分步分析法是对设备故障的分析范围由粗到细、由大到小逐步进行, 最终找出主要故障的形成原因或频率最高的设备零部件, 从而采取对策。这对连续型生产企业准确地分析故障的主要原因很有帮助。

(6)故障树分析法

①故障树分析法的产生与特点

从系统的角度来说, 故障的产生原因既有设备中具体部件的缺陷和性能恶化, 也有软件, 如自控装置中的程序错误等。此外, 还会存在现场操作人员操作不当等原因而引起的损坏故障。

故障树分析法产生的背景是 20 世纪 60 年代初, 随着载人宇航飞行, 洲际导弹的发射, 以及原子能、核电站的应用等尖端和军事科学技术的发展, 需要对一些极为复杂的系统作出有效的可靠性与安全性评价。

故障树分析法(Failure Tree Analysis, FTA)是 1961 年由美国贝尔电话研究室的华特先生首先提出的。其后, 在航空和航天的设计、维修, 原子反应堆, 大型设备以及大型电子计算机系统中得到了广泛的应用。目前, 故障树分析法虽还处在不断完善的发展阶段, 但其应用范围仍在不断扩大, 是一种很有发展潜力的故障分析法。

总的来说,故障树分析法具有以下特点:

• 它是一种从系统到部件,再到零件逐层"下降"的分析方法。从系统开始,通过由逻辑符号绘制出一个逐渐展开的树状分枝图来分析故障事件(又称顶端事件)发生的概率。同时也可以用来分析零部件或子系统故障对系统故障的影响,其中包括环境因素、人为因素和其他因素在内。

• 它不但可以对系统故障作定性的分析,也可以作定量的分析;不仅可以分析由单一构件所引起的系统故障,而且也可以分析由多个构件产生的系统故障。因为故障树分析法使用的是逻辑图,因此,不论是对设计人员还是使用和维修人员而言,都比较容易掌握和运用,并且由它可派生出其他专门用的"树"。例如,可以绘制出专门用于研究维修的维修树和用于研究经济效益及方案比较的决策树等。

由于故障树是一种由逻辑门构成的逻辑图,因此适合用电子计算机来计算,而且对于复杂系统的故障树的构成和分析,也只有在应用计算机的条件下才能实现。

显然,故障树分析法也存在一些缺点。其中最主要的是构造故障树的多余量相当繁杂,难度也相对较大,因此对分析人员的要求也较高,从而限制了它的普及和进一步推广。在构造故障树时要运用逻辑运算,在其未被一般分析人员充分掌握的情况下,很容易发生错误。例如,很有可能漏掉影响系统故障的重大事件;同时,由于每个分析人员所取的研究范围各有不同,其所得结论也有可能不同。

②故障树的构成和顶端事件的选取

同一种系统可以有各种不同的故障状态。所以在应用故障树分析法时,首先应根据任务要求选定一个特定的故障状态作为故障树的顶端事件,该顶端事件是所要进行分析的对象和目的。因此,顶端事件的发生与否必须有明确定义,应当可以用概率来度量,而且从顶端事件起可向下继续分解,最后能找出造成这种故障状态的可能原因。

构造故障树是故障树分析中最关键的一步,通常要由设计人员、使用维修人员、可靠性工作人员合作完成,设计人员、使用维修人员、可靠性工作人员通过细致分析,找出系统故障和导致该故障的诸多因素的逻辑关系,并将这种关系用特定的图形符号,即事件符号与逻辑符号表示出来,构造出一棵以顶端事件为"根"向下倒长的故障树。

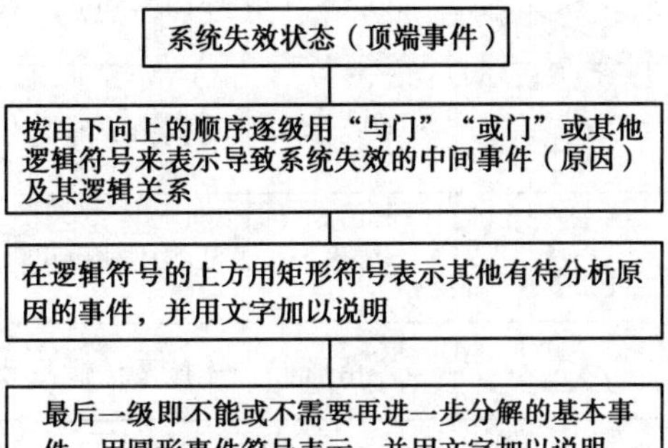

故障树的基本结构及组成部分如图 8.4 所示。

图 8.4　故障树的基本结构

③故障树用的图形符号

在绘制故障树时需应用规定的图形符号。符号可分为两类,即逻辑符号和事件符号,其中常用的符号如表 8.1 和表 8.2 所示。

表 8.1 逻辑符号

符　号	名　称	因果关系
	与门	输入端所有事件同时出现时才有输出
	或门	输入端只要有一个事件出现即有输出
	禁门	输入端有条件事件时才有输出
	顺序门	输入端所有事件按从左到右的顺序出现时才有输出
	异或门	输入端事件中只有一个事件出现时才有输出

表 8.2 事件时间符号

符　号	名　称	含　义
	圆形	基本事件,有足够的原始数据
	矩形	由逻辑门表示的失效事件
	菱形	原因未知的失效事件
	双菱形	对整个故障树有影响,有待进一步研究的、原因未知的失效事件
	屋形	可能出现也可能不出现的失效事件
	三角形	连接及传输符号

8.2.3 设备故障管理的程序

　　设备故障管理的目的是在故障发生前通过对设备状态的监测与诊断,掌握设备有无劣化情况,以发现故障的隐患和征兆,并及时进行预防和维修,提前预防故障的发生;在故障发生后,应及时分析故障发生的原因,积极研究对策,并采取措施排除故障或改善设备,同时防止故障再次发生。

要做好设备故障管理,就必须认真分析发生故障的具体原因,积累典型故障和常发故障的数据和资料,开展故障分析,重视故障的发生规律和故障的发生机理研究,同时加强日常维护和检修。这样就可避免突发性故障,并合理控制渐发性故障。

设备故障管理的程序如下:

①做好宣传教育工作,使维修工人和操作工人能够自觉地认识并遵守有关操作、检查、维护等规章制度,从而正确地使用和维护设备,并在设备发生故障时能够认真地记录、统计和分析。

②结合本企业生产实际和设备状况及特点,确定设备故障管理的重点。

③采用适宜的诊断技术和监测仪器对重点设备制订合理的监测计划,并按计划进行监测,及时发现故障征兆。一般设备可通过人的感官及一般检测工具进行日常点检、定期检查(包括精度检查)、巡回检查、完好状态检查等工作。着重掌握容易引起故障的部位、机构和零件的技术状态及异常信息。同时要建立检查标准,确定设备正常、异常和故障的界限。

④为了迅速查找出设备故障的部位和原因,除了通过培训教育使维修和操作工人掌握一定的电气和液压技术知识外,还应把设备常见的故障现象、排除方法、分析步骤汇编成故障查找逻辑程序图表,以便在故障发生后能迅速找出故障部位和原因,及时进行故障排除和修复,减少故障处理时间。

⑤完善故障记录制度。故障记录是实现故障管理的基础资料,又是进行故障分析的原始依据,必须完整正确地进行记录。维修工人在现场检查和处理故障后,应按要求认真填写“设备故障修理单”,车间技术人员与动力员按月统计、分析,并报送设备动力管理部门。

⑥及时进行故障的统计与分析。车间设备技术人员和动力员除日常掌握故障情况外,还应按月汇总“故障修理单”和维修记录。通过对故障数据的统计、整理和分析,计算出各类设备的故障频率和平均故障间隔期,分析单台设备的故障动态和重点故障原因,找出故障的发生规律,从而重点采取预防对策。同时将故障信息的分析资料反馈到计划部门,以便其进一步安排预防修理和改善计划,还可以作为修改定期检查间隔期及检查内容和标准的依据。

根据统计资料可以绘制出统计分析图表,例如,单台设备故障动态统计分析表可用于维修班组对故障进行目视管理,既便于维修人员和管理人员及时掌握各类型设备发生故障的情况,又能在确定维修对策时有明确目标。

⑦针对故障原因、故障类型及设备特点采取不同对策。对新设置的设备应加强使用初期管理,注意观察、掌握设备的性能、精度和缺陷,作好原始记录。在新设备使用中应当重点加强日常维护、巡回检查与定期检查,及时发现异常征兆,采取调整与预防措施。重点设备进行状态监测与诊断,建立灵活机动的具有较高技术水平的维修组织,采用快速修理技术与方法,及时供应合格备件。并利用生产间隙整修设备,对已掌握磨损规律的零部件采用改装更换等措施。

⑧做好控制故障的日常维修工作。根据区域维修工人的日常巡回检查和按计划进行的设备状态检查所取得的状态信息和故障记录、分析资料,车间设备技术人员或维修组长针对各类型设备的特点和已经发现的一般缺陷,及时安排日常维修,做到预防在前,以控制和减少故障发生。对某些故障隐患,日常维修无法处理的,则应当及时反馈给计划部门另行安排计划修理。

⑨建立故障信息管理流程图,如图 8.5 所示。

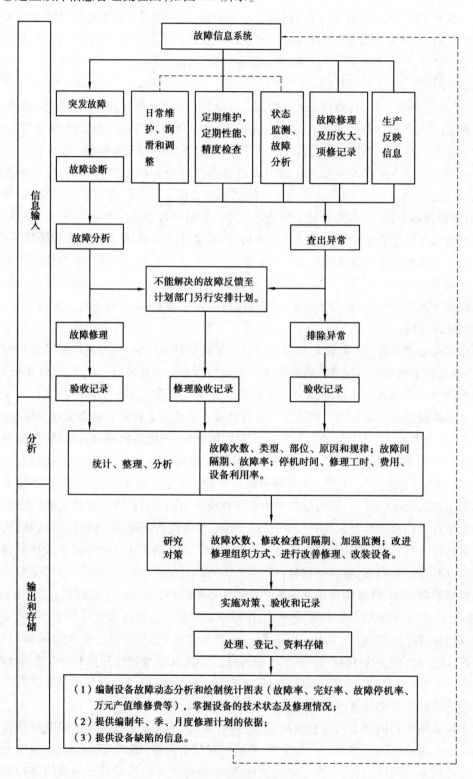

图 8.5 故障信息管理流程图

8.3　设备维修管理

8.3.1　设备的维修方式与类别

1)设备维修方式

设备维修方式具有维修策略的含义。现代设备管理强调对各类设备采用不同的维修方式,就是强调设备维修应当遵循设备物质运动的客观规律,在保证生产的前提下,合理利用维修资源,达到设备寿命周期费用最经济的目的。

(1)事后维修

事后维修就是对一些生产设备,不将其列入预防修理计划,而是在其发生故障后或性能、精度降低到不能满足生产要求的时候再进行修理。事后维修能够最大限度地利用设备的零部件,提高了零部件使用的经济性,常用于修理结构简单、利用率很低、易于修复以及发生故障停机后对生产影响很小的设备。

(2)预防维修

预防维修是为了防止设备性能、精度劣化或为了降低设备故障率,预先按照事先规定的修理计划和技术要求提前进行的维修活动。对重点设备和重要设备实行预防维修是贯彻《设备管理条例》中规定的"预防为主"方针的重点工作。预防维修主要有以下方式:

①定期维修

定期维修就是指按照计划对设备进行周期性的维修。根据零件的失效规律,事先确定修理间隔期、修理类别和修理工作量等工作内容。定期维修方式具有计划性强的优点,需要做好维修前的准备工作,主要适用于已经掌握磨损规律,并且生产过程是大批量、稳定、连续的流程式流水作业和自动线上的主要生产设备、动力设备及其他可以统计开动台时的设备。

由于各种设备劣化的规律各不相同,对各设备的修理间隔时间和维修内容难以作出准确的估计,故定期维修容易造成过剩维修,具有经济性较差的缺点。我国在引入实施苏联的计划预修制度经验的基础上,结合企业自身的特点,对计划预修制度进行了改进和完善,创造出了定期维修制度,主要有计划预防维修制和计划保修制两种。

计划预防维修制简称计划预修制,是根据各个设备的磨损规律,按照预定的修理周期和结构对设备进行定期的维护、检查和修理,进而保证设备处于良好状态的一种设备维修制度。其主要特征如下:

a.按规定要求,对设备进行日常检查、清扫、紧固、润滑和调整等工作,进而减缓设备的磨损,保证设备的正常运行状态。

b.按规定的日程表对设备的性能、运行状态和磨损程度等进行定期检查,以便及时消除设备隐患,掌握设备技术状况的变化情况,为定期检修设备做好准备。

c.有计划、有准备地对设备进行预防性修理。

计划保修制又称保养修理制,是将维护保养和计划检修结合起来的一种修理制度。其主

要特点如下:

a.根据各类设备的特点和状况,按照设备运转时间(产量或里程)等参数,确定特定的维修保养间隔期。

b.在保养的基础上制订设备的修理内容和修理周期。

c.当设备运转到规定时限时,不论其技术状况如何,都要严格按照要求进行检查、保养或修理。

计划保修制对计划预修制中的设备修理周期进行了重大突破,包括大修、中修和小修的界限和规定,使小修的全部内容和中修的部分内容在三级保养中得到解决,一部分中修内容并入大修。同时,又突破了大修和革新改造的界限,强调"修中有改,修中有创",特别是对老设备,把大修的重点转移到改造上来,这是适合我国具体情况的重要经验。计划保修制是一种专群结合、以防为主、防修结合的设备维修制度,在目前的实践中取得了较好的效果。

②状态监测维修

状态监测维修是一种以设备技术状态为基础的,按照实际需要进行修理的预防维修方式。在技术诊断和状态监测的基础上,掌握设备劣化的发展情况,在高度预知的情况下,适时安排预防性维修,故又被称为预知维修。

状态监测维修方式的基础是将各种检查、使用、维护和修理工作,尤其是诊断和监测过程中所提供的大量信息,通过统计分析后,正确判断设备的劣化、故障程度和将要发生故障的部位、原因及发展趋势,从而促进技术人员及时采取正确的维修策略。这样能充分掌握维修活动的主动权,做好修前准备,并且可以和生产部门进行生产计划协调,在提高设备利用率的同时充分利用零件的最长寿命。但是由于受到诊断技术发展的限制,以及设备诊断与监测系统的费用高等因素影响,目前状态监测维修方式主要适用于重点、利用率高的大、精、稀设备。

(3)改善维修

改善是为了消除设备的先天缺陷或频发故障,在修理过程中,对设备的局部结构或零部件进行改进设计,从而增加设备的维修性和可靠性。改善维修方式主要是针对设备重复性故障问题进行的局部改造,以提高零部件的性能和寿命,延长设备的故障间隔期或者消除故障,从而降低设备的故障率、设备的停机时间和设备维修费用,是预防维修方式的一项重要发展。

(4)无维修设计

无维修设计是指产品的理想设计,其目标是达到使用中不需要进行设备维修的目的。在进行设备设计时,就需着眼于消除造成设备故障的原因,使设备无故障地运转或减少维修作业,是一种维修策略,也被称为维修预防。目前无维修设计主要见于两种情况:一种是大批量的家用电器的生产,例如家用电视机、录音机、录像机等的生产;另一种是对安全可靠性要求极高的设备,例如核能设备、航天器等。这些产品和设备几乎不需要进行维护和修理。但是若要达到此目的,首先需要先进的科学技术作为保证,其次需要科学的反馈技术和系统,反复地进行试验研究,才能逐步接近或实现。对于机械设备,要达到无故障,技术上很难,费用也非常高,因此无维修设计主要适用于十分贵重的、停机损失很大的设备。但是在产品设计中体现无维修设计的概念,对改进和提高机器设备的可靠性是有益的。

综上所述,每一种维修方式各有其特定的适用范围,如何正确地选择维修方式,是以最少的费用达到最大效果的关键。具体选择时,应重点考虑企业的生产性质、生产过程、生产纲领、设备使用条件及环境、设备特点及其对生产的影响、合理利用维修资源、安全要求等因素。

2)修理类别

修理类别是根据修理内容和要求以及工作量大小,对设备的修理工作进行的种类划分。预防维修的修理类别有大修、项修、小修、定期维护或定期检查、定期精度检查和定期预防性试验等几类。

(1)大修

设备大修是工作量最大的一种有计划的彻底性的修理工作。大修时,对设备的全部或大部分部件进行解体检查,修复基础件,更换或修复全部不合用的零件;修复、调整电气系统;修复设备的附件以及翻新外观等,从而达到全面消除修前存在的缺陷,恢复设备规定的精度和性能等目的。

(2)项修

项修即项目修理,是根据设备的结构特点及目前存在的问题,对技术状态劣化,已达不到生产工艺要求的某些特定项目,按实际需要进行的针对性修理,以恢复所修部分的性能。

(3)小修

小修是维持性修理工作,不对设备进行全面的检查、维护和调整,只结合目前掌握的技术状态信息对设备进行局部拆卸、更换和修复部分失效零件,以保证设备正常的工作能力。

(4)定期维护或定期检查

该项工作通常被列入计划修理来进行,要做到及时掌握设备的技术状态,发现和清除设备隐患以及较小故障,以减少突发故障的发生。

(5)定期精度检查

对大、精、稀机床的几何精度进行有计划的定期检查和调整,使其达到或接近规定的精度标准,保证其精度的稳定性,以满足加工要求。

(6)定期预防性试验

对锅炉与压力容器、动力设备、起重运输设备、电气设备等安全性要求高的设备,由专业人员按其规定的期限和要求进行试验,如绝缘、耐压、安全装置、电阻、接地、负荷、指示仪表、制动器和限制器等的试验。通过试验可及时发现问题,消除隐患或安排设备修理工作。

8.3.2　设备维修计划的编制

设备维修计划是建立在设备运行的理论和工作实践基础之上的,维修计划的编制能够做到真实、准确地反映设备与生产之间互相关联的运动规律,因为其不仅是企业生产经营计划的重要组成部分,也是企业设备维修组织与管理的依据。维修计划编制得正确与否,主要取决于采用的依据是否准确无误,是否科学地掌握了设备的真实技术状况及变化规律。

设备修理计划包括按时间进度编制的计划和按修理类别编制的计划两大类。按时间进度编制的计划有年度计划、季度计划和月份计划,各计划中又包括了设备大修、项修、小修、更新设备的安装和技术改造等维修计划;按修理类别编制的计划通常为年度大修计划,以便于对大修费用进行管理。有的企业也编制项修、小修、预防性试验和定期精度调整的分列计划。

正确地编制设备修理计划,可以统筹安排设备的修理和所需的人力、物力和财力,有利于做好修理前的准备工作,缩短修理停歇时间,并与生产计划进行密切配合,既能保证生产的顺利进行,又能保证检修任务的按时完成。设备修理计划是贯彻执行设备计划预修制的重要保证。

1) 编制设备修理计划的依据

(1) 设备的技术状态

设备的技术状态是指在使用过程中设备所具有的精度、性能、安全、生产效率、能源消耗和环境保护等方面的技术状态。设备在使用过程中,由于生产性质、加工对象、工作条件及环境条件等因素对设备的作用,致使设备在设计制造时所确定的工作性能或技术状态不断降低或劣化。设备的完好率、故障停机率和设备对均衡生产影响的程度等,是反映企业设备技术状况好坏的主要指标。设备技术状态的信息主要来自下述两方面:

①设备技术状态的普查鉴定。企业设备普查的主要任务是摸清设备存在的问题,提出修理意见,填写设备技术状态普查表,以此作为编制计划的基础资料。

②设备日常检查、状态监测记录、定期检查、维修记录等原始凭证及综合分析资料等。

(2) 生产工艺及产品质量对设备的要求

适应生产的需要是设备修理的目的,因此,产品质量对设备的要求是着重考虑的依据之一。如果设备的实际技术状况不能满足工艺要求,则应安排修理。

(3) 安全与环境保护的要求

根据国家和有关主管部门的规定,设备的安全防护装置不符合规定的,设备所排放的粉尘、气体、液体污染环境时,应安排修理。

(4) 设备的修理周期与修理间隔期

设备的修理周期和修理间隔期是根据设备磨损规律和零部件使用的寿命,在考虑到各种客观条件影响的基础上确定的,是编制修理计划的依据之一。

修理周期,是指相邻两次大修之间或新设备安装使用到第一次大修之间的时间间隔。修理间隔期是指相邻两次修理(无论大修、中修或小修)之间的时间间隔。修理周期结构是指在修理周期内,大、中、小修理的次数和排列的次序。

除上述依据外,编制修理计划还应考虑下列问题:

①影响产品质量的、生产急需的、关键工序的设备应重点安排修理,力求减少重点、关键设备生产与维修的矛盾;

②应考虑修理工作量的平衡,使全年修理工作能均衡地进行,对应修设备按轻重缓急安排修理计划;

③应考虑设备修理前的生产技术准备工作量和时间进度;

④精密设备检修的特定要求;

⑤生产线上的单一设备应尽可能安排在节假日修理;

⑥连续或周期性生产的设备必须根据其特点进行适当安排,使设备修理与生产任务紧密结合,例如热力设备和动力设备;

⑦同类设备尽可能安排连续修理;

⑧综合考虑并安排设备修理所需的技术、人力、物力,财力等因素。

2)设备修理计划的编制

(1)设备修理计划的内容

设备修理计划中,要规定企业计划期内修理设备的名称、种类、时间、内容、停工天数、工时、配件、修理所需材料和费用预算等因素。

(2)设备修理计划的编制原则

①安排修理计划时,要按照"先重点,后一般,保关键"的原则,并把一般设备中历年失修的设备安排好。

②安排修理进度时,要做好修理所需工作量和维修部门的检修能力的工作平衡。

③安排修理进度时,要与生产计划相互衔接,密切配合,把因维修所造成的生产损失降低到最低。

④在设备修理周期定额的基础上,对设备状况记录资料和检查结果充分分析后,再对设备的修理日期和内容进行确定。

⑤要运用系统工程、网络计划技术等先进的管理方法缩短设备的停工时间,降低修理费用,充分发挥设备的效能。

(3)设备修理计划的编制

①年度修理计划

年度修理计是企业全年设备检修工作的指导性文件,是企业理修理工作的大纲,一般只对需要修理的设备数量、类别、日期作大体的安排。具体内容要在季度、月份计划中再进行详细安排。

编写设备年度修理计划时,一般于每年 9 月开始着手收集资料、编制计划草案、平衡审定和下达执行 4 个过程。

a.收集资料:编制修理计划前,除做好资料收集和分析工作外,还应做好必要的现场核实工作。

b.编制计划草案:编制计划草案应遵循的原则包括:一是充分考虑下一年度生产计划对设备能力的要求,力求减少重点、关键设备的维修计划与生产计划之间的矛盾,做到维修计划与生产计划协调安排;二是对应修设备做轻重缓急区分,重点设备优先安排,以防止失修和维修过剩的问题出现;三是综合考虑、合理利用人、物、能源等资源。正式草案提出前,设备管理部门的计划人员应组织维修技术人员、备件管理人员和使用单位有关人员进行讨论协商,力求技术经济等全方面的合理性,并考虑与前一年度修理计划执行情况协调。

c.平衡审定:计划草案编制好后,交各车间、工艺部门、生产计划部门、技术部门、财务部门等讨论,提出项目增减、轻重缓急的排列变化、修理停机时间长短、交付日期、修理类别变化等修改意见,再由设备管理部门综合平衡后,正式编制出修理计划,再送主管领导批准。

修理计划应当按照规定表格填写,内容包括设备的自然状况(使用单位、名称、资产编号、型号等)、修理类别或内容、修理复杂系数、停歇天数、时间定额及计划进度、承修单位等信息。还应编写计划说明,提出重点、薄弱环节及应当注意解决的问题,并提出解决关键问题的初步措施和意见。

d.下达执行:年度计划由企业生产计划部门下达到各有关部门,作为企业生产经营计划的重要组成部分进行考核。

②季度修理计划

季度修理计划是年度修理计划的实施计划,必须在落实维修时间、修理技术、生产准备工作及劳动组织的基础上才能进行编制。依据设备的技术状况和生产的变化情况进行编制,由此可能会导致年度修理计划有所变动。季度修理计划在前一季度的第二个月开始编制。可按编制计划草案、平衡审定、下达执行 3 个过程进行,一般在上季度最后一个月的 10 日前由计划部门下达到各车间,作为其季度生产计划的组成部分加以考核。

③月份修理计划

月份修理计划是季度修理计划的分解,也是执行修理计划的作业计划,是检查、考核和评价企业修理工作好坏的最基本依据。在月份修理计划中,应当列出应修项目的具体开始和结束时间,对跨月项目可分阶段进行考核。同时应当注意修理计划与生产计划的平衡,合理利用维修资源。一般每月中旬编制下个月的修理计划,经有关部门会签、主管领导批准后,由生产计划部门下达,对修理计划与生产计划同时进行检查和考核。

④滚动计划

滚动计划是一种将粗细和远近相结合、逐年进行滚动的计划。由于长期计划具有期限跨度长和涉及面广的特点,因而对部分因素难以准确预测,为保证长期计划的科学性和正确性,在编制方法上可采用滚动计划法。

在编制滚动计划时,应当先确定一定的时间长度作为计划期,如三年、五年时间;在计划期内,根据需要将计划期分为若干时间间隔,即滚动期,最近的时间间隔中的计划为实施计划,内容要求较详尽,以后各间隔期内的计划为展望计划,内容较粗略;在实施过程中,在下个滚动期到来前,要根据条件的变化对原定计划进行修改,并加以延伸,拟订出新的即将执行的实施计划和新的展望计划。

3)设备修理计划的变更、检查与考核

设备的修理计划是按科学程序制订的,是企业组织设备管理与维修的指导性文件,也是企业生产经营计划的重要组成部分,具有严肃性的特点,因此必须加强调度,认真执行,努力完成。当确因特殊情况需要对计划进行变更时,应按原审批程序经批准后,方可执行变更的计划。申请调整修改时可考虑以下情况:

①设备技术状态急剧下降、突发故障或出现设备事故而影响设备性能和生产正常进行时,可申请提前修理或增补项目。

②设备技术状态劣化比预期的慢,与计划维修期矛盾,则可酌情推迟修理时间或改变修理类别。

③已投修的设备,经解体鉴定后发现,实际需要修理的内容与计划差别过大,则可酌情改变修理类别和停修时间。

④设备已达到计划投修期,但维修前准备不足,导致修理不能按原计划开工和完工,此时可酌情推迟修理时间。

⑤生产任务改变或产品结构变更,此时为适应新的生产形势和产品的工艺要求,可提前

或延后修理时间,或增减修理项目。

在计划执行过程中,要做好检查、鉴定、验收和考核等方面的工作。除执行按季、月检查计划情况外,年中还应进行半年计划执行情况小结,分析总结并调整下半年计划。同时要注意抓好设备修理质量的鉴定、验收工作,对不合格的设备或部件要重新安排维修计划,及时加以返修。

主管部门对设备修理计划执行情况进行考核、评比和奖惩。各项计划指标要逐级落实,重点对设备完好率、计划检修完成率、返修率、事故率、工时利用率及设备停修限额和修理成本等因素进行考核。

8.3.3 设备维修计划的实施

设备维修计划的实施包括做好修前准备工作、组织维修施工和竣工验收 3 个主要阶段。

1) 修前准备工作

修前准备工作主要包括修前技术准备和修前生产准备。做好修前准备工作,是按时完成修理计划、保证修理质量、提高维修效率和降低维修成本的技术保证和物质保证。

(1) 修前技术准备工作

修前技术准备工作由主修技术人员负责,包括需要修理设备的技术状态的修前预检、专用工检研具的设计和编制修理技术文件等工作,有时还包括改善维修和技术改造的设计工作。如果修理中采用了新工艺,企业又无实践经验,则必要时还应在修理前进行实验,这也属于修前技术准备的工作内容。

①设备的修前预检

预检工作是做好修前准备工作的基础和制订修理措施计划的依据。预检的目的是全面深入掌握待修设备的实际技术状况,包括设备的性能、精度、安全防护装置的可靠性、零件缺损、附件状况等,并了解生产对该设备的工艺要求,从而便于为修理准备更换件、专用工具和编制专用修理工艺等原始资料。通过预检,还应对设备的常发故障部位是否应进行改善维修加以分析论证和制订维修方案。

预检的时间应根据设备的复杂程度确定。通常中、小型设备在修前 2~4 个月进行预检;大型复杂设备的修前准备周期较长,其预检时间为修前 4~6 个月。

预检的准备工作主要包括:阅读设备使用说明书,熟悉设备的构造和性能,查阅设备档案,例如设备的安装验收记录、历次计划修理的竣工报告、事故报告、设备普查后填报的设备技术状况及近期定期检查记录等,以便技术人员了解设备的历史和现状;查阅设备的图册,为测绘、校对更换零部件或修复件的图样作准备;分析、确定预检时需解体检查的部件和预检内容,并安排详细预检计划。

预检工作由主修技术人员主持,维修人员、操作人员、车间机械动力师参加。预检的内容如下:

a.由设备操作工人介绍设备的技术状况,例如精度是否满足产品工艺要求,附件是否齐全,性能是否下降,气、液压系统及润滑系统是否正常和有无泄漏,安全防护装置是否仍然灵敏可靠等信息,以及设备目前的使用情况。

b.由维修人员介绍设备的事故情况,以及设备的易发故障部位和目前现存的主要缺陷等信息。

c.检查各导轨面的磨损情况,例如测出导轨面的磨损量和外露件、部件的磨损情况。

d.检查设备的各种运动是否达到规定的速度,特别应注意高速运转时设备的平稳性、噪声和振动情况,以及设备在低速运行时有无爬行现象;同时检查操纵系统的灵敏性及可靠性。

e.对金属切削机床的预检,一般应按照说明书的出厂精度标准逐项进行检查,记录实测精度,同时还应了解产品工艺对机床精度的要求,以便确定修理工艺和修后达到的精度标准。

f.检查安全防护装置,包括检查安全连锁装置、各指示仪表、限位装置等是否灵敏可靠,以及检查各防护板、防护罩有无损坏。

g.对设备进行部分解体检查,以便更加准确地了解内部零件的磨损情况。

h.应及时排除预检中发现的故障和故障隐患,重新进行组装,并交付生产继续使用,尽力使设备在拆机修理前能正常运行。

预检应做到:全面掌握设备存在的问题,并做好完整记录,明确产品工艺对设备的精度要求;确定修复件和更换件,一次性提出齐全率要求达到 75%~80%,同时达到"三不漏提",即大型复杂件的铸锻件、关键件、外购件不漏提。为了保证修配和制造的要求,应当尽可能准确可靠地对修换件图样进行校对和测绘。

对于不太复杂和经常修理的通用设备,或不通过预检就可以掌握实际状况,并能顺利进行修前准备的设备,可不进行修前预检。

②技术资料准备

预检结束后,由主修技术人员根据产品工艺对设备的要求和设备存在的问题,在设备停修前准备好修理所用的技术文件资料和图样,复杂设备还需要编制以下维修技术文件:

a.维修技术任务书,包括修换件明细表、主要维修内容、维修质量标准和材料明细表等。

b.维修工艺规程,包括图纸及专业用工检具明细表。

其中维修技术任务书由设备处主修技术人员负责编制,维修工艺规程则由机修车间负责维修施工的技术人员编制,并由设备处主修技术人员审阅后会签。

编制修理技术文件时,首先应尽可能地完成专用工、检、研具的图样,更换件明细表和图样,并按规定的工作流程传递,以求尽早办理订货和安排制造。

(2)修前生产准备

修前生产准备包括专用工、检、研具的准备,材料及备件准备以及修理作业计划的编制。

①专用工、检、研具的准备

专用工、检、研具的生产须列入生产计划,根据修理日期分别进行生产组织,验收合格入库编号后进行管理。通常工、检、研具的准备应以外购方式采购为主。

②材料及备件的准备

备件管理人员接到修换件明细表后,对需更换的零件核定库存量,确定需订货的备件的品种和数量,列出备件订货明细表,并及时办理订货。原则上,凡是能够从主机制造厂、机电配件商店和专业备件制造厂购到的备件应首先选择外购,根据备件交货周期及设备维修开工期签订订货合同,力求做到备件能够准时和足量供应。

对必须按图纸制造的专用备件,原则上应当由机修车间安排制造。如果本企业装备技术条件达不到要求,应寻求有技术装备条件的其他企业,经协商签订订货合同。

对重要零件的修复,如果本企业不具备技术装备条件,应与具有技术装备条件的其他企业联系,商定修复工艺,并签订协议,明确设备解体后由该企业负责修复。

材料管理人员接到材料明细表后,经核对库存,明确需订货的材料品种和数量,办理订货手续,或者通过与其他企业协调解决。如果需采取材料代用,应征得主修技术人员签字同意。

③修理作业计划的编制

修理作业计划是组织修理施工作业的具体行动计划,其目标是以最经济的人力和时间,在保证质量的前提下力求缩短停歇天数,达到按期或提前完成修理任务的目的。

通过编制维修作业计划,可以测算出每一道作业所需的工人数,作业时间和作业所需消耗的备件、能源及材料。因此,也就可以测算出设备维修所需各工种工时数、停歇天数及费用。

修理作业计划由修理单位的计划员负责编制,并组织主修机械和电气的技术人员、修理组长讨论审定。编制维修作业计划的主要依据包括以下方面:

a.各种修理技术文件规定的修理内容、工艺、技术要求及质量标准;

b.修理计划规定的时间定额及停工时间长短;

c.修理单位的装备条件、有关工种的能力和技术水平;

d.可能提供的作业场地、能源和起重运输条件;

e.厂内外可提供的技术协作条件。

作业计划的内容主要包括以下 5 个方面:

a.作业程序;

b.分阶段作业所需的人数、工时及作业天数;

c.作业之间相互衔接的要求;

d.需要委托外单位劳务协作的时间和具体事项;

e.对用户配合协作的要求等。

以上生产准备工作准备就绪后,要具体落实停修日期,修前对设备主要精度项目进行必要的检查和记录,以确定导轨、主轴和立柱等主要基础件的修理方案。

2)设备修理计划的实施

设备修理计划的实施应注意抓好以下几个环节:

①认真做好修前的准备工作,做好维修工作量与维修资源的平衡;

②认真组织好维修的施工作业;

③注意掌握计划与实际的差异,做好计划的修改与调整。

(1)交付修理

设备使用单位应按修理计划规定的日期,在修前认真做好生产任务安排。对由企业机修车间或企业外修单位承修的设备,应按期移交给修理单位,并认真填写"设备交修单"。当设备竣工验收后,双方按照"设备交修单"清点无误,该交修单即作废。由设备使用单位维修工段承修的小修或项修可不填写"设备交修单",但也同样应做好修前的生产安排,按期将设备交付修理。

（2）修理施工

在修理过程中，应抓好以下几个环节的工作：

①解体检查

设备解体后，由主修技术人员与修理工人密切配合，及时检查零部件的磨损、失效情况，特别要注意有无在修前未预测到或未发现的问题，并尽快发出以下技术文件和图样：

a.按检查结果确定的换修件明细表；

b.修改、补充的材料明细表；

c.修理技术任务书的局部修改与补充；

d.按修理装配的先后顺序要求，尽快发出临时制造的配件图样。

②生产调度

修理工组长必须了解各部件修理作业的进度，并在作业计划上作出实际完成进度的标志。对发现的问题，工段内能解决的应当及时采取措施解决，例如，发现某项作业进度延退，可根据计划上的时差，增加修理工人，按照计划把进度赶上去；对本工段不能解决的问题，应及时向计划调度人员汇报。

计划调度人员应当每日检查作业计划的完成情况，特别要注意关键路线上的作业进度，并到现场实际观察和检查，听取修理技术人员的意见和要求。对组长提出的问题，要主动与技术人员联系商讨，从技术上和组织管理上同步采取措施，及时解决。计划调度人员还应重视各工种之间作业的衔接，利用班前、班后各工种负责人参加的短会了解情况，这是解决各工种作业衔接问题的好办法。总之，要做到不发生停工待料和延误进度的现象。

③工序质量检查

修理工人在每道工序完毕并检查合格后，须经质量检查员检验，确认合格后方可转入下道工序。对重要工序，质量检查员应在零部件上际出"检验合格"的标志，避免以后发现漏检的质量问题时引起不必要的重复工作。

④临时配件制造进度

修复件和临时配件的准备进度，往往是影响修理工作能否按计划进度完成的主要因素。应按修理装配先后顺序，对关键件逐件安排加工作业，找出薄弱环节，采取措施，保证满足修理进度的要求。

（3）竣工验收

①竣工验收程序

设备大修理完毕，经修理单位试运转并自检合格后，应按相应程序办理竣工验收。验收由企业设备管理部门的代表主持，验收时应当认真检查修理质量和查阅各项修理记录是否齐全、完整。经使用单位的代表、设备管理部门和质量检验部门一致确认，通过修理已完成修理技术任务书规定的修理内容并达到规定的质量标准及技术条件后，各方代表在设备修理竣工报告单上签字验收。如验收中交接双方意见不一，应报请企业总机械师或设备管理部门负责人进行裁决。

设备大修竣工验收后，修理单位需将修理技术任务书、材料明细表、修换件明细表、精度检验记录等文件随同设备修理竣工报告单报送修理计划部门,作为考核计划完成的依据;关于修理费用,如果竣工验收时修理单位尚不能提出统计数字,可以在提出修理费用决算书后,同计划考核部门按决算书上的数据补充填入设备修理竣工报告单内,然后由修理计划部门定期办理归档手续。

设备小修完毕后,以使用单位机械动力师为主,与设备操作工人和修理工人共同检查,确认已完成规定的修理内容和达到小修的技术要求后,在设备修理竣工报告单上签字验收。设备的小修竣工报告单应附有换件明细表及材料明细表,其人工费用可以不计,备件、材料费及外协劳务费均应按实际数记入竣工报告单中。此单由车间机械动力师报送修理计划部门,作为考核小修计划完成的依据,并由修理计划部门定期办理归档手续。

②用户服务

设备修理竣工验收后,修理单位应定期访问用户,认真听取用户对修理质量的意见。对修后运转中发现的缺点,应及时利用"维修窗口"解决。

设备大修后应有保修期,具体期限由企业自定,但一般应不少于 3 个月。在保修期内,如果由于维修质量不良而发生故障,修理单位应负责及时抢修,其费用由修理单位承担,不得再计入大修理费用决算中;如果发生的故障一时尚难分清原因和责任,修理单位也应主动承担排除故障的责任。为查明故障原因,应解体检查并由用户和修理单位共同分析,如属于用户的责任,其修理费用由用户承担。

3) 设备修理计划的考核

企业生产设备的预防维修主要是通过完成各种修理计划来实现的。在某种意义上,修理计划完成率的高低反映了企业设备预防维修工作的优劣。因此,对企业及各生产车间和机修车间,必须考核年度、季度、月份修理计划的完成率,并列为考核车间的主要技术经济指标之一。

考核修理计划的依据是设备竣工报告单,由企业设备管理部门的计划组负责工作考核。考核修理计划时,对不同修理类别的项目应分别统计考核。用各种修理类别台项数之和来计算完成率是不妥的。

本章小结

设备故障是指设备在生产使用过程中因某种原因丧失或降低了其规定的功能。本章主要讲解设备故障诊断、设备故障管理和设备维修管理三方面的内容,介绍了设备故障诊断的含义、分类及设备诊断过程技术,设备故障的分类和分析方法,设备维修的方式与类别,设备维修计划的编制和实施过程。

复习思考题

一、填空题

1.设备故障按照故障的发生状态分为_____和_____;按照故障的影响程度分为_____和_____;按照故障的发生原因分为_____、_____和_____;按照故障发展规律分为_____和_____。

2.点检设备的"五大要素"是_____、_____、_____、_____和_____。

3.设备的"四保持"是_____、_____、_____和_____。

4.设备点检的"五定"是指_____、_____、_____、_____和_____。

5.设备的五层防护线是_____、_____、_____、_____和_____。

二、简答题

1.什么是设备故障诊断技术？设备故障诊断技术主要有哪些？

2.设备故障的分类包括哪些？

3.设备故障的分析方法主要包括哪些？

4.设备的维修方式主要包括哪些？其各自的特点是什么？

5.预检的主要内容是什么？

6.年度、季度、月份修理计划之间有何关系？

第 **9** 章
设备更新与技术改造

教学目标

1.了解设备更新方式；

2.了解设备更新规划的编制方法；

3.掌握设备技术改造的基本原则；

4.了解设备的更新意义；

5.了解现代设备的发展趋势；

6.了解设备的磨损规律及其补偿方法。

教学重点

1.设备更新的基本原则；

2.设备改造的程序；

3.设备更新和技术改造的意义；

4.设备更新和技术改造的目标。

9.1 设备的磨损及其补偿

9.1.1 设备的磨损

设备在使用或闲置的过程中,在外力或自然力的作用下,必定会产生磨损。磨损可分为有形磨损、无形磨损和综合磨损 3 种。根据磨损的程度,可采取修理、改造和更新等不同方式进行补偿。

1)有形磨损

有形磨损是指设备在实物形态时的磨损,又称物质磨损。按照其产生原因的不同,有形磨损可分为以下两种形式。

（1）第一种有形磨损

第一种有形磨损是指设备在生产使用过程中,机器设备的实体在外力作用下发生的有形磨损。通常表现为机器设备零部件原始形状、尺寸发生变化,精度降低、零部件的损坏以及公差配合性质改变等。这种磨损随着使用时间的推移,其磨损速度和程度是不平衡的,一般分为 3 个阶段,即初期磨损阶段、正常磨损阶段和急剧磨损阶段,如图 9.1 所示。

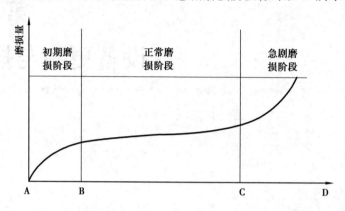

图 9.1　设备使用过程中有形磨损规律

①初期磨损阶段。该阶段是指设备投产使用初期,因加工后的零件表面较粗糙,在使用时经过磨合或研合,使表面粗糙度减少的过程。这一阶段磨损速度较快。

②正常磨损阶段。该阶段是指经初期磨损阶段后,零件表面的凹凸不平及不耐磨的表层已被磨去,各个零部件之间建立了弹性接触的条件,磨损已经稳定下来的过程。这期间的磨损量与时间成正比增加,磨损速度较小,持续时间长,是零件的正常使用期限。

③急剧磨损阶段。该阶段是指由于零部件已达到它的使用寿命(自然寿命)却仍继续使用,破坏了正常的磨损关系,使磨损程度加剧,磨损量急剧上升的阶段。这期间机器设备的精度、技术性能和生产效率明显下降。

（2）第二种有形磨损

第二种有形磨损是指设备在闲置过程中由于自然力的作用而腐蚀,或由于管理不善和缺乏必要的维护而自然丧失工作精度和工作能力的磨损。

两种有形磨损中,第一种与使用时间和使用强度有关,而第二种在一定程度上与闲置时间和保管条件有关。

在实际生产中,以上两种磨损形式常常不是以单一形式表现出来,而是共同作用于机器设备上。有形磨损的直接后果是机器设备的使用价值不断降低,到一定程度时可使设备完全丧失使用价值。

2) 无形磨损

设备在使用或闲置过程中,因其再生产(新制造)的必要劳动时间减少或新的技术、工艺、材料的出现而引起的设备价值损失,称为无形磨损,也可理解为"无形贬值"。无形磨损可分为以下两种形式。

（1）第一种无形磨损

设备的技术结构和性能并没有变化，但随着科学技术的进步和社会劳动生产率的不断提高，以及同类设备的再生产价值持续降低，致使原设备相对贬值。这种磨损称为第一种无形磨损。

例如，近年来汽车行业的飞速发展，促使了汽车售价的持续降低。虽有设备部分贬值的经济后果，但其实设备本身的技术特性和使用功能并无变化，即使用价值并未因此而变化，所以并不会产生提前更换现有设备的问题。

（2）第二种无形磨损

由于社会的不断发展，科学技术的快速进步，不断创新创造出性能更完善、效率更高的设备，原有设备相对显得落后与低效，其经济效益相对降低而发生贬值。这种磨损称为第二种无形磨损，又称技术性无形磨损。

技术性无形磨损不会直接使机器设备达到其物理寿命（运行寿命），部分设备甚至还很"年轻"，但其生产率已远远低于社会平均水平，继续使用的话，产品的生产成本便会大大高于社会平均成本，单位产品成本升高，导致其在市场上缺乏竞争力。故企业需不定期购置新设备以替代过时的老旧设备。

例如，在轧钢型钢的生产中，以短应力线轧机为代表的高刚度轧机，易于控制和保证轧制的型材质量，并且可显著提高轧制速度，所以目前已逐步取代普通轧机。

3）综合磨损

设备的综合磨损是指有形磨损和无形磨损同时存在而导致损坏和贬值的情况。对于特定的设备来说，两种磨损必然同时发生，并且同时互相影响。在某些方面，技术的进步可能使设备有形磨损的速度加快，例如高速度、高强度、大负荷的技术发展，虽然提高了设备的利用率，但是必然会加剧设备的物理磨损。同时，某些方面的技术进步给设备提供了耐热、耐磨、耐腐蚀、耐振动、耐冲击的新材料，使设备的有形磨损减缓，但由于使用周期的延长，其无形磨损加快。

9.1.2　设备磨损的补偿

设备发生磨损后，为了恢复设备的生产能力，需要对其进行补偿。由于机器设备遭受磨损的形式不同，因此补偿磨损的方式也不同。设备有形磨损的局部补偿为大修理，无形磨损的局部补偿为现代化改装。有形磨损和无形磨损的完全补偿为更新。

大修理是以恢复设备的生产功能和效率为主，按照设备的原样，更换部分已磨损的零部件和调整设备；现代化改造是以增加设备的生产功能和效率为主，按照现有的新技术对设备的结构作局部改进和技术上的革新，如增添新的、必需的零部件。这两种方式都属于局部补偿。大修理的补偿价值必定不能超过原设备的价值，而现代化改造既能补偿有形磨损，又能补偿无形磨损，它的补偿价值有可能超过原设备的价值。更新是对整个设备进行更换，属于完全补偿。

由于设备总是同时发生有形磨损和无形磨损，因此，对其综合磨损后的补偿形式应进行更深入的研究，应用财务评价方法确定是采用大修理、现代化改造还是设备更新等补偿方式。

设备磨损形式及其补偿形式如图9.2所示。

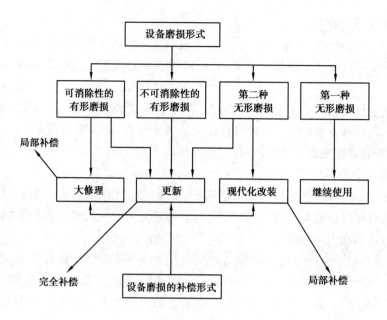

图 9.2　设备磨损形式及其补偿形式

9.1.3　设备寿命

设备寿命是指设备从投入生产开始,经过有形磨损和无形磨损,直至在技术上或经济上不宜继续使用,需要进行更新所经历的时间。工程运用中的设备寿命有 4 种,即设备物质寿命、设备技术寿命、设备经济寿命和设备折旧寿命。

(1)设备物质寿命

设备物质寿命亦称设备自然寿命,即设备从投入使用到无法修理、修复直至报废所经历的时间。影响设备物质寿命的因素有很多,主要是设备的生产类型、加工对象、维修质量、结构及工艺性等。做好机器设备的维修工作,能大大延长其物质寿命,但所支出的维修费用也随着机器设备使用时间的延长而增多。

(2)设备技术寿命

设备技术寿命是指机器设备从开始使用到因技术落后而被淘汰所经历的时间。它的形成是因为科学技术的发展。当在技术和经济上出现更先进、更合理的同类设备时,现有设备大多会在物质寿命尚未结束之前被淘汰。技术寿命随着科学技术的飞速发展及竞争的日益激烈而越来越短。

(3)设备经济寿命

设备经济寿命是指设备从投入使用到因继续使用不经济而提前更新所经历的时间。它是根据机器设备维持费用而决定的寿命。随着机器设备使用时间增长,所支出的维修费用也日益增多,依靠高额的维修费用来延长设备使用时间是有限度的,超过设备的经济寿命而继续使用,在经济上会导致亏损。

(4)设备折旧寿命

设备折旧寿命又称会计寿命,是指计算设备折旧的时间长度。

9.2　设备更新和技术改造

9.2.1　设备更新和技术改造的意义

经过 60 多年的经济建设历程,特别是改革开放 40 年的时间,中国已建成独立和较为完整的工业体系。但是,从技术装备水平、产品质量、经济效益等方面来看,我国与经济发达国家还有很大的差距,众多的老企业设备陈旧,技术落后,能源、原材料消耗多,产品质量差,经济效益低,亟待改造与更新。

从近代以及现代世界工业发达国家发展的历史来看,落后的生产设备会严重影响工业发展。第一次世界大战以前,世界上最发达的工业强国是英国,但是在后来技术已经进步的条件下,仍然舍不得彻底更换陈旧落后的设备,以致受这些落后设备带来的低效率(劳动生产率低)和高消耗(动力、燃料和材料消耗高等)的影响,逐渐失去了世界领先地位。而与此形成鲜明对比的是:美国用了 20 多年超过了英国和法国;德国用了 30 多年超过了英国和法国。美国和德国发展的速度之所以这么快,最重要的原因是它们在设备更新改造方面超过了保守的英国和法国。

设备更新改造的意义主要体现在以下 4 个方面。

(1)设备更新改造是促进科学技术和生产发展的重要因素

设备是工业生产的物质基础,落后的技术装备限制了科学和生产的高速发展。根据上面的例子,德国和美国积极发展技术,采用新设备,工业很快超过了英国;日本 20 世纪 50 年代后工业增长约为 15 倍,其原因之一是积极采用先进技术和装备。

科学技术的进步促使生产设备不断改进和提高,生产设备是科学技术发展的结晶。随着科学技术的迅速发展,新技术、新材料、新工艺、新设备不断涌现,沿用陈旧工艺的老设备在产品数量、质量等方面已缺乏足够的竞争力,因此要依靠更新改造设备来实现高质量、高产量、低成本,以取得较好的经济效益。

(2)设备更新改造是产品更新换代、提高劳动生产率、获得最佳经济效益的有效途径

设备更新改造的技术水平提高以后,可使生产率和产品质量大幅度提高,而且可以降低产品成本和工人劳动强度。同时为适应高性能新产品的要求,必须采用高性能的设备。化工企业的生产特点是高温、高压、低温、负压、易燃、易腐蚀,有毒介质多、自动化程度高、连续化生产。生产过程中高效率、大容量、高精度设备越来越多,结构也越来越复杂。以乙烯后加工生产为例,由乙烯一步氧化制乙醛而出现了新型的氧化反应器;由乙烯水合反应制乙醇而设计出新型的水合反应器。

(3)设备更新改造是扩大再生产、节约能源的根本措施

中国能源有效利用率比发达国家低 20% 左右。设备热效率低、能耗高,更新设备可以显著地节约能源。例如我国现有将近 20 万台工业锅炉,热效率仅为 55%,每年耗煤 2 亿吨,占全国煤年产量的 1/3。其中 20 世纪 30 年代的兰克夏锅炉就有 6 万台,热效率仅为 30% ～

40%,与工业发达国家采用热效率70%~80%的锅炉相比,一年多耗煤3 000多万吨。如果把煤耗高的这6万台兰克夏锅炉加以更新改造,每年就可省煤400万吨。可见改变落后技术装备的最根本措施是提高能源利用率,同时为满足市场日益增长的需要,扩大短线对路产品的生产能力,必须采用更加先进的高效率、大容量、高精度设备,以使产品实现高产量、高质量和低成本。

(4)设备更新改造是搞好环境保护及改善劳动条件的主要方法

生产中常见的跑、冒、漏、噪声、排放物等会对环境造成污染,使工人劳动强度加大,劳动条件恶劣,大多数这方面的问题可通过改造或更新设备得到解决。

9.2.2　设备的改造

设备的技术改造是指运用当代科学技术成果,根据企业生产、经营的需要,对原有设备进行局部改造,以改善其技术性能,提高其综合效率,补偿其无形磨损,使其局部或全部达到当代新设备的水平。

(1)设备改造原则

设备改造应遵循以下原则:

①针对性原则。从实际出发,坚持实事求是,按照生产工艺要求,针对生产中的薄弱环节,采取有效的新技术,结合设备在生产过程中所处地位及其技术状态,决定设备的技术改造。

②技术先进适用性原则。由于生产工艺和生产批量不同,设备的技术状态不一样,采用的技术标准应有区别。将先进适用作为重点,不要盲目追求高指标,防止功能过剩。

③经济性原则。在制订技改方案时,要仔细进行技术经济分析,力求以低投入获得高产出,设定一个适宜的回收期。

④可行性原则。在实施技术改造时,应尽量由本单位技术人员完成;若技术难度较大,本单位不能单独实施时,亦可请有关生产厂家、科研院所协助完成,但本单位技术人员应能掌握核心技术,以便以后管理与检修。

(2)设备改造目标

企业进行设备改造主要是提高设备的技术水平,以满足生产要求,同时兼顾经济效益与社会效益。为此,企业应注重以下4方面的目标。

①提高设备加工效率和产品质量。设备在经过改造后,要使原设备的技术性能得到改善,增加功能或提高精度,使之局部达到或完全达到新设备的水平,满足产品生产的要求。

②提高设备运行安全性。对一些影响人身安全的设备,应进行有针对性的改造,严防人身伤亡事故的发生,确保生产安全。

③节约能源。通过设备的技术改造来提高能源的利用率,大幅度地节约能源,在短期内收回设备改造投入的资金。

④保护环境。有些设备会对生产环境乃至社会环境造成较大的污染,如烟尘污染、噪声污染以及工业水的污染等。要积极进行设备的改造以减少或消除污染,改善生存环境。

另外,对闲置设备的技术改造和对进口设备的国产化改造也有利于降低维修费用和提高资产利用率。

（3）设备改造程序

为了保证设备改造达到预期的目标，取得应有的效果，企业及有关部门负责人应密切注意技术改造的全过程，特别要明确技术改造的前期和后期管理，这是整个技术改造的重中之重。一般来说，企业设备技术改造可参照以下程序：

①企业各分厂（车间）于每年第三季度末或第四季度初提出下一年度的设备技术改造项目，即填写年度设备改造清单报送企业设备处（部）。

②经设备处（部）审查批准，列入公司设备技术改造计划，并通知各分厂（车间）填写设备技术改造立项申请单报送设备处（部）。

③重大设备技术改造项目要进行技术改造经济分析，报送设备处（部），并经处（部）长或企业主管负责人审批后方可实施。

④设备技术改造的设计、制造、调试等工作，原则上由各分厂（车间）的主管部门负责实施。

⑤分厂（车间）设计能力不足，需委托设备处设计时，委托单位应提供详细的技术要求和参考资料，并要填写"设计委托申请书"。

⑥分厂（车间）制造能力不足，委托有关单位施工的须设备处（部）审批。

⑦设备改造工作完成后须经分厂和设备处（部）技改负责人联合验收。

⑧设备技术改造验收后，分厂（车间）填报改造竣工验收单和设备技术改造成果报送设备处（部）。

⑨技改项目调试验收后，要一式 4 份填写"设备技术改造增值申报核定书"报送设备处（部），核定后一份留存设备处，一份报送财务处，其余两份由分厂（车间）设备科、财务科办理留存。

设备技术改造的特点是针对性强、适应性强、经济性好。

9.2.3　设备的更新

1）设备更新方向

设备更新要合理地把握设备的大修理、技术改造和更新的界限，做好三者的有机结合。对于陈旧落后的设备，即能耗较高、性能较差、使用操作条件苛刻、排放污染严重的设备，应当对其进行期限淘汰，用比较先进的新设备来取代。

设备更新重点应考虑的是经济效益，不能简单地按役龄来画线。比较合理的是根据中国国情和企业自身能力进行修复，不急于更新，可以修中有改；改进设备后能满足要求的，也不要盲目更新；只需要更换个别关键零部件的，就不要更新整机，只需要增加生产线上个别设备的，就不要更新整条生产线。设备更新一般有两种方式：

①原样更换。原样更换是指把使用多年、大修多次、再修复已不经济的设备更换成一台同型号的设备。这种方式只能满足工艺要求，在没有新型号设备可以替换的情况下采用。

②技术更新。技术更新是指用高质量、高效率、低能耗、更加环保的新型设备替换技术性能落后又无法修理、无法改造或者修理、改造已不经济的老设备。这是设备更新的主要方式。

2) 设备更新规划

（1）设备更新规划的编制

设备更新规划应在企业主管厂长的直接领导下制订，以设备管理部门为主，并在企业的规划、计划、生产、技术发展和财务部门的参与配合下进行。

（2）设备更新规划的内容

设备更新规划的内容主要包括：现有设备的技术状态分析；需要更新设备的具体情况和理由；国内外可订购到的新设备的技术性能与价格；国内有关企业使用此类设备的技术经济效果和信息；要求新购置设备的到货和投产时间；资金来源等。设备更新是企业生产经营活动的重要一环，要发挥企业各部门的作用，共同把工作做好。为避免工作内容重复，设备更新规划和计划的提出应适当分工，一般采用下述方法：

①因提高设备生产效率而需要更新的设备，由生产计划部门提出；

②为研制新产品而需要更新的设备，由技术部门提出；

③为改进工艺、提高质量而需要更新的设备，由工艺、技术部门提出；

④因设备陈旧老化，无修复价值或能耗高而需要更新的设备，由设备管理部门提出；

⑤因危及人身健康、安全和污染环境而需要更新的设备，由安全部门提出；

⑥由于上述需要又无现成设备更换的，由规划和技术发展部门列入企业技术改造规划作为新增设备予以安排。

设备更新规划的编制应立足于通过对现有生产能力的改造来提高生产效率和产品水平，也就是说，设备更新要与设备大修理和设备技术改造相结合。既要更换相当数量的旧设备，又要结合具体生产对象，用新部件、新装置、新技术等对设备进行技术改造，使设备的技术性能完全达到或局部达到先进水平。

（3）设备更新的时机

设备更新的关键是考虑经济效益问题。确定设备更新时机应从以下几个方面考虑：

①宏观环境给予的机会或限制；

②微观环境中出现的机遇；

③企业生产经营的迫切需要；

④设备的经济寿命。

设备使用到经济寿命时再继续使用，经济上不合算。因此，该设备更新时机应以其经济寿命年限为佳。条件是在设备达到经济寿命年限以前，该设备技术上仍然可用，不存在技术上提前报废的问题。

3) 设备更新的经济分析

设备更新、改造和修理的共同目标是补偿设备的磨损。选择什么方式对设备进行补偿，取决于经济分析，并应以划分设备更新、技术改造和大修理的经济界限为主，可以采用寿命周期内的总使用成本互相比较的方法来分析。

4) 设备更新实施

（1）编制和审定设备更新申请单

设备更新申请单由企业主管部门根据各设备使用部门的意见汇总编制，经有关部门审查,在充分进行技术经济分析论证的基础上,确认实施的可能性和资金来源等方面的情况后,经上级主管部门和厂长审批后实施。

(2)设备更新申请单的内容

①设备更新的理由(附技术经济分析报告);

②对新设备的技术要求,包括对随机附件的要求;

③现有设备的处理意见;

④订货方面的商务要求及要求使用的时间。

(3)旧设备的残值确定

对旧设备组织技术鉴定,确定其残值,分不同情况进行处理。特别需要注意的是报废的受压容器以及国家规定淘汰的设备,绝对不得转售其他单位。

目前尚无确定残值的较为科学的方法,但残值是真实反映设备本身价值的量,确定旧设备残值意义重大。因此,残值确定的合理与否,直接关系到经济分析的准确与否。

(4)积极筹措设备更新资金

可通过借贷、增资扩股等融资方式确保设备更新资金到位。

本章小结

本章主要介绍了以下内容:

①设备的磨损规律及其补偿方法,设备磨损的补偿方法有设备的技术改造和设备的更新。

②设备更新、技术改造的概念及必要性;设备更新规划的制订和执行;设备更新中应注意的问题;设备技术改造的目标、方向、优点及遵循的原则;举例说明设备技术改造的方向及改造的具体方法。

③现代设备的发展趋势及典型设备的发展趋势。

复习思考题

一、填空题

1.设备在使用或者闲置过程中,在外力或自然力的作用下,必然会产生磨损。磨损可以分为 _____、_____ 和 _____ 3 种。根据不同的磨损情况,可以采取 _____、_____ 和 _____ 等不同方式进行补偿。

2.设备发生磨损后,需要进行补偿,以恢复设备的生产能力。由于机器设备遭受磨损的形式不同,补偿磨损的方式也不一样。设备有形磨损的局部补偿是 _____。

3.设备的综合磨损是指同时存在 _____ 和 _____ 的损坏和贬值的综合情况。

4.工程运用中设备的寿命有 4 种,即 _____、_____、_____ 和 _____。

5.设备更新一般有两种方式,即_____和_____。

二、简答题

1.有形磨损分为哪些形式? 其特点是什么?

2.无形磨损分为哪些形式? 其特点是什么?

3.什么是设备更新和设备技术改造?

4.简述设备改造的原则与目标。

5.简述设备更新、技术改造的意义。

6.简述设备更新的方向。

第 *10* 章
现代设备管理方法

教学目标

1.熟悉设备和设备管理的基本概念；

2.了解设备管理的意义和目的；

3.了解我国设备管理的发展历程；

4.了解设备管理的职能和机构设置。

教学重点

1.设备和设备管理的基本概念；

2.设备管理的意义和目的；

3.设备管理的职能和机构设置。

10.1 ISO 9000 管理体系

ISO(International Organization for Standardization,国际标准化组织)于1947年在瑞士日内瓦设总部。ISO 9000 标准由 ISO/TC 176(质量保证和质量管理技术委员会)研讨制定。

根据 ISO 规定,通常标准在5年左右作一次修订,以适应发展需要,ISO 9000 系列标准自1987年发布到1994年,历时7年,进行了第一次有限的修订,对内容进行补充和修改,建成了 ISO 9000 系列关于质量保证、管理的标准。随着 ISO 9000 标准在国际上的广泛应用,也发现了一些问题,国际标准化组织通过调查了解了用户对标准的意见,决定对标准进行根本性修订,2000年12月15日,国际标准化组织正式公布 ISO 9000 系列关于质量管理的标准。

(1)2000年版 ISO 9000 族的内容

ISO 9000 族包括5项标准:

①ISO 9000 质量管理体系——基本原理和术语;

②ISO 9004 质量管理体系——业绩改进指南;

③ISO 9001 质量管理体系——要求;

④ISO 10012 测量管理体系；

⑤ISO 10011 质量体系审核指南。

（2）ISO 9001:2000 版内容

①质量管理体系，从总体上提出了有关质量管理体系的一般要求和文件化要求。

②管理职责，提出了质量管理体系高层活动的要求。

③资源管理包括人力资源、基础设施和工作环境的管理。

④产品实现过程是组织将顾客的要求转换成满足顾客要求的产品的过程。它是质量管理体系中过程管理的主要内容。

⑤测量、分析和改进，阐述了为确保产品符合顾客需要和实现改进所需的测量和监视活动（包括数据分析）。

（3）ISO 9000 的作用与意义

①有利于企业参与国际竞争，满足发展对外贸易的要求。目前，在国际市场上，许多重大工程项目的招标及贸易谈判中，投标签约的首要条件即是否按照 ISO 9000 系列标准建立企业质量体系并取得第三方认证证书。在买卖双方的贸易活动中，依据 ISO 9000 系列标准取得体系认证是取得买方信任，获取订单的前提。如果企业不尽快采取措施适应这种国际性趋势，就会在国际贸易中处于不利地位，甚至在国内市场上也难以立足。

②有利于建立现代企业制度，是适应市场经济发展的重要组成部分。现代企业制度是适应市场经济要求的公司法人制度，其中的管理制度则因企业和产品而异，遵循企业行为在很大程度上是市场行为的准则。强调以国际惯例为主的现代企业管理制度，贯彻 ISO 9000 系列标准正是为了实现质量管理与质量保证工作的国际接轨，特别是实施以 ISO 9000 系列标准为依据的质量认证制度是国际公认的、权威的国际惯例。

③有利于全面提高企业素质，是强化质量管理的手段。ISO 9000 系列标准总结了世界上工业发达国家建立质量体系，开展质量管理的宝贵经验，阐述了建立适合市场需求的有效质量体系的原则、要求。实施 ISO 9000 系列标准既是提高企业素质和工作质量，保证产品质量，开展全面质量管理的重要手段，更是不可缺少的基础工作。

④企业深化全面质量管理，推行 ISO 9000 系列标准可最大限度地减少产品质量事故，提升系统管理功能，改善产品质量，降低生产成本，实现由 TQC 到 TQA 再到 TQM 的发展过程。

⑤提升企业管理机能，提高工作效率。推行 ISO 9000 可实现产品质量管理标准化，使企业管理走上制度化的道路；推行 ISO 9000 能提升员工素质，明确管理职责，提供品质保证的客观资料，真正实现管理出效益的目标。

（4）八项质量管理原则

①以顾客为中心。企业依存于顾客，因此，企业应理解顾客当前和未来的要求，满足顾客要求并争取超越顾客期望。

②领导作用。领导者将本企业的宗旨、方向和内部环境统一起来，并创造员工能够充分参与实现企业目标的环境。

③全员参与。各级人员是企业之本，只有他们充分参与才能使他们的才干为组织带来最大的收益。

④过程方法。将相关的资源和活动作为过程进行管理,可以高效地达到期望的结果。

⑤管理的系统方法。针对设定的目标,识别、理解并管理一个由相互关联的过程所组成的体系,有助于提高企业管理的有效性和效率。

⑥持续改进是企业永恒的目标。

⑦基于事实的决策方法。对数据和信息进行逻辑分析或直觉判断是有效决策的基础。

⑧互利的供需关系。通过互利关系,增强企业及其供方创造价值的能力。

(5)质量及其相关概念

①质量是指产品、体系或过程的一组固有特性满足顾客和其他相关方要求的能力。

②质量方针是指由最高管理者正式发布的与质量有关的企业总的意图和方向。

③质量目标是指与质量有关的所追求的或作为目的的事物。

④质量管理包括指导和控制企业内与质量有关的相互协调的活动。

⑤质量策划是质量管理的一部分,它致力于设定质量目标,并规定必要的作业、过程和相关资源以实现其目标。

(6)企业建立和健全质量体系的要求

①具有系统性。

②突出预防性。

③符合经济性。

④保持适合性。

⑤注重有效性。

(7)程序与书面程序包含的内容

程序是为进行某项活动所规定的途径。程序可以形成文件,也可以不形成文件,但质量体系程序通常都要求形成文件。凡是形成文件的程序,称为书面程序或文件化程序。编制一项纸面或文件化的程序,其内容通常应包括该项活动的目的和范围,做什么,谁来做,何时、何地、如何做,应使用什么材料、设备和文件,如何对活动进行控制和记录等。

10.2　市场条件下设备管理的方法

企业为了适应市场的需求,强化成本管理,降低成本支出,提高企业经济效益,对企业经营的所有步骤都会进行成本控制。但设备管理工作难度较大,特别是数控机械设备的可靠性和费用较难控制,因此,它也就成了控制成本的重要环节。可以从以下几方面加强设备管理:

(1)加强学习,提高认识度

首先是企业管理人员要加强学习,增加设备管理知识,掌握企业责任成本核算的内容、主题及特点,且在管理的方式上不断创新,以适应情况的变化;要认真学习设备管理的法规文件,不仅管理者自己要理解,还要进一步加大宣传教育的力度,使每个职工都懂得设备管理的重要性,了解设备管理的知识和上级的有关规定,不断提高认识度。只有从指导思想和行动上加强设备管理,掌握成本核算的方法,才能达到加大设备管理和核算力度的目的。

（2）加强基础建设工作，建立健全规章制度

要切实完善设备管理的技术、台账档案等，充分掌握每台设备的技术情况，随时掌握准确可靠的数据和情况，以便合理使用、计划维修和确定机械设备使用费。并建立一套行之有效的规章制度，如施工现场的《维修制度》《备件管理制度》《设备保养制度》《安全管理制度》等，按规章制度行事，奖罚分明，使设备管理迈上更高的台阶，取得最佳的经济效益。

（3）合理配置设备，明确职责所在

要坚持根据所担负的工程投资规模、性质，以及施工组织标书规定和设计要求，制订出切实可行、科学可靠的施工设备配置计划，使所配置的施工设备的规格、型号、能力与工程任务和环境相适应，形成与工程量相匹配的机械化施工能力，防止片面追求施工设备新、大、多、先进的倾向。同时，设备管理人员应根据项目工程任务量编制年度、季度、月份机械施工计划，按计划组织施工设备，适当调动，并尽早预测可能出现的施工设备故障，保障施工任务及时完成。在设备使用中，操作人员必须严格按照操作规程并结合设备技术性能进行操作，不得违章作业，不得带故障作业，不得超负荷运转，并与使用人员、维修人员签订责任书，以保证设备使用维修良好，使施工正常进行。

（4）适当控制成本，降低可变费用支出

在企业责任成本核算中，设备管理的重点是设备使用的费用管理。设备使用费由可变费用和不变费用两部分构成。其中，可变费用包括维修费，不变费用包括基本折旧费等规定费用等。维修费的支出也是施工项目成本支出的一个重要方面，基本折旧费是不可变的成本。为做好机械维修和备件供应工作，施工项目部要建立健全《材料员职责》《领发料制度》等规章制度，使施工现场有章可依，做到维修有记录，消耗有定额，统计有报表，损耗有分析。通过经常分析总结，提高维修质量，减少备件消耗，提高经济效益。

（5）不断探索，寻求更好的管理模式

社会在不断发展，管理更需要更新，对数控设备的管理必须不断寻求更好的管理模式。工程项目责任成本核算中，加强设备管理有以下方式：

①对班组实行责任承包制。对班组明确责任，规定权力，规范奖罚原则。各班组在设备管理方面应做到管理好、使用好、养修好"三好"，懂原理、懂构造、懂性能、懂用途"四懂"，会使用、会养修、会检查、会排故"四会"，提高机械设备的完好率、利用率、出勤率。切实完成好自己应承担的养修项目，如日常的维修、保养、润滑等，完成和超额完成各项定额指标，对基础工作和任务完成好的班组，企业要按照奖罚办法进行奖励，对完成不好的要进行处罚。这种与经济利益直接挂钩的管理办法能有效鼓励班组职工管理和使用好施工的设备，适用于企业的现场设备管理。

②反向租赁管理。把设备按实际价值折算出现值租给班组，班组在一定时间内完成工程投资来抵偿设备的价值和规定的利润上缴金额。因此，企业只需要监督合同的执行情况和设备的管理使用情况，其余的则由班组负责。这种方式能最大限度地节省成本支出，可以集中企业资金再购入新的设备，不断增强企业实力，最大限度地调动职工的积极性和创造性。

③定量经济承包管理。除了责任承包中规定的安全、技术、养护等方面的要求外，还要和经济挂钩。这种管理方式可以减轻企业和项目部的工作量，强化职工的成本意识。

10.3　设备的现场管理

10.3.1　5S 现场管理概述

5S 现场管理,包括整理(SEIRI)、整顿(SEITON)、清扫(SEISO)、清洁(SEIKETSU)、素养(SHITSUKE)五项内容。由于这 5 个词的日文和罗马拼音首字母均为 S,因此简称5S。

日本劳动安全协会在 1950 年推行的口号是:安全始于整理、整顿,而终于整理、整顿。可见日本早期只是推行 5S 中的整理、整顿,目的在于确保有安全的作业空间,后因生产管理的需求和水准的提高,另增了清扫、清洁、素养而成为现在的 5S,着眼点不再限于安全,而扩大到环境卫生、效率、品质、成本等方面(见表 10.1)。

表 10.1　5S 实施项目及其改善对象目标一览表

实施项目	改善对象目标
整理空间	清爽的工作环境
整顿空间	一目了然的工作场所
清扫设备	高效率、高品质的工作场所
清洁乱源	卫生、明朗的工作场所
素养纪律	全员参与、自觉行动的素养

在推行 5S 时,需一步一步慢慢进行,不要期望一次见效;它不可能在短期内盈利,需长期投资;没有捷径可言。许多现代化企业成功的经验告诉我们:一个组织要发展,不仅设备要精密,产品要优良,还要重视推行 5S。因为脏乱的工作环境,时间成本太高,人员安全没保障,士气低落,不仅制作产品效率低,而且制造不出优良的产品,尤其是客户下大笔订单前,一定要求到生产现场参观。如果未彻底推行 5S,经常临时抱佛脚整理既费时又耗人力,反之实施 5S 的企业或办公室,则一定到处明亮整洁,物品放置井然有序,标志清晰,通道畅通无阻,因此可以大幅提高企业的形象,获得客户的信赖,成为企业无形的宝贵财产。随着人们生活水平的提高,教育水准和层次也在提高,追求美好的生活品质观念日益深入人心,新的价值观逐渐在人们心中形成,企业环境品质的好坏也成为新一代年轻人选择工作的条件之一。因此,打造企业明朗的工作场所,成为追求人力资源成功的对策之一。

10.3.2　5S 的含义及推行 5S 的必要性

1)5S 的含义

(1)1S——整理

整理,通常让人误认为是把散乱的东西排列整理,其实重新排列、重新堆积整齐,只能算是整列,而整理的详细内容则是:丢弃或处理不需要的东西;管理需要的东西;将需要和不需要的东西分类。但是丢弃需要"狠心"和"魄力",我们经常有这样的心理和观念:"这个尾数留下等下批订单再用""留下以后或许有用""多买一些,需要时就不用愁了"等,因为这些不明确或假设的心态,常常会造成空间和成本的浪费。换言之,是错误的观念导致了浪费。

这种由错误的观念导致的浪费,在现实工作中屡见不鲜,例如:

①从来不用的料架和柜子,占用了宝贵的空间。

②未经整理的企业,经常库存一些长期不使用的材料而浪费大笔的库存资金。

③请的搬运工人越多,表示企业越忙。

④仓库里有什么材料,心里都有数。

⑤因缺料、机械故障而不能向客户如期交付产品,公司无办法。

⑥赶货要紧,多生产一些,先把不良品挑出来,等货够后再修理。

⑦以前公司就是这个样子,产品销路不错,客户也没说工厂太脏乱。

⑧这个小刀伤没关系,随便绑贴一下就没事了。

⑨有重要客户来参观公司,提前动员大扫除一下,就可以给客户留下好印象。

管理"是否常用"的东西是依据"时间性"来决定的。

• 常用的:一个月内使用的、每周要用的、每天要用的。

• 不常用的:一个月后用的、半年才用一次的、一年才用一次的。

经过以上分类,在考虑扩充厂房之前,首先要做好整理工作,当经过时间及空间整理工作后,便会对厂房的容量变大而大吃一惊。所以说,整理不仅是 5S 的基础,也是讲究效率的第一步,更是空间管理的第一课。

(2)2S——整顿

执行整顿的积极意义是控制库存,防止资金积压,消极意义则是防止缺料、缺零件。整顿是使放置物品规范化、标准化,也就将物品按定点、定位、定量三原则规范化,让使用者能立即找到所需要的东西,减少使用者花在寻找上的时间,在工作的效率、质量及材料成本控制上达到效益最大化。

(3)3S——清扫

产品的质量与企业工作环境的清洁有着相当密切的关系,通常,清扫就是用扫帚扫除灰尘,用抹布擦拭机器。然而,真正的清扫除了以上所说的基本动作之外,工作场所的地面、墙壁、天花板以及灯具等都要清扫干净,除了能消除污秽,确保员工的安全、健康外,也能及早发现设备的异常、松动等故障,以达到全员预防保养的目的,借以提高工作效益,降低生产成本,使设备永远维持在最佳的运转状态下,进而生产出质量更好的产品。

(4)4S——清洁

清洁与前面所述的整理、整顿、清扫的 3 个 S 略有不同,前 3 个 S 是行动,而清洁不是表示行动,而是表示"结果"的状态,它与整理、整顿有关,与清扫的关系最为密切。而长期保持为机器清除油垢、尘埃便是清洁,设法找出并彻底解决设备漏水、漏油的问题也是清洁。所以,清洁应具有"追根究底"的科学精神,从小事做起,创造一个无污染、无垃圾的整洁工作环境。

(5)5S——素养

5 个 S 在推行 5S 的运动中都非常重要,但其中最重要的则是素养。5S 实际上是日常习惯的事,不是靠一个人做就可以,而是需要全体成员亲身去体会实行,从内心认同的观念。

很多人对于活动的态度都有"虎头蛇尾""三分钟热度"的状况,因而要将 5S 活动发展为素养,不断地、全面彻底地进行,就必须从纪律管理着手,让全体员工都形成"必须遵守的意识",才能成功地实施 5S。

2)推行 5S 的必要性

①5S 管理法能吸引许多人来参观工厂,借此提高组织的形象。

②整洁的工厂能激发客户签订订单的意愿。

③5S 是无声但最有魄力的推销员。做好 5S,可提高客户对产品质量的信赖度。

④推广 5S 后,跟随减少浪费而来的是生产时间的节约,交货延迟的现象也将自动消失。

⑤在整洁的工作场所工作的员工,必定会有良好的精神状态。

⑥5S 的工作场所是节约的场所,因为 5S 理论是从零基础管理出发的,可以降低成本,减少浪费,减少库存。

⑦不管任何行业推行 5S 管理法则,都会创造出令人满意的工作场所,也能产生带动全组织进行改善的气氛。员工认为自己有示范作用,将更有改善的意愿,达到全员参与工作的目的。

⑧建立 5S 的企业会有明亮的、视野良好的工作场所,走道、堆积区域都标示明显,不会违反通道原则。工作服及安全防护用具保持整齐,员工有安全、舒畅的工作环境。

⑨实施 5S 活动亦能培养一批有企划能力及自主管理能力的干部和员工。

综上所述,实施 5S 有诸多优点,是企业改善整体形象,提高内部素质,加强竞争实力,促进企业发展的必由之路。5S 也是建立标准化的推动者,通过习惯的养成和纪律的要求,每位员工都能正确地执行任务,并且任何一个员工到任何一个工作场所都能立即展开作业,随时向品质零缺点目标迈进。

10.4　5S 现场改善管理与设备管理

设备管理是企业管理不可或缺的组成部分,对提高企业竞争力起着重要作用。西方工业发达国家提出了后勤工程学、设备综合工程学、全员生产维护、以可靠性为中心的维修等各种设备管理理论和模式。我国也提出了设备综合管理的思想。但是,对许多企业,尤其是大多数中小企业而言,如何根据现有条件,通过改善管理来达到提高设备维护水平的目的,是一个普遍面临的问题。设备管理部门结合现场改善管理的大背景,将设备管理工作融入现场改善活动中,重视现场改善是提高设备管理水平既简单又行之有效的办法。

(1)清扫即点检

如今,许多企业都在开展以创造干净整洁的工作环境为目的的 5S 活动。5S 活动对设备管理同样是非常重要的。一方面,脏污的环境体现出设备管理水平的低下,维护得好的设备无一不是擦得一尘不染的;另一方面,清扫的过程也是点检的过程,这就是所谓的"清扫即点检"。对设备进行认真清扫是一个和设备进行"亲密接触"的过程,在这个过程中很容易发现设备的一些不良现象,如滴漏油、螺钉松动、导线发黄等。及时发现并处理这些不良现象是非常必要的。基于这样的认识,企业改善设备的 5S 和设备的维护分别由操作人员和维修人员负责的做法要求操作人员负担起一部分设备维护的工作。

图 10.1 所示为 5S 现场改善管理。

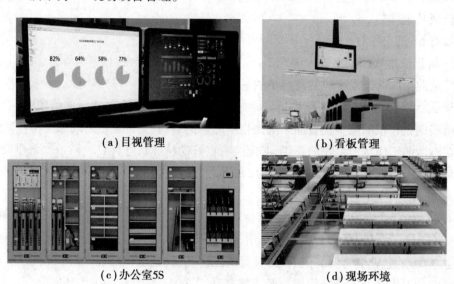

(a)目视管理 (b)看板管理

(c)办公室5S (d)现场环境

图 10.1 5S 现场改善管理

(2)缺陷的自主改善

现场改善强调提高员工的工作热情,调动员工的积极性,不断改善工作环境和工作方式。在设备管理工作中,同样需要激发员工的主体意识和改善热情,主要从以下两个方面着手:

①重视对发生源的处理。解决源头才是解决问题的根本,发生源是指设备上污染物的产生源头,如粉尘、液体、切削废料等的产生处。设备产生的污染物不仅造成环境脏污,而且是设备劣化的根源,必须加以解决。解决的办法是彻底消除发生源,或尽可能减少发生量,或将污染物限制在一个小范围内。

②鼓励员工积极发现设备、设施存在的问题和不完备之处,自己动手加以改善。首先要激发员工的改善热情,充分发挥员工的聪明才智。可以与企业的奖励制度、优秀改善事例评比等制度结合起来,调动员工的积极性,鼓励有创意的小改善、小发明。

(3)目视管理的广泛实施

目视管理即使管理可视化,一目了然。目视管理在现场的实施中可以起到暴露问题和提高管理效率的作用。并且衡量现场管理水平的一项重要指标即是目视管理的实施水准。

在设备管理工作中,注重目视管理的应用,着重从如下 3 个方面对设备的管理状况加以改善,争取达到提高设备管理水平的效果。

①充分标示设备的正常及异常状态和参数,如开关的正常、异常位置,仪表的测量范围,液位的上下限标志,阀门的开闭状态等。这样不仅可以使工作人员对设备的运行状态一目了然,而且能起到提高工作效率的作用。比如通过对发电机房实施目视管理,将各种仪表的正

常、异常范围标出,并设置点检作业通道,就使记录发电机运行参数的抄表作业时间由原来的10 分钟缩短到 2 分钟。

②使作业简单化。因为许多设备的开机、停机、切换等过程很复杂,操作失误将会对设备造成损害。按照目视管理,将设备复杂的操作步骤标示出来,就能给设备操作者以提示,减少失误的发生。

③将需要引起注意的地方标示出来,起到提示和监督的作用,避免因疏忽而引起工作失误。良好的设备管理是按时对设备进行维护保养的工作,未能按时对设备进行必要的维护保养将会导致设备故障,所以应尽量在现场标示出设备需要维护的工作内容。比如,针对机器设备润滑油、过滤器、传动带等消耗品的更换,在设备旁边立一块牌子标记,上面注明需要更换的消耗品的型号、数量、更换标准、上次更换时间和下次预计更换时间等内容。这样,如果消耗品更换的工作没有按时做,就会很明显了。

通常,良好的设备管理体系比较复杂,但企业可以通过一些简单的现场改善也能提高设备的管理水平,提高设备的综合效率。

10.5 全员生产维修

日本在 20 世纪 70 年代首先提出来的全员生产维修(Total Productive Maintenance,TPM)是一种全员参与的生产维修方式,其要点在于"全员参与"及"生产维修"。通过开展全系统员工参与的生产维修活动,使设备性能达到最优。

作为生产型企业,怎样正确驾驭设备,使设备的总效率提高,减少设备停机时间呢?为实现全员设备管理,必须明确有关各方在设备管理中的角色,对于技术含量高以及关键设备,应由设备技术部门主要负责。

TPM 可称为"全员参加的生产维修"或"带有日本特色的美式生产维修"。TPM 是以丰富的理论作基础的,也是各种现代理论在企业生产中的综合运用。其理论基础如图 10.2 所示。

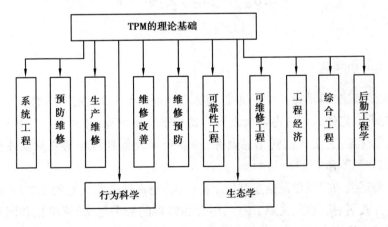

图 10.2 TPM 的理论基础

（1）全员生产维修的定义

按照日本工程师学会（JIPE）的解释，全员生产维修有如下定义：

①以最高的设备综合效率为目标。

②设备的计划、使用、维修等所有部门都要参加。

③确立以设备一生为目标的全系统的预防维修。

④从企业的最高管理层到第一线职工全体参加。

⑤实行动机管理，即通过开展小组的自主活动来推进生产维修。

（2）全员生产维修的特点

日本的全员生产维修与原来的生产维修相比，主要突出一个"全"字。"全"有3个含义，即全员参加、全效率和全系统。

所谓的全员参加，即指这一维修体制的群众性特征，从企业领导到相关科室，直到全体操作工人都要参加。全效率，是指设备寿命周期费用评价和设备综合效率。全系统，即指生产维修的各方面均包括在内，如预防维修、维修预防、必要的事后维修和改善维修。

（3）全员生产维修的目标

TPM的主要目标落在"全效率"上，"全效率"在于限制和降低以下六大损失：

①设备停机时间损失（停机时间损失）。

②设置与调整停机损失。

③闲置、空转与短暂停机损失。

④速度降低（速度损失）。

⑤残、次、废品损失和边角料损失（缺陷损失）。

⑥产量损失（由安装到稳定生产间隔的损失）。

随着TPM的不断发展，全系统参与的设备管理系统的目标被提到了更高的水平，即提出："停机为零！废品为零！事故为零！"的奋斗目标。

10.6　网络化设备管理

10.6.1　Internet

进入21世纪以来，科学技术发展迅猛，特别是Internet在世界范围内的普及，影响着社会与经济的方方面面，它使人们获得前所未有的良机来交流信息，它使分布在各地的同事可以并肩工作而无须奔波，它使人们对信息资源、信息技术及信息产业的要求及依赖有增无减。显然，这是一场信息革命。

世界各地都在大力投资建设信息基础结构（即信息高速公路），它的主要内容是实现人类各种信息交流方式，包括数据、文字、图像、声音和影视的数字化、计算机化和网络化，以利于信息的交流、存储、检索、传输、利用、再处理和管理，达到任何人和任何数据都可以在任何时间、任何地点自由地进行交换的目的。而仅次于电话网的世界第二大通信网——Inernet，则是信息高速公路的雏形和样本，在中国，Chinanet、Cernet、Cstnet 等都是 Internet 的重要组成部分，它们正延伸到社会的各个角落，推动着中国的信息革命。

Internet 是一个国际互联网，是一种具有自由形态的网络集合体，拥有多种多样的信息资源供用户使用，用户也可加入资源或普及自己的软件或广告，它没有统一管理用户并控制信息流量的主机，计算机之间通过路由器以及通信线路互联。这种开放性的信息共享和交流方式是 Internet 风行的成功之道，也是各个企业、各个机构争先利用这一"快车"的主要原因。可以预测，未来的 Internet 将是高度发达、高效运转的全球信息快车。

在互联网时代，设备状态监测同样受到冲击，目前，封闭的、传统的单一体系非常不适合新的情况，无法满足用户对设备管理日益增长的需求，搭乘 Internet"快车"势在必行。未来之路是信息化的，企业需要依托 Internet 来构筑自己的网络化开发平台，以使设备状态监测在信息采集、交换、分析诊断、处理、管理等方面获得前所未有的技术支持。随着 Internet 的发展，设备状态监测将会有更广阔的前景。企业可以利用 Internet 技术选择合适的网络系统作为开发平台来实施机组的集散监测诊断；可延伸互联各地的监测诊断系统和专家分析中心，并通过平台发展异地诊断和网上服务等。图 10.3 所示为数控机床联网示意图。

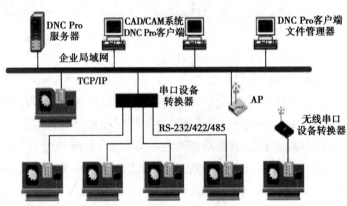

图 10.3　数控机床联网示意图

10.6.2　现代设备管理的新趋势

现代设备管理的新趋势主要体现在如下 5 个方面：

（1）设备管理信息化趋势

设备管理的信息化是现代社会发展的必然，设备管理信息化趋势的实质是对设备实施全面的信息管理，主要表现在：

①设备使用的信息化。信息化管理使对设备的使用信息的记录更加容易和全面，而这些使用信息可以通过设备制造商的客户关系管理系统反馈给设备制造商，进而提高机器设备的实用性、经济性和可靠性；同时设备使用者对这些信息的分享和交流，有利于强化设备的管理和使用。

②设备投资评价的信息化。通过设备管理信息系统的数据库获得投资方案决策所需的统计信息及技术经济分析信息，为设备投资提供全面、客观的依据，从而保证设备投资决策的

科学化。

③设备经济效益和社会效益评价的信息化。设备信息系统的构建,可以积累设备使用的有关经济效益和社会效益评价的信息,利用计算机能够在短时间内对大量信息进行处理,提高设备效益评价的效率,为设备的有效运行提供科学的监控手段。

(2)可靠性工程在设备管理中的应用趋势

现代设备的发展方向是自动化、集成化。如今,设备系统越来越复杂,对设备性能的要求也越来越高,这就对提高设备的可靠性提出了必然要求。可靠性是一门研究技术装备和系统质量指标变化规律的科学。可靠性标志着机器在整个使用周期内保持所需质量指标的性能。可靠性工程通过研究设备的初始参数在使用过程中的改变,预测设备的工作状态,进而估计设备在使用条件下的可靠性,从而避免设备意外停止作业或造成重大损失和灾难性事故。

(3)设备管理的社会化、专业化、网络化

设备管理的实质是建立设备维修供应链,改变过去"大而全""小而全"的生产模式。随着生产规模化、集约化的发展,设备系统越来越复杂,技术含量也越来越高,需要各类技术和建立高效的管理维修体系,才能保证设备的有效运行。

传统的维修组织方式已经不能满足生产的要求,有必要建立一种社会化、专业化、网络化的维修体制。这种体制可以提高设备的维修效率,减少设备使用单位备品配件的储存及维修人员,从而提高了设备使用效率,并降低资金占用率。

(4)状态监测和故障诊断技术的应用

状态监测技术是指将监测得来的设备或生产系统的温度、压力、流量、振动、噪声、润滑油的黏度和消耗量等各种参数,与设备生产厂家提供的数据相比,分析设备运行的好坏,对机组故障作早期预测、分析诊断与排除,将事故消灭在萌芽状态,以降低设备故障停机时间,提高设备运行可靠性,延长机组运行周期。设备故障诊断技术是一种了解和掌握设备在使用过程的状态,确定其整体或局部是否正常,早期发现故障并找到其原因,且能预报故障发展趋势的技术。这一技术的应用深刻地改变了原有的维修体制,大量节省了维修的费用。使用故障诊断技术后,可以变"事后维修"为"事前维修",变"计划维修"为"预知维修"。

使用设备状态监测技术和故障诊断技术,可以事先发现故障,避免发生较大的经济损失和事故。

(5)设备的预知维修管理是现代设备科学管理发展的方向

为了减少设备故障,降低设备维修成本,防止生产设备的意外损坏,可以通过状态监测技术和故障诊断技术,在设备正常运行的情况下进行设备整体维修和保养。因此在工业生产中,通过预知维修降低事故率,使设备在最佳状态下正常运转,这是保证生产按预定计划完成的必要条件,也是提高企业经济效益的有效途径之一。

预知维修的发展是和设备管理的信息化、设备状态监测技术、故障诊断技术的发展密切相关的,预知维修需要的大量信息是由设备管理信息系统提供的,通过对设备的状态监测,得到关于设备或生产系统的温度、压力、流量、振动、噪声、润滑油的黏度和消耗量等各种参数,由专家系统对各种参数进行分析,进而实现对设备的预知维修。

综上所述,设备管理的信息化与设备维修的专业化发展趋势并不是相互孤立的,它们之间是相互依存、相互促进的,信息化在设备管理中的应用不仅可以促进设备维修的专业化、社会化,设备维修的专业化同时还可以促进故障诊断技术及可靠性工程的研究和应用。

本章小结

本章主要介绍了以下内容:
①ISO 9000 管理体系和市场条件下设备管理的方法。
②设备的现场管理及 5S 现场改善设备管理的方法。
③全员生产维修的方法和意义。
④现代网络化设备管理的发展及趋势。

复习思考题

1.试述 2000 版 ISO 9000 管理体系的内容及推行 ISO 9000 管理体系的作用和意义。
2.在市场条件下,设备管理应从哪些方面入手?
3.试述推行 5S 现场改善设备管理的必要性及重要意义。
4.什么是全员生产维修?
5.全员生产维修的特点是什么? 其目标是什么?
6.试述现代设备管理的新趋势。

参考文献

[1] 郭俊莉.机械设备日常管理探讨[J].科技传播,2014,6(7):38+44.

[2] 李晖.浅谈机电设备日常管理[J].中国高新技术企业,2010(21):133-134.

[3] 刘宝权.设备管理与维修[M].北京:机械工业出版社,2016.

[4] 张友诚.现代企业设备管理[M].北京:中国计划出版社,2006.

[5] 赵艳萍,姚冠新,陈骏.设备管理与维修[M].北京:化学工业出版社,2010.

[6] 夏洪胜,张世贤.设备管理[M].北京:经济管理出版社,2014.

[7] 李葆文.现代设备资产[M].北京:机械工业出版社,2006.

[8] 吴拓.实用机械设备维修技术[M].北京:化学工业出版社,2013.

[9] 钟翔山.机械设备维修全程图解[M].北京:化学工业出版社,2014.

[10] 黄志坚.机械故障诊断技术及维修案例精选[M].北京:化学工业出版社,2016.

[11] 崔兴艳.机床电气设备及升级改造[M].北京:机械工业出版社,2015.

[12] 李军,崔兴艳.机床电气设备及升级改造[M].天津:天津大学出版社,2011.

[13] 杨林建.机械设备自动化改造[M].北京:北京理工大学出版社,2015.

[14] 杨新刚.图表解精益全面生产维护 TPM 推进实战[M].北京:机械工业出版社,2014.

[15] 杨华.精益设备管理实战手册[M].北京:化学工业出版社,2018.

[16] 克里斯 A.奥尔蒂斯.TPM 指南精益实践者的分步指导[M].张承涛,译.北京:机械工业出版社,2018.

[17] 杨耀双,刘碧云.设备管理[M].北京:机械工业出版社,2008.

[18] 余锋.机电设备管理[M].北京:北京理工大学出版社,2013.

[19] 钟掘.现代设备管理[M].北京:机械工业出版社,1989.

[20] 郁君平.设备管理[M].北京:机械工业出版社,2007.

[21] 吴先文.机电设备及管理技术[M].北京:机械工业出版社,2018.

[22] 高志坚.设备管理[M].北京:机械工业出版社,2002.

[23] 赵有青,王春喜.现代企业设备管理[M].北京:中国轻工业出版社,2001.

[24] 李葆文.设备管理新思维新模式[M].北京:机械工业出版社,2003.

［25］林允明.设备管理［M］.北京:机械工业出版社,2005.

［26］陈付林.设备管理与维修［M］.南京:河海大学出版社,1990.

［27］高贵彬.故障诊断在机电设备管理与维修中的应用［J］.内燃机与配件,2018(15):148-149.

［28］郭春荣.机电设备管理与维护中故障诊断技术的运用探讨［J］.山东工业技术,2018(13):171.